Das Buch

Die Verlage sind ständig auf der Suche nach mitreißenden Themen und talentierten Autoren – große Chancen für neue Autoren mit guten Ideen! Doch wie bringt man sein Projekt an den Mann? Dieser Ratgeber hilft Ihnen, sich im Verlagsdschungel zurechtzufinden, die verwirrende Vielfalt des Buchmarkts zu durchschauen und für sich zu nutzen. Der Autor beantwortet umfassend alle Fragen zur Planung des Buchprojekts, zum konkreten Angebot, zu Verlagssuche und Vertragsbedingungen. Außerdem gibt er zahlreiche Hinweise z. B. zu stilistischen Fragen des Manuskripts, zu Umfang und Inhalt des Exposés usw.

Der Autor

Dirk R. Meynecke, Jahrgang 1945, war 14 Jahre lang Lektor in einem großen Verlag. Anschließend machte er sich mit seiner *Buchplanung* selbständig und arbeitet seitdem erfolgreich mit einer der führenden Literaturagenturen zusammen. Nach vielen hundert Buchprojekten, darunter auch einige Bestseller, kennt er den Buchmarkt und die Verlagsszene wie kaum ein anderer.

Dirk R. Meynecke

Von der Buchidee zum Bestseller

Für Autoren und alle, die es werden wollen

- ■ Erfolgreiche Bücher schreiben
- ■ Den richtigen Verleger finden
- ■ Optimale Verträge schließen

Ullstein

Besuchen Sie uns im Internet:
www.ullstein-taschenbuch.de

Umwelthinweis:
Dieses Buch wurde auf chlor- und säurefreiem Papier gedruckt.

Aktualisierte Neuausgabe im Ullstein Taschenbuch
4. Auflage Juni 2007
© 1991 by Ehrenwirth Verlag GmbH, München
Umschlaggestaltung: Büro Hamburg
(nach einer Vorlage von Petra Soeltzer, Düsseldorf)
Titelabbildung: W. Datene/First Light/Premium
Die Ratschläge in diesem Buch sind vom Autor und Verlag
sorgfältig erwogen und geprüft; dennoch kann eine Garantie
nicht übernommen werden.
Eine Haftung des Autors bzw. des Verlages und seiner Beauftragten für
Personen-, Sach- und Vermögensschäden ist ausgeschlossen.
Gesetzt aus der Sabon und Meta, Linotype
Satz: KompetenzCenter, Mönchengladbach
Druck und Bindearbeiten: Ebner & Spiegel, Ulm
Printed in Germany
ISBN 978-3-548-36687-6

INHALT

An die Leserinnen und Leser 9
Von der Buchidee zum Bestseller 11

Die Buchlandschaft
Nur wer wagt, gewinnt 14
Sie schreiben Ihr privates Buch 19
Sie schreiben ein Buch für andere 22
Der Buchmarkt heute 24
Die Buchlandschaft ist vielgestaltig 27

Ihre Buchidee
Autor = Autorität 39
Die Zielgruppe 42
Die Vertreterkonferenz 49

Ihr Angebot
Ein Buchplan bleibt formbar 53
Ihr Exposé 64
Ihre Gliederung 76
Der Arbeitstitel 79
Ihre Schritt-für-Schritt-Taktik 84
Das Probekapitel 86
Das Pseudonym 88
Ihr Anschreiben 92
An welchen Verlag? 94

Das Ablehnungsschreiben
Die Ursachen erforschen 102

Eine positive Reaktion
Ihr Ziel: der Vertrag 110

Der Vertrag
Das Absatzhonorar 114
Honorarnebenrechte 124
Das Garantiehonorar 126
Abgabe des Manuskriptes 137
Sonderrabatte für Großabnehmer 139
Sonderrabatte für Sie 141
Besondere Vereinbarungen 142
Abbildungen 143
Vertragsauflösung 144

Die Verwertungsstufen
Ans Rücktrittsrecht denken 154
Hardcover 156
Buchclubausgabe 157
Taschenbuchausgabe 158
Zwischenspiel: Longseller und Bestseller . . . 159
Ausländische Ausgaben 162
Sonderausgaben und Modernes Antiquariat . . 164

Ihr Manuskript
Schreibmaschine oder Computer? 167
Verpacken und versenden 170
Schreiben mit Erfolg 172
Der Stil 180
Sukzessive Abgabe Ihres Manuskriptes 196
Umfang einhalten 197
Zum guten Schluß das Register? 199

Vom Manuskript zum fertigen Buch
Die Stationen im Verlag 200

Der Autor ist der Motor
Auf Ihre Aktivitäten kommt es an 215

So plant man einen Bestseller
Erfolg kommt nicht von ungefähr 229
Ein Wechsel kann Wunder wirken 236

Die Buchmesse
Nur mit festem Ziel 244

Die Literaturagentur
Eine Menge Vorteile 250

Druckkostenzuschuß und Selbstverlag
Finanzspritze nur mit Gefühl 266
Im Selbstverlag 270

Rechte und Pflichten
Verwertungsgesellschaft Wort 279
Die Künstlersozialkasse 280
Einkommensteuer 282

Der Buchmarkt der nächsten Jahre
Kultur läßt sich nicht planen 286
Chancen und Hürden: der Buchmarkt 289

Chancen und Hürden: Belletristik 290
*Romane – Das Haus der Belletristik hat viele
Zimmer – Der große Gegenwartsroman –
Gedichte – Historischer Roman – Biographischer Roman – Heiteres – Frauenroman –*

Krimis – Horror, Fantasy, Science-fiction – Thriller – Erzählendes Jugendbuch – Kinderbuch

Chancen und Hürden: das Sachbuch 307
Das aktuelle Sachbuch – Das Enthüllungsbuch – Das politische Sachbuch – Die Biographie – Autobiographien – Das regional angebundene Sachbuch – Sachbuchthemen der nächsten Jahre – Mutter Natur – Psychologie – Soziologie – Die anderen Wissenschaften – Wirtschaft und Management – Zukunftsmodelle – Wo kommen wir her? – Wo gehen wir hin?

Chancen und Hürden: Ratgeber 328
Lebenshilfe – Hobby und Freizeit – Garten und Kochen – Lexika – Beruf/Management/ Wirtschaft

Anhang
Normvertrag für den Abschluß von Verlagsverträgen 335
Zum Lesen und Nachschlagen empfohlen . . . 348
Adressen 349
Sachregister 351

An die Leserinnen und Leser

In diesem Buch ist die Rede von Autoren, von Lektoren und von Verlegern und von vielen anderen dem männlichen Geschlecht zugeordneten Berufen und Tätigkeiten. Dabei könnte es genausogut heißen: Autorinnen, Lektorinnen, Verlegerinnen. Heute haben gerade viele Frauen mit dem Büchermachen zu tun – auf der Seite des Schreibens oder des Verlegens.
Das geschriebene Wort fordert nicht nur zu Gedankenspielereien auf, es bringt auch scheinbar Festgefügtes ins Wanken. Damit war das Schreiben auch immer eine Bedrohung für die jeweiligen Machthaber, die ein großes Bedürfnis hatten und noch haben, an der bestehenden Ordnung festzuhalten.
Frauen gehörten im deutschen Sprachraum – wie anderswo auch – zu den Unterprivilegierten. Kein Wunder also, daß sie erst spät das Wort ergreifen konnten; die Männergesellschaft fand es bequemer ohne Autorinnen, Lektorinnen und Verlegerinnen.
Meine Bitte an alle Leserinnen und zukünftigen Autorinnen: Stören Sie sich nicht an den Männerworten, fügen Sie den Relikten in Gedanken schon die weibliche Endung hinzu.

Aber ob Sie nun Leserin, Leser, Autorin oder Autor sind: In diesem Buch finden Sie so herabsetzende Bezeichnungen wie »Nobody« oder »unbeschriebenes Blatt«. Stören Sie sich bitte nicht daran, auch wenn Sie schon ein gestandener Autor sind. Ich habe die Erfahrung gemacht, daß jeder Autor – gleich, wie gut er im Markt bereits eingeführt ist – bei jedem neuen Buchprojekt so sorgfältig planen sollte, als sei es sein erstes Buch. Auf dem Buchmarkt gibt es keine Erbpachthöfe. Nur wer seine Leser exakt im Auge behält, nur wer die Entwicklung auf dem Buchmarkt genau verfolgt, dem wird sein Glück treu bleiben. Wer es nicht tut, der wird bald von einem launischen Markt sprechen. Etwas Zufall und ein Schuß Glück werden wohl immer eine Rolle spielen, doch von einem launischen, einem undurchschaubaren und ziemlich zufälligen Geschehen kann keine Rede sein. Der Buchmarkt – also Buchhändler, Rezensenten, Leser etc. – reagiert nur wie ein Seismograph auf Ihr Buch. Und dies ist eine demokratische Errungenschaft, es ist die Hoffnung schlechthin, auf das, was uns bewegt, auch die richtigen Antworten zu bekommen.

Der Erfolg für Autoren kommt nicht von ungefähr, er läßt sich planen. Ob Sie nun schon ein Profi sind oder noch einer werden wollen, wer bei seinem nächsten Buchprojekt die Ratschläge für Neustarter berücksichtigt, wer die Sorgfalt anwendet, die ein Nobody an den Tag legen muß, um Gehör zu finden, der wird mehr Erfolgschancen haben. Dieses Buch wurde für Sie als Autor geschrieben – gleich, ob Sie noch vor den Verlagstüren stehen oder schon veröffentlicht haben, ob Sie aus Ihrer Idee zu einem Buch einen Bestseller machen wollen oder ob Ihnen bereits ein kleiner Erfolg genügt.

Von der Buchidee zum Bestseller

Man nehme einen bekannten Autor, ein gängiges Thema, einen vertriebsstarken Verlag, gebe eine gute Prise Werbung bei – und schon ist der Bestseller fertig!
Denn mit den Ingredienzen *Starautor, gängiges Thema, großer Verlagsname* kann einfach nichts schiefgehen (sagten sich alle im Verlag): Das Buch landet natürlich auf Platz 1 der *Spiegel*-Bestsellerliste, und der Verlag mußte bereits im November – sechs Wochen nach der ersten Auslieferung – nachdrucken, weil ein TV-Auftritt des Autors zu einem noch schnelleren Ansturm auf die Bücher führte.
Oder ging die Geschichte ganz anders aus, und es wurde ein Riesenflop? Der bekannte Autor hatte 500 000 Euro Garantie verlangt, der Verlag mußte 100 000 Exemplare Erstauflage drucken, um zu einem attraktiven Verkaufspreis zu kommen. Die Vertreter hatten bei ihrer Reise versucht, entsprechend hohe Vorbestellungen beim Buchhandel zu erzielen, was ihnen auch gelungen war – und dennoch: Eine vergleichsweise schwache Reaktion der anderen Medien auf die Neuerscheinung signalisierte bereits kurz nach Erscheinen drohendes Unheil (der Verlag hätte sich jetzt sogar Verrisse in den Zeitungen und Magazinen gewünscht, was immer noch besser gewesen wäre, als dieses Nichts an Reaktionen). Kein Vorabdruck, keine Nachdrucke, Talk-Shows waren auch nicht für den Autor und sein Thema zu begeistern, nur ein paar lah-

me Rezensionen, und die gaben auch nur Teile des Waschzettels wieder, den der Verlag an die Redaktionen der Zeitungen verschickt hatte.

Zwar tauchte sechs Wochen nach Erscheinen der Titel auf Platz 48 der erweiterten Bestsellerliste auf (und nach außen sah alles programmgemäß aus), doch die Wirklichkeit war anders: Von den an den Buchhandel ausgelieferten knapp 50 000 Exemplaren kamen bereits nach vier Monaten die ersten Exemplare zurück. Es sollten nicht ganze acht Monate vergehen, und der Verlag saß auf 92 000 Exemplaren. Nur etwa 8 000 Stück konnten über den Buchhandel verkauft werden. Im Verlag wurde nach Schuldigen gesucht. Wie üblich mußte der Programmleiter seinen Hut nehmen.

Der teuer eingekaufte Autor verließ enttäuscht den Verlag (unter Mitnahme der halben Million natürlich) und veröffentlichte sein nächstes Buch in einem kleineren Verlag, der ihm allerdings – gemessen an seinem bisherigen Standard – nur ein relativ geringes Garantiehonorar zahlte und das neue Werk auch nur bescheiden ankündigte. Denn die Wahrheit war nicht verborgen geblieben. Gerüchte machen bei den Verlagen, die im Bestsellergeschäft tätig sind, schnell die Runde – und mit Erleichterung wird aufgenommen, wenn's bei den anderen auch mal nicht geklappt hat.

Ist diese Schadenfreude weckende Geschichte nur ein quälender Traum des Verlagsleiters in der Nacht vor der Vertreterkonferenz und hat mit der Wirklichkeit nichts gemein oder gehört sie zum Verlagsalltag?

Welche Version ist nun richtig? Die Wahrheit ist: Es gibt etliche Versuche, die zum prognostizierten Erfolg geführt haben, und es gibt genügend Superflops, die das Büchermachen nicht langweilig werden lassen.

Aber was sind die Gründe für Bestseller oder Flop? Gibt es da etwas, was am Rezept nicht stimmt und trotz bester Zutaten niemandem schmecken will?
Gibt es so etwas wie eine Lebenskraft, die Büchern innewohnt und die die Leser findet und in Bann schlägt? Und kann *künstlichen* Produkten diese Urkraft fehlen – trotz eines versierten Autors?
Sie werden in diesem Buch erfahren, wie man Bücher plant. Nach den Regeln der Kunst: Was planbar ist, sollte auch berücksichtigt werden. Sie werden jedoch auch die Vitalität Ihres Buchplans entdecken und sich von niemandem ausreden lassen. Nur sie ist letztlich Garantie dafür, daß der Funke überspringt.

Die Buchlandschaft

Nur wer wagt, gewinnt

Abenteuer Ein Buchmanuskript zu verfassen ist vielleicht das
und größte Abenteuer Ihres Lebens. Sie treten eine Reise
Routine zu sich selbst und Ihren Mitmenschen an, von der Sie nicht wissen, wo sie enden wird.

So dramatisch muß es natürlich nicht sein, denn es gibt viele Autoren, die einige Dutzend Bücher geschrieben haben. Hier ist das Abenteuer zur Routine geworden. Dennoch werden sich auch diese Schriftsteller an ihr erstes Manuskript erinnern, vor allem dann, wenn es von einem Verlag angenommen wurde, wenn sich die Anspannung in Freude entladen konnte.

Ein Manuskript zu erstellen ist eine Leistung, die mit anderen Tätigkeiten kaum zu vergleichen ist. Wer diesen Versuch wagt, wird über sich selbst hinauswachsen, spürt ein Stückchen Unendlichkeit in einer vergänglichen Welt. Ist hierin das stärkste Motiv zu finden, das Menschen bewegt, ein Manuskript von vielleicht zweihundert, dreihundert oder gar noch mehr Seiten zu erschaffen?

Der amerikanische Sprachpsychologe Rudolf Flesch, der selbst Bücher geschrieben hat, hielt Menschen, die mehr als fünf Seiten zu einem Thema schreiben, für nicht normal. Er wurde darin von dem bekannten US-Psychiater Edmund Bergler unterstützt, der seinen Studien zufolge niemals in seinem Leben auf einen

Schriftsteller gestoßen sei, den man als normal hätte ansehen können.

Ist Schreiben eine andere Form von Geisteskrankheit? Möglicherweise merke ich es gar nicht mehr, weil ich fast nur Umgang mit diesen »Verrückten« pflege. Aber ob verrückt oder nicht verrückt – ich zähle mich zu dieser Gemeinschaft dazu und stelle immer wieder fest: Eitelkeit, die gerne im Gefolge von Schriftstellerei daherkommt, kann auch gerade durch sie überwunden werden. Eitel, selbstgefällig bleibt nur derjenige, der sich geschickt aller Kritik zu entziehen weiß. Wer ein Buch vorlegt, stellt sich jedoch automatisch der Kritik, macht sich verwundbar.

Und wer von den anderen Mitmenschen ist schon bereit, sich so verletzbar zu präsentieren? In Ihren Buchplan, in Ihr Manuskript ist ein Stück Ihrer Persönlichkeit eingegangen. Sie warten nun auf Bestätigung und wissen doch zugleich, daß man Sie auch verletzen kann.

Anerkennung oder beißende Kritik, steigen oder fallen, diese beiden Möglichkeiten gehören zusammen. Nur wer wagt zu fallen, der wird auch ein Stück über sich selbst hinauswachsen können.

Verschlossene Lektoratstüren

Sie sind gerne bereit, sich der Kritik zu stellen. Doch Sie erhalten vielleicht gar keine Gelegenheit: Sie finden nur verschlossene Türen, wenn Sie bei den Lektoraten anklopfen, und bekommen nichtssagende Ablehnungsschreiben.

Jedes Jahr kommen in der Bundesrepublik ca. 60 000 Neuerscheinungen heraus. Wenn Sie es schon oft vergeblich probiert haben, einen Verleger zu finden, fragen Sie sich zu Recht: Warum bin ich nicht dabei? Ist

Ein Ärgernis: vorgedruckte Absagebriefe

mein Manuskript so schlecht? Gehöre ich nicht in den Kreis der erlauchten Autorenschaft?
Wenn Sie Glück haben, folgen Ihrem Manuskriptangebot ein paar nette, aufmunternde Worte, denen man aber zumeist die Routine des Absagebriefs anmerkt. In aller Regel schicken die großen Verlage nur noch Absage-Formbriefe. Sie machen eine deprimierende Erfahrung: Es will sich niemand mit Ihrem Manuskript auseinandersetzen.
Dies hat Gründe, die nichts mit Ihrem Buchprojekt zu tun haben müssen. Die Lektorate können sich nicht auf Diskussionen über abgelehnte Manuskripte einlassen. Bei der Vielzahl der unverlangten Einsendungen wird man sich gar nicht an Ihr Werk erinnern können. Ein Rat gleich hier: Fassen Sie nach einer Ablehnung nicht telefonisch nach, Sie ersparen sich und Ihrem Gesprächspartner eine peinliche Situation. Es gibt Ausnahmen, die ich noch darstellen werde. In aller Regel werden Sie mit Hilfe dieses Buches aber Ihr Angebot so vorbereitet haben, daß alle Ihre Argumente auf dem Tisch liegen und sich ein Nachfassen ohnehin erübrigt.

Die nichtssagenden Absagebriefe
Ich habe in dreißig Jahren Umgang mit Autoren über 20 000 Ablehnungsschreiben anfertigen müssen. Aus den Begleitschreiben der Autoren war sehr oft die persönliche Dramatik zu entnehmen, die Angst vor der Enttäuschung, das gespannte Warten auf die gute, die erlösende Nachricht. Deutlich war die Angst zu spüren, erneut auf sich zurückgeworfen zu werden, wenn der Briefträger das Päckchen – zum wievielten Male? – brachte und man schon vor dem Öffnen genau wußte: Wieder nicht angenommen!

Die knappe Zeit der Lektoren läßt eine weiter gefaßte Beurteilung nicht zu. Ich spüre bei jedem Absagebrief, wie ein Stück Hoffnung aus der Welt verschwindet, wie man Ratlosigkeit verursacht, wo eigentlich Trost und Hilfe angebracht wären. Oder auch Offenheit, wenn man die Chancenlosigkeit eines Manuskriptes zu deutlich vor Augen sieht. Aber wer findet den Mut und die richtigen Worte? Denn hinter einem Manuskript von zweihundert, dreihundert, ja in extremen Fällen von tausend Seiten steckt persönliche Dramatik.

Offene Antworten sind selten

Die Situation ist für beide Seiten unangenehm: Bei den abgelehnten Autoren herrscht Ratlosigkeit, und diejenigen, die so pauschal ablehnen müssen, wissen, wie wichtig ihr Rat für den anderen gewesen wäre.

Dieses Buch will Ihnen nicht die Mystifikation Buch nehmen, im Gegenteil, es will aber Ihren Blick auch dafür schärfen, daß ein Buch eine Ware ist und sich nach den gleichen oder ähnlichen Regeln verkauft wie zum Beispiel ein Stück Seife.

Das mag Ihnen zu nüchtern klingen, aber nur so werden Sie sich vielleicht eine Menge Ärger, Wut und Trauer ersparen. Nur so werden Sie verstehen, warum man ein Buchvorhaben auch nach bestimmten Regeln anbieten sollte, und nur so werden Sie Ablehnungen mit Fassung tragen und die Argumente des Verlages akzeptieren können.

Ein Buch mit Erfolg planen

Sie wollen, daß Ihr Buchprojekt nicht ein Projekt bleibt. Sie wollen, daß Ihr Manuskript veröffentlicht und daß das Buch dann anschließend auch ein Erfolg wird. Und Sie wollen nicht auf einen Zufallstreffer warten.

Besser und doch keine Chance? Doch dieser Weg ist für denjenigen, der nicht im Literaturbetrieb steckt, weitgehend unübersichtlich. Viele Autoren sagen mir zur Einleitung eines Gesprächs, ihr Manuskript sei viel besser als der Roman des Autors X, der jetzt einen so großen Erfolg feiere. Oder ihr Entwurf eines Kinderbuches halte jeden Vergleich zu dem aus, was sich zur Zeit auf dem Buchmarkt befinde. Das ist zwar eine subjektive Bewertung des eigenen Werkes, die jedoch auch objektiv durchaus zutreffend sein kann, und dennoch ist es möglich, daß das Buchprojekt keine Chance bekommt.

Woran dies liegt und wie man diese Merkwürdigkeiten des Buchmarktes von vornherein in den eigenen Buchplan mit einfließen läßt bzw. beim Angebot eines bereits fertigen Manuskriptes berücksichtigt, wird einen wichtigen Teil dieses Buches ausmachen.

Einen Kompaß fürs Gelände Sie werden deshalb zunächst einen allgemeinen Überblick über den Buchmarkt erhalten, eine erste grobe Landkarte, damit Sie die Unebenheiten des Geländes erkennen können, auf dem Sie sich bewegen wollen. Später werde ich den Ausschnitt, zu dem Sie speziell gelangen wollen – Sachbuch, Roman oder z. B. Jugendbuch –, vergrößern und so beleuchten, daß Sie die Hürden, aber auch die besonderen Möglichkeiten des betreffenden Literaturzweiges erkennen können.

Nun mag Sie z. B. nur der Bereich Roman interessieren, weil Sie einen Roman schreiben wollen oder bereits ein fertiges Manuskript in der Schublade haben und vielleicht bisher vergeblich versuchten, das Werk unterzubringen – doch gedulden Sie sich, lesen Sie dieses Buch möglichst von Beginn an, es mag Ihnen sonst vielleicht das Verständnis dafür fehlen, warum es gerade mit Ihrem Buchprojekt und der angestrebten Veröffentlichung bisher nicht geklappt hat.

Denn außer der möglichst optimalen Vorbereitung für Ihr Buchprojekt sowie der besten Vorgehensweise beim Angebot an die Verlage sollen Sie auch in die Lage versetzt werden, Ihr Projekt selbstkritisch zu betrachten. Und dies nicht nur im Hinblick auf die Tragfähigkeit Ihrer Buchidee oder die Qualität Ihres Werkes, Sie mögen auch Verständnis dafür bekommen, daß der Buchmarkt Ihrem Projekt Hürden entgegensetzt, die nicht zu überwinden und die auch nicht in Ihrer Person zu suchen sind.
Trotz aller sorgfältigen Planung werden Sie vielleicht dennoch keinen Verlag für Ihr Werk finden, und mit diesem Buch möchte ich helfen, daß Sie nicht verbittert reagieren. Ein Abschnitt wird sich deshalb damit beschäftigen, wie Sie von Beginn an eine andere Bewertung für Ihre kreative Arbeit finden und nicht in die selbst aufgestellte Falle überzogenen Anspruchs hineinstolpern.
Das Schreiben bietet eine unendliche Fülle von Möglichkeiten, Bilder entstehen zu lassen, Neues, vielleicht bisher nie Gedachtes Gestalt annehmen zu lassen. Wo ist dies in unserer eng gewordenen Welt noch möglich? Wo können Sie sonst noch so ungehindert etwas erschaffen?

Sie schreiben Ihr privates Buch

Ihr Entschluß, ein Buch zu schreiben, kann viele Gründe haben. Damit liegen Ihrem ganz individuellen Buchvorhaben auch verschiedene Motivationen zugrunde, die es Ihnen leichter oder auch schwieriger machen werden, eine Veröffentlichung des Werkes zu erreichen.

Sie können ein Manuskript beginnen, weil Sie ein berühmter Schriftsteller werden wollen, der durch seine packende Darstellung die Leser in seinen Bann schlägt, und weil Sie sich am Ziel Ihrer schriftstellerischen Laufbahn in einem Schloß am Genfer See sitzen sehen. Sie werden hierfür viel Elan mitbringen, denn das Ziel ist hoch gesteckt.

Prüfen Sie Ihre Motivation
Vielleicht wollen Sie aber nur Ihre Lebensgeschichte von einem bestimmten Datum an schreiben. Sie beendeten an diesem Tag eine Liebe, der Sie immer nachgetrauert haben. Sie haben dieses Wesen aus den Augen verloren, aber es ist Ihnen eigentlich nie ganz aus dem Sinn gegangen. Ein solches Manuskript würde bestimmt ein großer Erfolg werden, wenn sich ein bereits berühmter Schriftsteller hier offenbart. Auch Ihr Buch könnte möglicherweise ein Erfolg werden, die Wahrscheinlichkeit ist jedoch viel geringer. Aber haben Sie nicht für einen ganz bestimmten Menschen schreiben wollen und nicht für die breite Öffentlichkeit? Wollten Sie nicht vielleicht nur Ihre Gedanken klären, haben Sie ein solches Werk nicht eigentlich nur für sich selbst geschrieben?

Macht eine Veröffentlichung dann wirklich Sinn? Steht sie nicht gerade im Gegensatz zum ursprünglichen Ziel des Vorhabens? Fügen Sie sich nicht Schaden zu, wenn Sie vergeblich an Lektoratstüren klopfen und nichtssagende Ablehnungsschreiben zurückerhalten, die Ihnen weh tun?

Sie sagen jetzt, dieses Beispiel trifft nicht auf Ihr Buchvorhaben zu, Sie wollen gar nicht an längst verflossene Liebesgeschichten anknüpfen. Dieses zugegebenermaßen etwas extreme Beispiel kann Sie jedoch anregen, genau zu prüfen, ob Ihr Buchprojekt auch unbedingt für eine Veröffentlichung bestimmt ist.

Seien Sie an diesem Punkt sich selbst gegenüber ehrlich, es ist für Ihren Buchplan von großer Wichtigkeit. Kommen Sie zu dem Entschluß, doch nur für sich selbst zu schreiben oder für einen ganz bestimmten Menschen oder nur für Ihre Familie zum Beispiel, so können Sie das Werk mit größter Offenheit angehen; Sie sitzen nur einem überschaubaren Kreis gegenüber. Am Ende Ihres Manuskriptes können Sie eventuell Ihren Entschluß noch immer ändern, es ist Ihre persönliche Entscheidung. Von Beginn an werden Sie aber viel freier und nicht einem so hohen Druck ausgesetzt sein.

Wer z. B. seine Tagebücher schreibt, ja wer immer Autobiographisches im Sinn hat, sollte sich diese Frage stellen.

Auch alle anderen Sparten der Literatur kommen für diesen Gesichtspunkt in Betracht: Schreiben aus Vergnügen, Schreiben als Hobby. Schriftsteller sein, ohne sich den Zwängen des Buchmarktes auszusetzen! Warum nicht? Viele sind Hobbymaler, gehen der Darstellung mit Pinsel und Farbe mit Vergnügen nach und denken auch nicht an eine Ausstellung.

Wer sein Buchprojekt zunächst zu seiner Privatsache erklärt und damit Distanz zu einer Veröffentlichung gewinnt, stärkt seine Abwehrkräfte gegen die Marktmechanismen. Er ist sein eigener Herr und kann nach Lust und Laune schreiben.

Schreiben als Therapie

Schreiben ist auch immer ein Blick nach innen, eine Aufarbeitung von Erfahrungen, eine Sichtung des eigenen Strebens. Wo stehe ich in dieser Welt, wo will ich hin?

Damit kann Schreiben auch immer zur Therapie werden, denn indem man sich öffnet, erkennt man die Gegensätze, die in einem selbst bereits angelegt sind.

Warum also nicht nur für sich persönlich schreiben? Aus dem inneren Monolog mit sich selbst in einen Dialog via Schreibmaschine oder Bildschirm treten? Die eigene Sichtweise zu den Menschen und zur Welt ändern und dies nicht vom Gegenüber zu verlangen, kann zum inneren Frieden führen.

Sie schreiben ein Buch für andere

Ihre Träume geben Kraft

Sie wollen mit Ihrem Manuskript oder Ihren Manuskripten vielleicht nicht gerade Weltruhm erlangen und zum Schloßbesitzer am Genfer See avancieren, Sie wollen aber Beachtung auf dem Buchmarkt finden. Sie möchten mit Ihrem Buch im richtigen Verlag erscheinen, dort, wo es das geeignete Programmumfeld für Ihr Werk gibt und wo die Aussichten, auch die interessierten Leser anzusprechen, am günstigsten sind.

Sie träumen möglicherweise ein wenig von der einsamen Insel, auf die man sich als Schriftsteller zurückziehen kann. Denn das ist ja das Großartige am Schreiben: Sie sind frei, schreiben kann man überall – zum Beispiel mit einem Notebook am Strand, in der Bahn oder auf einer Berghütte.

Sich den größtmöglichen Erfolg vorzustellen, Luftschlösser zu bauen – warum nicht! Legen Sie sich keine Fesseln an. Es wird Ihnen Kraft geben, das bestmögliche Manuskript zu erstellen. Nur die Vision, die Ausmalung gerade Ihres Vorhabens wird Sie zur Bestleistung beflügeln. Streben Sie dieses Ziel an, wenn Sie ein Buch schreiben.

Seien Sie sich aber auch der Gefahren bewußt, die in dieser Aktivierung aller Reserven liegen. Falls sich der Erfolg nicht einstellt, wird das Mißlingen um so schmerzlicher empfunden. Mir sind etliche Autoren begegnet, die sich in die Arbeit am Manuskript so hineingesteigert haben, daß darüber die Beziehungen zur Umwelt verlorengingen.

Schreiben kann zum Rausch, kann zur Sucht werden, kann die Realität wegwischen. Ein kräftiger Schuß Begeisterung muß sein, um ein Buch schreiben zu können. Wenn man jedoch die Grenze überschreitet, wird man schnell zum Sonderling, der die Welt nicht versteht, weil das eigene Werk nur auf taube Ohren stößt.

Offen zu sein für Anregungen, Kritik einzubeziehen, den Finger am Puls des Geschehens zu haben, sich also am Buchmarkt zu orientieren, genau die Entwicklung konkurrierender Bücher zu verfolgen, ist die Voraussetzung für einen Erfolg. Auf der einsamen Insel wird es zwar Ruhe geben, aber als Erstautor, ob für Belletristik oder Sachbuch, werden Sie einen Schritt über die bisherige Entwicklung hinausgehen müssen. Ihr Manuskript hat besser als vergleichbare Bücher zu sein, Ihr Werk muß der Konkurrenz überlegen sein. Sie recherchieren die Hintergründe Ihres Romans detailgetreuer, Sie tragen die Fakten für Ihr Sachbuch sorgfältigst zusammen, Sie erweisen sich als der bessere Fachmann eines Ratgeberprojektes, Sie haben die besseren Zeichnungen für ein Kinderbuchvorhaben. **Sie sind besser**

Hüten Sie sich jedoch vor Perfektion, sonst werden Sie Ihr Buchprojekt nie beenden! Nehmen Sie den Ratschlag, besser zu sein als andere Autoren, nicht gar zu wörtlich: Manchmal genügt ein attraktiver Titel, der einleuchtende Aufbau oder einfach eine pfiffige Idee, um eine Chance zu bekommen. Die Meister fallen nicht vom Himmel. Sie werden durch Ihr erstes Buch- **Perfektion gibt es nicht**

projekt enorm viel lernen, und falls Sie ein zweites Buchvorhaben verwirklichen wollen, können Sie auf einen Schatz von Erfahrungen zurückgreifen.
Wahr ist allerdings auch: Einer wachsenden Zahl von Autoren steht ein nicht in gleichem Maße wachsender Buchmarkt gegenüber.

Der Buchmarkt heute

So, wie mit der Einführung des Fernsehens den Kinos keine Chance mehr gegeben wurde, so werden auch seit Jahren durch das Vordringen der neuen Medien dem Buch immer weniger Überlebenschancen eingeräumt.

Das Buch hat Chancen Erstaunlicherweise hat sich aber das Buch gegenüber Video und Kabelanschluß nicht nur behauptet, der Markt für Bücher hat sich sogar noch ausgedehnt.

Wer die Vielfalt in den Buch-Kaufhäusern bewundert oder die bunten Kataloge der Versandbuchhandelsunternehmen durchblättert, mag vielleicht geneigt sein, von einem Sieg des Buches gegenüber dem Angriff der Neuen-Medien-Konkurrenz zu sprechen.

Der Schein trügt jedoch, und die weitere Entwicklung wird gerade neue Autoren vor Herausforderungen stellen. Der Umsatz an Büchern hat sich zwar insgesamt erhöht, aber nicht der Pro-Kopf-Umsatz, und dies bei einer noch steigenden Titelanzahl. Nun fragen Sie sich sicherlich, was das mit Ihnen und Ihrem Buchvorhaben zu tun hat?

Der bisherige durchschnittliche Leser greift nicht öfter zum Buch, im Gegenteil. Er verbringt seine gewachsene Freizeit lieber mit anderen Dingen: Sport, TV oder Internet z. B. Eine Umsatzerhöhung wurde durch die

Ausdehnung des Mediums Buch erreicht. Es konnten neue Käufergruppen angesprochen werden, die sich bisher nicht für Bücher interessierten.

Es ist Ihnen vielleicht nicht besonders wichtig, wer Ihr Buch liest, Hauptsache, es wird überhaupt gekauft und gelesen. Diese neuen Käufer – und dies ist der Pferdefuß – kommen für Ihr Werk aber leider nur zu einem relativ geringen Prozentsatz als Leser in Betracht. Denn die Ausweitung des Marktes konnte vor allem durch preiswerte Sonderausgaben und Taschenbuchlizenzen erzielt werden, also von Büchern, die bereits auf dem Markt sind. Und diese Sonderausgaben beziehen sich sehr oft zudem auf die Bücher von bekannten Autoren.

Pro-Kopf-Umsatz

Würde der bisherige Durchschnittsleser mehr lesen, also mehr Bücher kaufen, so würden die Auflagen steigen, die Verkaufspreise sinken. Doch die Entwicklung ist genau umgekehrt: Die Erstauflagen, die sich die Verlage noch zutrauen, werden immer kleiner, und die Preise für Bücher, bedingt auch durch andere Faktoren der Herstellungsverteuerung, klettern in die Höhe. Prüfen Sie Ihr Kaufverhalten: Wie viele neu erschienene Romane kaufen Sie pro Jahr, und das bei einem Preis von über 20 Euro oder gar noch darüber?

Das Buch des bekannten Autors X, über das man gerade spricht und das auf die Bestsellerliste gekommen ist, mag Sie reizen, und Sie sind bereit, den Preis zu zahlen. Vielleicht kaufen Sie es auch als Geschenk oder bekommen es selbst zu Weihnachten oder zum Geburtstag.

Doch wer kauft schon den Roman eines bisher unbekannten Autors? Der Buchhändler weiß, daß er bereits beim Leser eingeführte Autoren verkaufen kann und seine liebe Not mit den Newcomern hat. Er bestellt also gar nicht erst dieses Buch, wenn der Verlagsvertreter ins Haus kommt, und die Verlage verlieren den Mut, unbekannten Autoren eine Chance zu geben, bzw. kalkulieren eine so niedrige Auflage, daß für begleitende Werbemaßnahmen kaum Platz ist, was wiederum bedeutet: Der Buchhändler bekommt keine Anstöße für den Verkauf dieses Werkes.

Ein Teufelskreis, in den Sie als Erstautor oder zumindest als nicht bekannter Autor genau hineingeraten.

Dichter und Denker Hinzu kommt ein weiteres Phänomen: Bei den Verlagen stapeln sich die unverlangt eingesandten Manuskripte. Nicht weil nur die Deutschen plötzlich ihrem Ruf als Dichter und Denker alle Ehre machen wollen; diese Flut von Manuskripten drängt fast überall in der westlichen Welt auf die Tische der Lektorate: wachsende Freizeit, höhere Bildung, frühes Rentnerleben und besonders auch der fast jedem mögliche Einsatz von Computern tragen dazu bei.

Also keine Chancen, den Buchplan zu verwirklichen? Das bereits geschriebene Manuskript jetzt auf den Müll werfen?

Dieses Buch soll Ihnen helfen, die Hindernisse kennenzulernen, um sie zu überwinden. Ich will deshalb nichts beschönigen und werde aus der täglichen Praxis berichten. Ich will Ihnen aber auch Mut machen, die Lücken im Buchmarkt zu entdecken, die geeignete Form der Darstellung zu finden und das Angebot richtig vorzubereiten und zu plazieren.

Denn trotz alledem: Der Buchmarkt bietet Chanen und ist immer wieder für Überraschungen gut. Dies ist das Faszinierende am Buchgeschäft und schlägt alle, die damit zu tun haben, Autoren, Verlage, Sortimenter, in seinen Bann. Und vielleicht steigt gerade Ihr Buchprojekt wie eine Rakete in den Himmel!

Dazu muß es natürlich erst einmal die Chance der Veröffentlichung bekommen. Welche Möglichkeiten bietet der Buchmarkt, in welchen Bereichen ist er aufgeschlossener, zeigt sich dem Erstautor gegenüber nicht so zugeknöpft, wo ist der Konkurrenzdruck, wo sind die Anforderungen besonders groß und die sorgfältigen Vorbereitungen daher auch notwendig?

Der Überblick auf den nächsten Seiten soll Ihnen zunächst nur einen ersten Eindruck von der Buchlandschaft, so wie sie sich heute darstellt, vermitteln.

Die Buchlandschaft ist vielgestaltig

Lehnen Sie sich zurück, und genießen Sie den Ausblick. Sie sitzen im Flugzeug und überfliegen mit mir die Buchlandschaft. Sie brauchen sich nicht anzuschnallen, denn wir werden noch nicht in Turbulenzen kommen. Darauf stellen wir uns später ein. Jetzt haben wir zunächst eine Flughöhe, von der aus alle Hindernisse lächerlich aussehen, die großartigen Möglichkeiten aber, die die Buchlandschaft zu bieten scheint, springen dafür um so mehr ins Auge.

Sie sehen nun die Villa am Genfer See, von der schon die Rede war. Sie können sich vorstellen, auch darin zu wohnen. Ein Kollege von Ihnen hatte das Glück, sich dieses nette Zuhause leisten zu können. Wer hätte das gedacht, als Georges Sim am 12. Februar 1903 in Lüttich das Licht der gar nicht so strahlenden Welt erblickte?

Georges Simenon, wie er sich später nannte, hat mit seinem Kommissar Maigret eine unsterbliche Figur geschaffen. Auch wenn die Villa am Genfer See längst einen neuen Bewohner hat, bleibt der Autor durch seinen *Maigret* lebendig.

Der Krimi

Hinter die Fassade von Menschen zu schauen, die Maske sichtbar zu machen, die wir uns alle aufsetzen, ist eine Kunst. Dazu muß man nicht Psychologie studiert haben, wahrscheinlich ist es sogar besser, dies nicht zu tun. Es verstellt einem möglicherweise den direkten Zugang. Die Triebhaftigkeit bekommt wissenschaftliche Ausdrücke und scheint damit gebannt zu sein. Wer seine Leser in die dunkle Welt der Verstrickungen führen will, den werden die Bezeichnungen nur stören. Der Schriftsteller nähert sich seinen Figuren mit dem Bauch und nicht mit dem Kopf. Oder können Sie sich erklären, warum nicht mehr Psychologen versuchen, gute Krimis zu schreiben?

Geister und Bösewichte Wahrscheinlich haben Psychologen auch gar kein Interesse daran. Wer den Stoff studiert hat, der will die Geister bannen und nicht neue entstehen lassen. Es sind offensichtlich zwei Berufe, die sich gegenüberstehen.

Für Psychologen wäre aber interessant, warum Menschen zu Schriftstellern werden und sich mit ihren Figuren so identifizieren können, daß diese wahrhaft lebendig werden. Die größten Greueltaten sind oftmals im Buch vorweggenommen worden. Aber auch die Erlöser, also die Guten, die Gegenspieler des Bösen, leben zumeist erst auf dem Papier, bevor sie wirklich die Weltbühne betreten.

Ein faszinierendes Thema! Woher kommen unsere Ideen, unsere Gedanken? Gerade Sie als Schriftsteller, ob Sie nun Romane oder Ratgeber schreiben, werden sich die Frage irgendwann einmal stellen. Sind Sie nur ausführendes Organ eines kollektiven Bewußtseins? Es gibt ja Autoren, die von sich behaupten, automatisch zu schreiben: Sie fühlen sich als die Schreibmaschine eines höherstehenden Wesens. Nun, ich habe nicht das Glück, oder vielleicht besser, nicht diese Belastung: Ich muß mir alles mühsam zusammensuchen, dafür brauche ich aber auch nicht zu schreiben, wenn andere Geister mich rufen.

Wir bleiben also dabei – schon aus Urheberrechtsgründen: Ihr Manuskript ist auf Ihrem Mist gewachsen. Allerdings haben Sie nicht bei Null angefangen, Sie haben mit Ihrem Buchprojekt aufgebaut auf dem, was schon vor Ihnen gedacht worden ist.

Wer sich ebenfalls bestens in den dunklen Seiten unserer Seele auskannte und sich mit seinen Kenntnissen Weltruhm erwarb, war Alfred Hitchcock. Er schrieb nicht nur Drehbücher, er führte ja auch Regie. Wenn man diese Doppelrolle nicht gleich anstrebt, hat man von unserem Flugzeug eine wundervolle Aussicht auf die glänzenden Möglichkeiten der wachsenden TV-Landschaft. In dem Maße, in dem die neuen Medien dem Buch zusetzen, in dem Maße werden aber auch Drehbuchautoren gesucht, und dies natürlich nicht für Krimis allein. Wer dialogsicher ist, für den bieten sich hier neue Möglichkeiten.

Die anspruchsvolle Belletristik

Nachdem wir uns in den Niederungen der menschlichen Seele und ihren handfesten kriminellen Auswirkungen umgeschaut haben, wird Ihr Blick magnetisch von den schneebedeckten Gipfeln der Viertausender angezogen. Da sind die wirklichen Größen der Literatur zu Hause; wer diese Gipfel menschlicher Schöpfungskraft erklommen hat, der hat den Thron der Götter bestiegen. Zumindest sieht es so von unten aus, Sie haben hier vom Flugzeug zwar auch einen wundervollen Blick auf diese erhabene Landschaft, aber Sie schauen von oben hinunter, und nicht umgekehrt.

Auf der Berge Höhen Diesen momentanen Vorteil sollten Sie für eine nüchterne Betrachtung nutzen: Wer einen Platz im Kreis der gehobenen Literatur anstrebt, wird sich nicht nur warm anziehen müssen, um in diese eisigen Regionen des Geistes vordringen zu können, er braucht auch ein Bärenfell. Das fördert die Nehmerqualitäten, denn die brauchen Sie, außer dem großen Papierkorb, in den Sie die vielen Ablehnungen der Verlage hineinwerfen.

Wenn Sie von sich überzeugt sind, wird Sie das nicht umwerfen; wenn Sie das Feuer der ewigen Flamme in sich spüren, wird es nicht auszulöschen sein. Aber seien Sie sich von Beginn an klar, wie wenige diesen Weg schaffen.

Ich habe an dieser Stelle die große Literatur im Auge, die völlig neue Wege beschreitet. Nun will ja nicht gleich jeder so hoch hinaus, nur weil er einen anspruchsvollen Roman plant. Aber schon die unterste Schwelle ist sehr schwer zu nehmen, der Markt ist äußerst eng, und nur die größten Talente – und davon gibt es nicht viele – haben eine Chance.

Vielleicht haben Sie dieses Talent! Lassen Sie sich also nicht einschüchtern, denken Sie jedoch von Anfang an daran, einen einsamen Weg zu gehen. Streuen Sie Ihre Pläne nicht über die unbedingt notwendigen Mitwisser hinaus, bringen Sie sich also nicht in Zugzwang gegenüber Freunden und Verwandten. Die Chancen sind eben äußerst gering, und vergeuden Sie Ihre Kräfte nicht, um scheinbar teilnahmsvolle Fragen abwehren zu müssen.

Wenn Sie ein solches Werk anstreben, so wird Ihnen dieser Ratgeber zwar in Teilbereichen Ratschläge geben können, um zum Erfolg zu kommen. Abgestimmt ist er jedoch auf das breite Spektrum der Bücher, wie Sie sie auch auf den Bestsellerlisten finden: Unterhaltungsliteratur wie Thriller, Krimis, Frauenromane oder Sachbücher, Ratgeber, Jugendbücher usw.

Unterhaltung muß sein
Die schöne Landschaft der Schweiz soll durch den Vergleich nicht überstrapaziert werden, und nach dem gedanklichen Ausflug auf die Spitzen der Alpen will ich Sie mit dem Stichwort *Unterhaltung* unterhalten, denn hier sieht es für den angehenden Schriftsteller viel besser aus. Dieser Bereich umfaßt eine ganze Palette von Farbtupfern: vom Liebesroman über den Thriller bis zum Horrorstück.

Die vielen verästelten Wege werde ich noch in einzelnen Abschnitten ausführlicher darstellen, damit Sie Anhaltspunkte für Ihre Orientierung finden. Jetzt möchte ich Sie nur neugierig machen und Ihr Augenmerk auf die *Unterhaltung* generell richten.

Liebe, Horror, Thriller

Bücher, die man nicht gelesen haben muß, die einem aber auch keine Angst einjagen, weil man sie vielleicht nicht versteht, Bücher, die einfach nur Spaß machen: So etwas ist natürlich gefragt. Dazu gehören Comics und Cartoons genauso wie eine nett erzählte Geschichte über die Kirschen in Nachbars Garten oder Ihren letzten Urlaub, als Sie mit dem Mountain Bike zum Nordpol gefahren sind.

Ich lese zum Beispiel Reiseberichte für mein Leben

gern. Da unternehmen andere die größten und strapaziösesten Reisen, und ich kann gemütlich im Sessel sitzen, Pfeife rauchen, ein Bierchen trinken und all die Gefahren an mir vorüberziehen lassen. Das ist für mich auch Unterhaltung!
Unterhaltungsliteratur ist zumeist auch zum Verschenken geeignet. Ein wichtiger Aspekt, denn wenn Bücher nicht ein so beliebtes und zu Recht so attraktives Geschenk wären, dann sähe es mit den Auflagezahlen noch viel schlechter aus.

Sachbücher

Die Buchlandschaft hat sich in den letzten fünfzig Jahren erheblich geändert (und dies mit immer schnellerem Tempo). Früher gab es fast nur die schöngeistige Literatur und Fachbücher. Novellen, Gedichte, Romane, Stundenbücher für die erbaulichen Zeiten des Lebens – die Programme der Verlage, und es gab einige Verlage mit guter Tradition, waren geprägt von einem literarischen Erbe, das es fortzusetzen galt.

Transparente Wissenschaft Die turbulenten Ereignisse des 20. Jahrhunderts, vor allem der Vormarsch der Wissenschaften, haben natürlich auch tiefe Spuren in der Buchlandschaft hinterlassen.

So gab es vor dem Zweiten Weltkrieg praktisch keine Sachbücher. Heute nimmt diese Art Bücher einen nicht unerheblichen Teil des Buchmarktes ein.
Früher gab es Wissenschaft nur für die Wissenschaftler, und diese saßen in dem berühmten Elfenbeinturm. Mit der allgemeinen Demokratisierung wurden auch die hehren Wissenschaften transparenter. Die Atombombe hatte gezeigt, daß ein jeder von der Entwicklung der Wissenschaften zutiefst berührt wurde.

Die Amerikaner waren führend in dieser neuen Buchform, dem Sachbuch. Einen wissenschaftlich fundierten Stoff allgemeinverständlich aufzubereiten – und große Auflagenzahlen zu erzielen. Das Sachbuch schwappte dann über den großen Teich und feiert hier noch immer Erfolge, auch wenn es sich den Markt inzwischen mit den Ratgebern, einem Nachfolgeprodukt, teilen muß.

Generell kann man auch heute noch feststellen, daß die angelsächsischen Länder die attraktiveren Sachbücher produzieren. Der nüchterne Realitätssinn, das nicht so Abgehobensein, kommt den Anforderungen des Sachbuches entgegen. Der deutsche Wissenschaftler, natürlich nicht jeder, schielt noch immer nach seinen lieben Kollegen. Er hat Angst, den Sprachdunst seiner Disziplin, mit dem man sich so erfolgreich abzuschotten versucht, zu verlassen. Heraus kommt dann ein Buch, das sich zwischen die Stühle setzt. Die Kollegen lassen kein gutes Haar daran, und der berühmte Laie, für den es doch eigentlich geschrieben sein sollte, versteht es nicht. Sie nehmen schon jetzt für Ihren Buchplan, ob nun Sachbuch, Ratgeber oder Belletristik, den vielleicht wichtigsten Hinweis mit: Schreiben Sie zielgruppenorientiert. Nur wer eine klare Vorstellung von einem Leser hat, wird ihn erreichen. Sie schreiben Ihr Buch für eine bestimmte Gruppe von Menschen.

Dieser Punkt ist so herausragend für das Gelingen eines Buchprojektes, daß Sie an vielen Stellen dieses Buches darauf stoßen werden.

Folgerichtig drängten immer mehr Wissenschaftsjournalisten oder Autodidakten in den Sachbuchmarkt. Sie feierten die größten Erfolge. Sie konnten sich in die Lage des Lesers versetzen, sie waren nicht

Gleich zweimal Götter

so abgehoben, und sie warfen Fragen auf, die bisher keiner zu stellen wagte.

Mit *Götter, Gräber und Gelehrte* gab es einen solchen Erfolg. Der Autor: ein Lektor im *Rowohlt* Verlag, der aus seinem Namen *Marek* das Pseudonym *Ceram* machte und in die Annalen der Bestseller einging.

Doch der größte Sachbucherfolg des 20. Jahrhunderts gelang einem Selfmademan, der von Beruf Hotelier war. Für uns hat dies den Vorteil, den kleinen Rundflug über die Buchlandschaft in der Schweiz beenden zu können. Sie haben schon erkannt, wen ich meine: Erich von Däniken.

Als die Auflagen seiner ersten beiden Bücher wie wahnsinnig in die Höhe schossen, nahm ich gerade meine Tätigkeit als Lektor in dem Verlag auf, wo Erich von Dänikens Bücher erschienen. Ich bekam Waschkörbe voller Manuskripte auf den Tisch, die sich alle die Astronauten-Götter-These zu eigen machten. Manche dieser Autoren wollten schon viel früher auf diese Idee gekommen sein. Wie auch immer, sie hatten das Nachsehen.

Und zu Recht: Denn keines dieser Manuskripte hatte auch nur annähernd den Elan, den Erich von Däniken mitbrachte. Hier hat jemand an seine Idee geglaubt und vor Ort recherchiert: Er war besser als die Konkurrenz. Und wer Erich von Däniken kennt, wird zugestehen müssen, daß dieser Erfolg den richtigen Autor getroffen hat.

Schneller und besser sein: Die unfeinen Evolutionsmechanismen gelten auch für den Buchmarkt. Und die Ausdauer: Erich von Dänikens erstes Manuskript wurde mehrfach abgelehnt. Es wurde folgerichtig dann von dem Verlag angenommen, der Ende der sechziger Jahre in der deutschen Verlagsszene auch das Sachbuchprogramm am weitesten vorangetrieben hatte: dem *Econ* Verlag.

Keine Angst vor alten Hasen

Obwohl unser Flugzeug gelandet ist und Sie nun endlich dem richtigen Ausgang zustreben wollen, der zu Ihrem Bucherfolg führt, folgt noch ein letzter Abstecher in die Buchlandschaft.

Als ich von Büchern und dem Buchmarkt noch kaum einen Schimmer hatte, bekam ich die Gelegenheit, an einem Ratgeber über das »autogene Training« mitzuschreiben. Diese Methode der Selbsthypnose faszinierte mich, und Entspannung war genau das, was ich nötig hatte. Ich meinte, was ich brauchte, brauchten auch andere, und machte mich mit Eifer an die Überarbeitung des Manuskriptes.

Die Konkurrenz

Zum Glück wurde mein Elan erst in dem Moment gebremst, als das Manuskript fertig redigiert war, denn da sagten mir die alten Verlagshasen: »Zum autogenen Training gibt es doch schon ein erfolgreiches Buch in zigfacher Auflage, und es wurde vom Erfinder der Methode selbst geschrieben. Das neue Buch hat kaum Chancen.«

Ich wußte keine Antwort, weil ich mich nicht um die Konkurrenzliteratur gekümmert hatte. Das Projekt scheiterte um ein Haar.

Das Buch erschien jedoch, und die Autorin und die alten Verlagshasen und ich staunten nicht schlecht, als dann »Gesund durch autogenes Training« mehrere Monate an der Spitze der Bestsellerliste stand.

Eine Geschichte mit einem schönen Ausgang, von der Sie profitieren können. Sie lernen, sich *vorher* umzuschauen, ob es Bücher zu Ihrem Thema gibt, damit Sie gegen das Argument »Das gibt es schon« besser gewappnet sind. Sie versuchen zu erfahren, welches von den Konkurrenzbüchern sich am besten verkauft, und planen ein besseres Buch. Ihr Buchplan ist vielleicht praktischer aufgezogen, enthält neue Erkenntnisse und läßt sich möglicherweise sogar preiswerter umsetzen.

Wappnen Sie sich Außerdem lassen Sie sich nicht von alten Hasen ins Bockshorn jagen. Die kennen natürlich alles, weil ihnen schon alles über den Weg gelaufen ist. Alte Hasen haben nicht mehr das Feuer, das in Ihnen steckt, und alte Hasen lassen sich nicht gerne überraschen. Mit Ihren guten Argumenten werden Sie jedoch auch einen zähen Verlagshasen überzeugen können. Sie müssen allerdings einen fetten Spickzettel parat haben und gegen jedes Argument das bessere dagegensetzen.

Dies gilt nicht nur für Ratgeber, auch für die anderen Sparten der Literatur, wobei alles Belletristische in erster Linie durch die Sprache überzeugen muß. Bei der Non-fiction-Literatur, also alles, was dem Sachbuch zuzuordnen ist, spielt die eingängige Sprache zwar ebenfalls eine Rolle, aber nicht die erste Geige. Bei den einzelnen Stichworten wie Roman und Sachbuch gehe ich noch genauer auf diese Punkte ein.

Die Ratgeber

Das Sachbuch, also Wissenschaft für jedermann, kam im Gefolge der noch ungebrochenen Wissenschaftsgläubigkeit. Wenn Sie sich heute den Sachbuchmarkt ansehen, so haben kritische Bücher Konjunktur. Mit der Erkenntnis, daß Wachstum ohne Grenzen nicht möglich und daß die Ergebnisse aus Wissenschaft und Technik oft mehr Fragen aufwerfen, als sie lösen, gab es einen deutlichen Sprung zu mehr Eigenbestimmung, Verantwortlichkeit für das eigene Handeln, vor allem auch für den sanften Umgang mit dem eigenen Körper.

Ratgeberbücher für fast alle Lebensbereiche sind die Folge. Die Kopflastigkeit wurde abgestreift, man besann sich darauf, selbst gehen zu können. »Akupressur«-Ratgeber, die jahrhundertealte Methode der Barfußärzte Chinas, sind ein gutes Beispiel dafür: Schmerzfrei werden durch Fingerdruck, selbst etwas gegen die Krankheit tun und sich nicht nur mit chemischen Medikamenten helfen lassen.

Fuß gegen Kopf

Die Chancen für Ratgeberthemen und wie man die Sache richtig anpackt, werden in diesem Buch noch großen Raum einnehmen. Die Entwicklung der Ratgeber auf dem Buchmarkt weist aber auf eine Tendenz hin, die beispielhaft für alle Themen ist, ob Fiction oder Non-fiction, also Belletristik oder Sachbuch: Wenn Ihre Buchidee ein Stückchen über das hinausgreifen soll, was bisher auf dem Markt ist, werden Sie nicht nur Ihr Thema beleuchten können, Sie werden zeigen müssen, daß alles nur Teil eines Ganzen ist.

Alles ist vernetzt, nichts steht für sich allein. Es gibt nichts, was nur für sich wirkt: Was sich hier nach großer Weisheit anhört, ist ein alter Hut, den wir uns heute aufsetzen. Die großen Religionsstifter führten es schon immer im Sinn, wir immerhin heute im Mund; nicht freiwillig, vielmehr getrieben von der Erkenntnis, daß es kein Überleben der Menschheit gibt, wenn jeder nur sein eigenes Süppchen kocht.

Nichts ist isoliert

Das Denken in komplexen Systemen ist nun allerdings unsere Stärke nicht, wie Psychologen herausgefunden haben. Wir klammern uns an eine Idee, die das große Glück bringen soll. Die ganze Weltgeschichte ist voll davon. Doch auch vor unserer eigenen Haustür

machen wir nichts anderes. Ihr Buchprojekt wird vielleicht ein großer Wurf, der Wurf der Weltgeschichte muß es aber nicht werden. Es gibt ihn wahrscheinlich gar nicht.
Ist das nicht auch befreiend?
Sie können schreiben, ohne den Druck, die ganze Welt erklären zu müssen. Tun Sie es auch nicht, aber versuchen Sie, das Spielfeld zu überblicken, soweit es uns heute möglich ist. Lassen Sie Ihre Romanfiguren agieren oder sich Ihr Sachbuchthema entwickeln, und gönnen Sie sich ein Stückchen Egoismus dabei, um die Sache in Ihrem Sinne zu beleuchten. Sie sind sich jedoch bewußt, daß es sich immer nur um einen Ausschnitt aus dem großen Geschehen handelt.
Sie versuchen einerseits, den vernetzten Zusammenhang herzustellen, Sie wollen aber Ihre Leser andererseits auch nicht überfordern. So werden die Leser Ihnen folgen können, und Sie verlieren nicht Ihren Kopf bei einem Buchprojekt, das von den Atomen bis zum hintersten Sternenhaufen alles erklären will.
Mit Eifer schreiben Sie Ihr Buch, damit es das bestmögliche wird, zugleich aber auch mit Distanz, damit Sie das Spielfeld auf eigenen Füßen verlassen können, falls das Spiel nicht so läuft, wie Sie sich das in Ihren Träumen vorstellten.
Manche Passagen in diesem Kapitel mögen Ihnen banal und anmaßend vorkommen. Mir sind jedoch viele Autoren begegnet, die an dem Spannungsfeld von Hoffnung und Realität gescheitert sind. Deshalb diese Eindringlichkeit, für die ich um Nachsicht bitte.

Ihre Buchidee

Autor = Autorität

Vielleicht wachen Sie eines Morgens mit der Idee auf, ein Buch zu schreiben, und haben auch schon das Thema vor Augen. Mir ging es mit der Idee zu diesem Buch so. Vielleicht wollten Sie schon immer ein Buch schreiben, hatten den Gedanken aber wieder verdrängt oder zurückgestellt. Sie fanden einfach keine Zeit oder auch nicht den richtigen Mut.

Visitenkarte Buch

Manchmal sieht man auch den Wald vor lauter Bäumen nicht. Womit man sich täglich beschäftigt, was einem also dicht vor der Nase hängt, sieht man oftmals nicht oder vermag den Wert nicht richtig einzuschätzen bzw. betrachtet es überhaupt nicht unter dem Aspekt, darüber ein Buch zu schreiben.

Ich habe etlichen Autoren erst den Blick dafür geöffnet, ihre Passion, ihr Hobby, ihren Beruf in ein Buchprojekt einzubringen. Ein Außenstehender sieht manchmal klarer, natürlich vor allem dann, wenn er alles unter dem Aspekt beleuchtet: »Kann daraus ein Buch werden?«

Dazu paßt, daß auch ich selbst erst spät und dann einer nächtlichen Eingebung folgend auf diese Buchidee gekommen bin.

Ob Sie nun ein Sachbuch, einen Ratgeber oder auch einen Roman schreiben wollen, schauen Sie zunächst in Ihre nächste Umgebung: Da kennen Sie sich aus, da gewinnen Ihre Gedanken und Figuren Farbe, weil sie dem tatsächlichen Leben entnommen sind.

Haben Sie sich schon einmal gefragt, warum so viele Filme und Fernsehspiele im Schriftstellermilieu angesiedelt sind? Das Leben von Schriftstellern mag interessant sein, aber das Leben eines Bankdirektors ist vielleicht viel spannender. Der Grund ist einfach: Im Schriftstellermilieu kennen sich die Drehbuchautoren aus, es ist ihr eigenes Leben. Den Hintergrund eines Bankdirektors muß man erst mühselig recherchieren, und die Gefahr bleibt immer, ihn nicht zu richtigem Leben erwecken zu können. Da muß man schon viel Einfühlungsvermögen mitbringen.

Laie oder Fachmann? Dies gilt natürlich für Sachthemen auch. Wenn ein Fachmann allgemeinverständlich und spannend schreibt, wird er ein besseres Manuskript abliefern als ein Autor, der das Thema nur recherchierte, auch wenn er dies mit aller Gründlichkeit gemacht hat.

Nun ist dieser Glücksfall leider nur selten; erst Journalisten oder gute Autoren zeigen, was man alles aus einem Thema machen kann, auch wenn es einem nicht von Kindesbeinen an vertraut war. Es kommt auf den richtigen Blick, auf den bestimmten Aspekt an. Sich in die Rolle des Lesers zu versetzen, der von dem Thema noch viel weniger weiß, und es ihm in spannenden Happen zu servieren: das ist die Kunst.

Schreiben Sie also zum Beispiel über Ihren Beruf oder im weitesten Sinne über Ihre berufliche Umwelt, haben Sie den Vorteil, sich bereits bestens auszukennen. Ihr Buch wird gleichzeitig Ihre Visitenkarte sein, und das Buch wird diese Aufgabe viel besser erfüllen als das kleine viereckige Kärtchen.

Dadurch, daß ein Verlag – möglichst noch ein bekannter – Sie ins Programm genommen hat, weisen Sie sich als kompetent für Ihren Beruf aus. Es werden sich manche Türen öffnen, die Sie mit einer Visitenkarte allein nicht hätten öffnen können.

Der richtige Verlag

Dieses Ziel werden Sie dann schaffen, wenn Sie die Gruppe von Menschen, die sich für dieses Buch interessieren könnte, klar ins Blickfeld Ihres Buchplanes genommen haben. In aller Regel wird die Zielgruppe um so größer sein müssen, je bekannter der Verlag ist, bei dem Sie Ihr Projekt gerne erscheinen lassen möchten.

Die Verlage mit den berühmten Namen sind zumeist Publikumsverlage; denken Sie zum Beispiel an Rowohlt, Droemer oder C. Bertelsmann. Diese Verlage veröffentlichen Bücher, die eine möglichst hohe Auflage erzielen sollen. Dies ist natürlich der Wunsch eines jeden Verlages. Aber manche Verlage haben sich damit begnügt, ein Programm nur für eine bestimmte Zielgruppe aufzubauen, die zwar relativ klein, dafür aber gezielt ansprechbar ist.

Bestseller werden solche Verlage kaum produzieren, zumindest werden Sie es nicht aus den Bestsellerlisten erfahren. Dabei können Standardwerke zu eng umgrenzten Themen, die in einem spezialisierten Verlag erscheinen, durchaus vielfache Auflagen erreichen.

Wer also ein Sachbuch für die lieben Kollegen schreibt, wendet sich besser an einen Verlag, der von seinem Programm ganz darauf ausgerichtet ist.

Wer sich an die breite Leserschicht wenden will, ist beim Publikumsverlag richtig aufgehoben. In diesem Fall vergessen Sie die Kollegen, denken Sie an die tüchtigen amerikanischen Professoren, Manager oder Werbefachleute und ihre großartigen Erfolgsbücher. Sie werden Kritik von den Kollegen einstecken müssen, aber Sie geben sich souverän. Und wenn Ihr Buch

ein Erfolg wird, können Sie die Kritik als Neid abtun.
Sie werden sich also zunächst die Frage stellen: Wen interessiert meine Buchidee?

Die Zielgruppe

Auch wenn Sie Ihr Manuskript bereits komplett geschrieben haben, so lesen Sie bitte auch diese Abschnitte. Sie erfahren vielleicht daraus, warum Sie bisher Ihr Manuskript nicht unterbringen konnten. Mit den frisch gewonnenen Erkenntnissen werden Sie ein anderes Exposé schreiben, Sie finden möglicherweise nun die richtigen Verkaufsargumente. Vielleicht entschließen Sie sich auch zu einer größeren Operation an Ihrem Manuskript; manchmal genügen ein paar neue Kapitel, die Sie Ihrem Manuskript voranstellen oder hinten anhängen.

Der Blick des Profis Wer erst mit seiner Buchidee im Kopf hantiert oder wer sein erstes, noch nicht veröffentlichtes Manuskript als Fingerübung betrachtet und nun ein zweites Projekt in Angriff nehmen will, der kann von Beginn an berücksichtigen, was ihm der Blick in das Getriebe des Buchgeschäfts enthüllt.

Als interessierter Außenstehender des Büchermachens kennen Sie ein paar große Autorennamen; Sie haben bekannte Autoren auch schon im Fernsehen bei Interviews oder in Talk-Shows gesehen; Sie kennen die Filmberichte von der Buchmesse in Frankfurt; Sie haben erstaunt von den zigfachen Auflagen mancher Bücher Kenntnis genommen; Sie halten vielleicht wie die meisten Ihrer Mitmenschen den Umgang mit Büchern für ein feines Geschäft, das so ein bißchen in anderen Regionen angesiedelt ist und mit den Niederungen des geschäftlichen Dschungelkampfes nichts zu tun hat. Denken Sie schnell um, denken Sie auch ans Verkaufen.

Es ist ein äußerst interessantes Geschäft, weil der Ausgang zumeist ungewiß ist. Dies ist die eine Seite. Die andere gehört zwangsläufig dazu: Es ist risikobeladen, weil es keine gesicherten Marketingdaten gibt. Außer bei ganz besonderen Buchprojekten kann eine Marktanalyse für ein einzelnes Projekt nicht durchgeführt werden. Das zu erwartende geschäftliche Ergebnis und die Kosten für eine solche Analyse stünden in keinem gesunden Verhältnis.

Geschäft und Risiko

Nach welchen Kriterien wird dann entschieden, was ins Verlagsprogramm aufgenommen wird und was nicht?

Nase und Erfahrung

Sie kennen ihn schon, den alten Verlagshasen. Sie haben Ihr Manuskript oder Ihr Exposé eingereicht. Jetzt sehen Sie, wie er Witterung aufnimmt, ob hier ein Bestseller in seiner Sasse liegt oder ein faules Osterei.

Nun riechen Ihre eingesandten Unterlagen nicht, und der Lektor oder der Verleger schnüffelt nicht an Ihrem Manuskript. Mit »Nase« ist gemeint, daß die Bewertungsvorgänge mit Gefühl zu tun haben und scheinbar nicht rational sind. Aber gerade weil zum Büchermachen auch gehört, ein Risiko eingehen zu wollen, müssen Phantasie und ein gutes Gefühl für ein Buchprojekt die Kräfte für die Durchsetzung auf dem Markt freimachen.

Dieses Gefühl für ein Buchprojekt setzt sich jedoch zum großen Teil aus dem Bewußtsein über den Buchmarkt zusammen; und hier stecken all die vielen

Erfahrungen über Erfolge und vor allem über die Flops drin, die naturgemäß häufiger vorkommen.

Gerade risikofreudige Verleger werden viel von Flops zu berichten haben. Wer allerdings Projekte von Beginn an nur niedrig ansetzt, der wird keine Flops produzieren. Entscheidend ist immer die Fallhöhe.

Um mit einem Buch Erfolg auf dem Buchmarkt zu haben, muß ein Verlag Geld in das Projekt stecken. Das können manchmal sehr hohe Summen sein. Wie heute Bestseller gemacht werden, wird noch in einem eigenen Kapitel behandelt.

Wer soll Ihr Buch kaufen?

Alle, die in einem Verlag an dem Entscheidungsprozeß über die Annahme eines Buchprojektes teilhaben, stellen die Frage nach dem Käufer des Buches, denn dies ist die entscheidende Frage.

Das unbekannte Wesen Sie haben sich um diese Frage bisher vielleicht nicht besonders gekümmert oder wollten damit auch nicht konfrontiert werden. Ist Ihr Buchprojekt dennoch exakt für einen zielgenauen Verkauf zurechtgeschnitten? Das wäre möglich, ist aber nicht sehr wahrscheinlich.

Nur die klare Vorstellung, an wen das Buch später verkauft werden soll, wird Sie es richtig planen lassen. Und Sie werden es mit dieser Zielvorgabe auch treffend schreiben, weil Sie Ihren Leser vor Augen haben. Dieser eine Leser ist der Prototyp für die vielen Tausende von Lesern, die Sie erreichen wollen.

Ihn lassen Sie nicht mehr aus den Augen. Die Folge wird sein, daß die Zielgruppe auch für den Verlag vorstellbar wird. Und da heute immer mehr Verlagsmitarbeiter – böse Zungen behaupten zu viele – an dem Entscheidungsprozeß über die Annahme eines

Buchprojektes beteiligt sind, werden Sie vermeiden müssen, sich zwischen zwei Zielgruppen zu setzen. Einer der Verlagshasen wird es todsicher merken, zumeist einer aus dem Vertrieb.

Sie werfen zu Recht ein, daß ein solches Denken in Schubladen Sie zu sehr einengt. Damit stehen Sie genau vor dem Problem, das sich vielen neuen Autoren stellt. Der Buchmarkt ist so eingefahren, daß für Experimente nicht viel Raum ist. Wer mit einer neuen Romanform auch ganz neue Lesergruppen ansprechen will, hat den Buchhändler gegen sich, der bei der Titelflut darauf angewiesen ist, das Buch irgendwo in seinem Kopf und in seinem Laden einordnen zu können. Er muß das Buch ja auch letztlich verkaufen; und woran erkennt er die neuen Käufergruppen, die bisher wahrscheinlich auch noch nie etwas von der Existenz dieses Buches erfahren haben? Dies wiederum weiß der Verlagsvertreter, der den Buchhändler sagen hört, davon kann ich keines oder höchstens ein Exemplar bestellen. Und der Vertriebsleiter wiederum weiß, daß die Vertreter ihm dies unter die Nase halten werden.

So werden die Gegenargumente vom Vertrieb kommen, auch wenn in diesem Fall das Lektorat gerne einen Versuch gewagt hätte.

Auf der sicheren Seite

Sie haben ein Experiment vor und wollen das Thema für einen Frauenroman so gestalten, daß auch Männer es gerne lesen: »Der Frauenroman für den emanzipierten Mann«, lautet Ihr Slogan. Die guten Argumente scheinen auf der Hand zu liegen. Sie erreichen doch glatt doppelt so viele Leser, und Sie können behaupten, etwas für die Bewußtseinsentwicklung von Mann und Frau getan zu haben. Sie haben ein spannendes und gut lesbares Manuskript vorgelegt;

dies ist Ihnen von mehreren Seiten bestätigt worden; Sie warten gelassen auf die positive Entscheidung.

Die Gelassenheit werden Sie unbedingt nötig haben, um nicht von Ihrer Enttäuschung überrannt zu werden. Sie werden wahrscheinlich vergeblich an die Verlagstore klopfen. Auf dieses Experiment wird sich niemand so schnell einlassen, da geht man im Verlag lieber die eingefahrenen Wege. Frauenromane sind für Frauen da, wie der Name schon sagt, und man hat eine ganz bestimmte Vorstellung von dieser Buchkäuferin.

Sie sollten sich von Ihren Experimenten dadurch nicht abhalten lassen, wenn Sie gute Gründe haben. Denken Sie an Erich von Däniken, der den Versuch wagte, Archäologie und Raumfahrt zu mischen. Wenn ein solches Experiment gelingt, wird Ihr Stern jenseits der eingefahrenen und ausgefahrenen Wege strahlen, über die die Bücher sonst den Kunden finden sollen.

Denken Sie aber auch daran, daß ein Nobody einen besonders schweren Stand hat. Sie rüsten sich bei einem solchen Vorhaben also mit Gelassenheit und halten Ihre Verkaufsargumente in Ihrem Exposé nicht zurück. Wer sich klarmacht, daß er einen neuen Weg beschreitet, wird auch die Argumente dafür nennen können. Sie müssen mit Ihren Argumenten dem Verlag Mut machen, neue Schubladen aufzuziehen.

Ein Blick zurück Sie haben gesehen, daß das Schreiben und das Verkaufen von Büchern zwei Seiten ein und derselben Medaille sind. Der kleine Rückblick an dieser Stelle soll Ihnen erleichtern, den Ort zu bestimmen, an dem Sie sich in diesem Buch befinden; eine kurze Vorausschau wird Ihnen zeigen, wie es weitergeht.

Sie haben erfahren, daß Erstautoren auf einen besetzten Buchmarkt treffen; daß der Buchhandel diese

Nobodys nur schwer verkaufen kann, was besonders auf den Roman zutrifft; daß Sie daher mit verschlossenen Türen bei den Lektoraten zu rechnen haben; daß Sie sich dieser Schwierigkeiten bewußt sein müssen, um Enttäuschungen abzufedern.

Sie fragen sich aus diesem Grunde, ob Sie Ihr Manuskript wirklich für den Buchmarkt schreiben oder ob Sie es zu Ihrem Vergnügen machen oder vielleicht nur für die Familie oder die verflossene Liebe. Falls Sie es so planen und dann doch später anbieten, sind Sie bei Nichtannahme nur wenig enttäuscht. Von meinen Hinweisen zu Gestaltung und Buchmarkt übernehmen Sie in diesem Fall nur diejenigen, die Ihnen für Ihr sehr spezielles Projekt interessant erscheinen.

Wahrscheinlich werden Sie sich aber eindeutig für den Buchmarkt entscheiden. Und darüber haben Sie etwas sehr Wichtiges gelernt: Sie zäumen das Pferd von hinten auf. Sie fragen sich zuerst, an wen der Buchhändler das Buch verkaufen soll. Wenn Sie sich diese Frage eindeutig beantwortet haben, beginnen Sie mit der Ausarbeitung des Exposés und gegebenenfalls schon mit der Niederschrift oder einem Probekapitel. Zuvor müssen Sie die unvermeidliche, aber sehr wichtige Aufgabe erledigen: Sie müssen die Konkurrenz durchleuchten, um die Unterschiede zu Ihrem Buchprojekt herauszufinden und um gute Argumente für Ihr Projekt zu sammeln.

Ein Blick nach vorn

Bevor ich Ihnen in einem Kapitel Vorschläge mache, wie Sie Ihr schriftliches Angebot an die Verlage optimieren, lade ich Sie zu einer Konferenz ein, auf der Sie vor Ihrem geistigen Auge Ihre Buchidee der Kritik aussetzen sollen. Diese Prozedur wird Sie ein Stück auf dem Weg zu Ihrem Bucherfolg voranbringen. Auf dieser merkwürdigen Versammlung wird hoffentlich einmal tatsächlich Ihr Buch vorgestellt, nämlich dann, wenn Ihr Projekt von einem Verlag angenommen worden ist. Aber damit es überhaupt die Chance dieser Annahme erhält, müssen Sie schon jetzt über diese Konferenz und einige ihrer Eigenheiten Bescheid wissen.

Später gehen Sie mit mir auch noch von Tür zu Tür innerhalb eines Verlages und schauen, was mit Ihrem Manuskript so alles passiert bzw. was nicht passiert, was für Sie mindestens ebenso interessant sein wird. Aber soweit ist es noch lange nicht: Noch bereite ich Sie darauf vor, Ihren Blick für die Verkaufsargumente Ihres Projektes zu schärfen und Ihre Erkenntnisse darüber in Ihr Exposé einfließen zu lassen.

Das Geschehen in einem Verlag ist eng untereinander verknüpft, und es wird später auch eng mit Ihrem Manuskript verknüpft sein. Zumindest sollte es so sein, denn nur so trägt alles zum Erfolg bei. Es ist für Sie also wichtig zu wissen, wie die Rädchen ineinandergreifen. Der Motor für den ganzen Betrieb ist Ihr Manuskript. Heute gerät das bisweilen in Vergessenheit, manche Rädchen führen bereits ein recht eigenwilliges Leben: Die Maschinerie hat sich verselbständigt und läuft in ihren eingefahrenen Bahnen. Eckige Manuskripte, Buchprojekte also, die gegen den Strich bürsten, werden als Fremdkörper abgelehnt.

Ihr Buchprojekt soll dies berücksichtigen, Sie werden sich aber deswegen nicht bis zur Unkenntlichkeit anpassen: Sie verwenden nur das richtige Getriebeöl, um die Gängigkeit Ihres Werkes und die der Verlagsmaschinerie aufeinander abzustimmen.

Die Vertreterkonferenz

Viele Buchleser und auch manche Autoren wissen gar nicht, daß die Verlagsprogramme von Vertretern ins Sortiment, also zu den Buchhändlern getragen werden. Nun finden Sie diese Neuigkeit, wenn es für Sie eine war, vielleicht nicht besonders umwerfend. Sie schreiben ein Buch, und der Vertreter macht den Buchhandel darauf aufmerksam. Das sind zwei verschiedene Dinge, jeder hat seine Aufgabe.

Sie können sagen, um den Verkauf kümmere ich mich nicht, dafür gibt es ja den Verlag. Wenn Sie ein verdammt guter Schriftsteller sind, dann können Sie sich vielleicht auf diesen Standpunkt zurückziehen; wenn Sie erst noch einer werden wollen, sollten Sie sich mit dieser merkwürdigen Konferenz beschäftigen.

Ihr Produkt muß verkauft werden

Diese Vertreterkonferenzen über die neuen Programme finden zweimal im Jahr statt. Dies hängt mit dem Rhythmus der Auslieferungen der Bücher an den Buchhandel zusammen.

Die Vertreterkonferenz ist also keine ständige Einrichtung in einem Verlagshaus, und die Vertreter einerseits und die anderen Verlagsmitarbeiter andererseits sehen sich auch fast nur zu diesen Konferenzen.

Das Merkwürdige an dieser Konferenz ist aber, daß sie dennoch ständig zugegen ist. Was an Entscheidungen im Verlag getroffen wird, ob es sich um die Annahme von Buchprojekten handelt oder um Werbemaßnahmen oder Verkaufsförderung, im Hintergrund steht immer diese Vertreterkonferenz.

Auch wenn das Wort nicht im Munde geführt wird, auch wenn der Ablauf einer solchen Konferenz nicht bewußt vor Augen steht, der Lektor reagiert auf Ihren

Buchplan, auf Ihr erstes Angebot unbewußt mit dem Tribunal der Vertreterkonferenz.

Erinnern Sie sich an die Risikofreudigkeit von Verlegern und an die mangelnden Marktdaten, die Entscheidungen für oder gegen ein Buchprojekt untermauern könnten? Und wie dies im Zusammenhang steht?

Auf der Vertreterkonferenz wird das neue Verlagsprogramm den Verlagsvertretern vorgestellt. Mit diesem Programm bereisen die Vertreter dann ihre Gebiete, zum Beispiel Süddeutschland oder Nordrhein-Westfalen. Die Vertreter sollen natürlich möglichst viele Bestellungen von jedem Titel beim Buchhändler erzielen. Und genau an diesem Punkt wird der Vertreter sagen, ob das möglich ist oder nicht.

Tief oder Hoch? Es können – für jeden einzelnen Titel eines Programms gesehen – zwei verschiedene Luftmassen aufeinandertreffen. Wenn warme und kalte Luft zusammenstößt, wird es wie beim Wettergeschehen ein Tief geben, möglicherweise ein Sturmtief. Es kommt auf die Temperaturunterschiede an. Wenn die Vertreter der Meinung sind, dieses Buch wird vom Sortiment nicht akzeptiert, weil der Autor unbekannt und es ein preiswerteres und zudem noch besser ausgestattetes Buch zu der Thematik bereits auf dem Markt gibt, das Lektorat bzw. der Cheflektor oder der Verlagsleiter aber gerade dieses Projekt bei der Vorstellung in den höchsten Tönen besungen hat, dann ist diese unangenehme Situation da.

Sie verstehen jetzt, warum diejenigen, die über Ihr Projektangebot entscheiden, ständig diese Vertreterkonferenz im Kopf haben. Hier trifft die Verkaufsfront auf die Kreativitätsfront, im schlimmsten Falle negative Verkaufserfahrungen auf Luftschlösser. Gerade weil es so wenig gesicherte Daten für den möglichen Verkauf eines Buches gibt, wiegen die Erfahrungen der Vertreter schwer.

Lassen Sie eine solche Vertreterkonferenz über Ihr Buchprojekt fiktiv in Ihrem Kopf stattfinden. Sie schicken dabei Ihren Buchplan ins Rennen und stellen die positiven Argumente vor und hören sich die abwertenden an. Sie versuchen auf die Einwände Antworten zu finden, die überzeugen. Sie werden Ihren Buchplan nun eventuell ändern müssen, weil Sie mit Ihrem Projekt auf harte Konkurrenz stoßen und ein paar zusätzliche Verkaufsargumente benötigen. Oder weil man Ihnen entgegenhalten könnte, daß Sie die Zielgruppe nicht klar ansprechen. Unterziehen Sie Ihr Buchprojekt dieser imaginären Konferenz, und scheuen Sie keinen Härtetest!

Sie kennen jetzt das Kap, an dem so viele hoffnungsvoll gestartete Schiffe schon zerbrochen sind, Sie kennen die Schere im Kopf der Lektoren und Verleger, die den Namen Vertreterkonferenz trägt, deshalb analysieren Sie vorher die Argumente, die der Buchmarkt gegen Ihr Projekt schleudern könnte, und wappnen Ihren Buchplan entsprechend. Er hat nun gute Chancen, von einem Verlag angenommen zu werden.

Sollte dann später die tatsächliche Vertreterkonferenz stattfinden, so werden Ihre Verkaufsargumente, die Sie Ihrem Buchplan zugrunde gelegt hatten, nun über die Verlagsmitarbeiter ohne Schwierigkeiten an die Vertreter weitergegeben werden können. Konnten die Vertreter zuvor auch noch durch Teile Ihres fertiggestellten Manuskriptes oder des bereits vorliegenden Umbruchs überzeugt werden, dann ist ein neues Hoch auf der Wetterkarte des Verlags geboren. Die gut motivierten Vertreter werden Ihr Buch mit Elan dem

Sorgen Sie für Hochstimmung

Buchhändler vorstellen. Es wird sich wahrscheinlich gut verkaufen, denn die erste und größte Hürde ist die Akzeptanz im Sortiment.

Ihre Aufgabe ist es, Ihrem Buchplan die wahrscheinliche Akzeptanz des Buchhandels anzutrainieren. Laufen Sie lieber mit Ihrer Buchidee noch ein paar Runden auf der Aschenbahn, bevor Sie an Verlagstüren klopfen. Jede Absage ist zumeist eine vertane Chance, die Sie nicht wiederbekommen. Die guten Argumente, die Ihnen erst hinterher einfallen, weil Sie auf geschlossene Türen gestoßen sind, kommen dann zu spät.

Die guten Verkaufsargumente erleichtern es dem Verlag oder auch Ihnen, später gezielt andere Medien wie Zeitschriften oder das Fernsehen für Ihr Buch zu interessieren. Ohne diese Hilfe durch andere Printmedien oder das Fernsehen mindern sich die Chancen, aus Ihrer Buchidee einen Bestseller zu machen. Über diese zusätzlichen, jedoch sehr wichtigen Aktivitäten lesen Sie dann bitte auch noch in den Kapiteln *Der Autor ist der Motor* und *So plant man einen Bestseller*.

Ihr Angebot

Ein Buchplan bleibt formbar

Sie haben Ihre Buchidee gründlich beleuchtet, der Buchplan ist in Ihrem Kopf gereift, Sie haben genügend Verkaufsargumente gefunden, Sie wollen jetzt anbieten.

Das Dreigestirn

Ob Sie nun ganz am Anfang stehen und noch nichts zu Papier gebracht haben oder ob gar schon ein fertiges Manuskript vorliegt, das Sie bisher vergeblich angeboten haben, Sie gehen so vor:

1. *Sie schreiben ein Exposé;*
2. *Sie verfassen ein vorläufiges Inhaltsverzeichnis;*
3. *Sie erklären in Ihrer Vita, warum Sie der beste Autor für dieses Projekt sind.*

Dies ist das Dreigestirn Ihres ersten Angebots und trifft auf alle Non-fiction-Projekte zu: ob Sachbuch, Ratgeber, Kochbuch etc.

Wollen Sie Romane, Krimis, Fantasy, Science-fiction, Kurzgeschichten oder Gedichte veröffentlichen, ist Ihr Buchplan also dem Fiction-Bereich zuzuordnen, also der erzählenden Literatur, so kommt ein vierter Punkt hinzu:

4. Probeseiten

Wer Comic-, Cartoon- oder Kinderbuchprojekte anbieten will, also alles, was stark bebildert ist, wird ebenfalls Probeseiten mit Abbildungen, die bereits einen guten Eindruck vom späteren Projekt vermitteln, vorlegen müssen.

Sie dosieren
Nehmen wir an, Sie wären ein im wahrsten Sinne des Wortes noch unbeschriebenes Blatt in der Verlagslandschaft, ein Nobody. Sie wären sich Ihrer guten Buchidee sicher und gehen in Ihrem stillen Kämmerlein mit Eifer ans Werk, um dann der erstaunten Umwelt das Manuskript mit Stolz auf den Tisch des Hauses zu legen. Sie wollen mit Ihren Pfunden wuchern. Sie sagen sich: »Woran soll man sonst erkennen, was ich zu leisten imstande bin?«

Profis geben sich spröde Sie können das natürlich so machen, und viele Bücher sind auch so entstanden. Die Profis machen es jedoch zumeist nicht so, und sie haben ihre guten Gründe dafür.

Die Anzahl derjenigen Manuskripte, die ohne Absprache mit dem Verlag zustande gekommen sind und die dann – so, wie sie sind – angenommen werden, geht immer weiter gegen Null. Früher war dies anders. Heute steht dem ein eingefahrener Buchmarkt entgegen, der ganz bestimmte Ansprüche an das Produkt Buch stellt. Darüber haben Sie schon auf den ersten Seiten Einblicke erhalten und haben versucht, diese Ansprüche in Ihrem Buchplan zu berücksichtigen. Dies eröffnet Ihnen zunächst die Chance, im Lektorat Gehör zu finden. Aber haben Sie wirklich schon alle Umstände beachten können? Lassen Sie Ihr Buchpro-

jekt sich weiterentwickeln! Und durch die Dosierung Ihres Angebots halten Sie Ihrem Projekt alle Möglichkeiten offen. Sie tasten sich an eine Veröffentlichung heran.
Warum?

Lektoren sind beschäftigte Leute
Noch vor gar nicht so langer Zeit hatten die Lektoren, die ja die erste Anlaufstelle für Ihr Buchprojekt darstellen, einen überschaubaren Programmbereich zu betreuen. **Der Lektor als Mittler**
Der Lektor vermittelt zwischen Autor und Verlag: Obwohl beim Verlag angestellt und vom Verlag bezahlt, vertritt er oft die Rechte des Autors gegenüber dem Verlag. Und wenn man bedenkt, daß schließlich ja die Autoren und ihre Manuskripte den ganzen Verlagsladen in Schwung bringen, so profitieren letztlich auch die Verlage von dieser engen Bindung zwischen Lektor und Autor.
Es ist sehr oft vorgekommen, heute allerdings seltener geworden, daß bei unüberbrückbaren Meinungsverschiedenheiten zwischen Autor und Verlag der Autor und der Lektor gleichzeitig den Verlag wechselten.
Der Lektor ist der Transmissionsriemen zwischen dem Autor und der Verlagsmaschinerie. Denn die Überbrückung von der Kreativitäts- zur Verkaufsseite bedeutet oft, Welten zu verbinden.
Und es gibt gerade beim Schreiben von Büchern einen Haufen an Problemen, die auch zu Schreibkrisen beim Autor führen können. Der Lektor ist so etwas wie ein Psychotherapeut des Autors, er muß führen, wenn die Karre im Dreck steckt. Bei einem solchen engen und wechselseitigen Verhältnis überrascht es allerdings

nicht, wenn bisweilen auch der Autor den Lektor oder Verlagsleiter stützen muß.

Das Schreiben von Büchern kann zu einer vollkommenen Umkrempelung der Lebensverhältnisse des Autors führen, Mißerfolge, aber auch gerade große Erfolge spielen dabei eine fast gleichwertige Rolle und können Krisen beim Autor und in seiner Umwelt auslösen. Der gute Lektor müßte versuchen, auch dies in den Griff zu bekommen, also auch die familiären oder anderen wichtigen Lebensumstände des Autors zu kennen.

Lektor und Produktmanager Sie ahnen schon, daß der heutige Lektor eines großen Verlagshauses dies so kaum mehr leisten kann. Die Anzahl der Manuskripte, die er betreut, ist beträchtlich gewachsen. Waren es noch vor zwanzig Jahren in einem Hardcover-Verlag, also einem Verlag, der gebundene Bücher und keine Taschenbücher veröffentlicht, etwa vier Buchprojekte pro Programm und somit pro Halbjahr, so ist diese Menge heute oftmals auf mehr als das Doppelte angewachsen – und dies mit zunehmender Tendenz.

Der Lektor stellt sicherlich noch eine Brücke zwischen Autor und Verlag dar und ist Ihr Ansprechpartner, er ist aber immer stärker in die Verlagsmaschinerie eingebunden, er ist zum Produktmanager geworden.

Diese Entwicklung ist nicht freiwillig von den Verlagen geplant worden, die Umstände, die Entwicklung des Buchmarktes haben sie dazu gezwungen. Aus dem gleichen Grund, warum Sie sich – bevor Sie auch nur eine Zeile Ihres geplanten Werkes schreiben – so intensiv mit dem Buchmarkt beschäftigen sollten, aus dem gleichen Grund ist aus dem Lektor ein Manager geworden: Die Marktdichte bei Büchern erfordert Buchmanagement, Kreativität muß in Verkaufsargu-

mente eingepackt sein, nur gut geschrieben zu sein genügt für ein Manuskript heute nicht mehr.
Nun hätten die Verlage ja mehr Lektoren einstellen können. Die Kostenentwicklung und der Konkurrenzkampf stehen jedoch dagegen. Und es ist nicht abzusehen, daß sich dies in der Tendenz ändert, zumindest nicht bei den großen und mittleren Verlagen. In den USA und in einigen Fällen auch in der Bundesrepublik sind aufgrund dieser Situation Imprint-Verlage entstanden. Da haben sich Lektoren und andere Programmacher, die einen Namen hatten, mit einem eigenen Programm selbständig gemacht, um den Autoren wieder eine Identität geben zu können. Zugleich blieben sie aber wirtschaftlich an ihren Hausverlag angelehnt. Dies sind aber Ausnahmeerscheinungen.
Teilweise haben Literaturagenturen diese Aufgabe der Vorauswahl, des Beratens und des Betreuens von Autoren übernommen. Darüber werden Sie in einem eigenen Kapitel noch mehr erfahren.

Sie lassen den Stier noch im Stall
Die ursprüngliche Funktion des Lektors war: eingehende Manuskripte auf Tauglichkeit für das Programm zu prüfen. Das macht er auch heute noch, und wenn Sie einmal den Stapel der unverlangt eingesandten Manuskripte auf dem Tisch eines Lektors gesehen haben, dann werden Sie denken, er macht auch heute nichts anderes.

Das Gegenteil ist aber der Fall: Er macht eine ganze Menge anderes, und mit diesen Manuskripten muß er irgendwie auch noch zurechtkommen.

Meister im Querlesen

Autoren haben mir oft ihr Leid geklagt, daß ihr Manuskript überhaupt nicht im Lektorat gelesen worden sei. Es sei unberührt zurückgekommen. Dies trifft sicherlich nur auf einen Teil der unverlangt eingesandten Manuskripte zu, der Einwand ist jedoch auch nicht ganz abzutun. Wohl in den seltensten Fällen wird ein Lektor ein Manuskript von vorn bis hinten lesen können. Dazu läßt ihm sein Job keine Zeit, wie Sie ja schon erfahren haben. Und wenn er auf Anhieb bereits durch Ihr Anschreiben sieht, daß dieses Projekt nicht für sein Programm geeignet ist, wird er vielleicht auch nicht mehr im Manuskript lesen.

Lektoren sind Meister im Querlesen, und wenn Sie daran denken, wie Sie vielleicht um jedes Wort gerungen haben, so kommt Ihnen dies wie ein Sakrileg vor.

Ein Blick fürs Negative Lektoren und Programmplaner sind so erfahren in der Beurteilung von Manuskripten, daß sie tatsächlich sehr schnell die Spreu vom Weizen trennen können. Sie lesen nicht den Text, um sich an Gelungenem zu erfreuen, sie haben vor allem einen Blick für das Negative.

Gute Lektoren sind noch immer neugierig auf jedes neue Projekt, auch wenn sie heute kaum mehr damit rechnen können, durch den Paketdienst fertig geschliffene Edelsteine auf den Tisch zu bekommen. Warum dies nicht so ist, wissen Sie schon: Der Buchmarkt verlangt genau auf ihn zugeschnittene Projekte.

Nun war es bisher schon immer recht selten, daß ein eingesandtes Manuskript, so, wie es war, nur noch in den Druck gegeben werden mußte. Doch wenn ein ungeschliffener Edelstein erkannt wurde, war Zeit vorhanden, ihn zu bearbeiten, zu schleifen. Das kann der Programmanager »Lektor« heute kaum mehr leisten. Er wird sich nicht in das Abenteuer einer Überarbeitung mit einem ihm bisher unbekannten Autor stürzen können. Denn ein bereits fertiges Manuskript geradezubiegen, so daß es ins Programm paßt, ist eine nerven- und zeitaufwendige Arbeit, von der man zudem nicht weiß, ob sie überhaupt gelingt.

Der moderne Lektor als Produkt- oder Programmmanager plant Buchprojekte von Beginn an, und dies zumeist mit seinen Autoren, also mit Schriftstellern, mit denen er schon zusammengearbeitet hat. Er kann so besser einschätzen, was am Ende dabei herauskommt. Sie verstehen jetzt, warum zwar noch Neugierde vorhanden ist, wenn der Lektor die Nase in ein Manuskript eines ihm unbekannten Autors steckt, daß er aber nicht nur nach dem verborgenen Diamanten sucht, sondern auch nach den Hürden, die einer Veröffentlichung im Wege stehen. Nur wenn Sie den passenden Brillanten für ein bestimmtes Verlagsprogramm liefern, treffen Sie ins Schwarze. Nur dies wird akzeptiert; etwas daneben ist zumeist schon ganz daneben.

Der Lektor sucht also nach den negativen Merkmalen in Ihrem Manuskript, die seinen ersten Eindruck bestätigen und ihm die Entscheidung erleichtern, das Buchprojekt an den Absender zurückzuschicken.

Und wenn Sie ein bereits fertiges Manuskript vorlegen, findet der Lektor einen Haufen von Ablehnungsgründen. Er muß aus Zeitgründen mit der Schere im Kopf herumlaufen, und die schneidet sofort weg, was nicht paßt. Ein schnelles Indiz ist der Umfang: Der Roman eines unbekannten Autors von knapp hundert Seiten hat bestimmt kaum Chancen auf dem Buchmarkt. Andererseits wird ein Romanmanuskript mit über 700 Seiten höchstwahrscheinlich unkalkulierbar, also zu teuer und damit unverkäuflich. Nehmen Sie bitte nicht einen Roman des englischen Autors Ken Follet zum Vergleich, der mit über 1 000 Seiten

Vorsicht Umfang!

Druckumfang ein großer Erfolg wurde. Sie heißen James A. Nobody, und für Sie gelten leider ganz andere Regeln.

Für andere Bereiche der Literatur sind die Umfangsgrenzen noch viel enger gezogen. Sie finden Näheres unter den Stichworten Sachbuch, Ratgeber etc.

Paßt nicht in die Reihe Dann sieht der Lektor schnell einen Ablehnungsgrund darin, wenn Ihr Manuskript einfach nicht in eine im Programm befindliche Reihe passen will. Ihr Thema mag durchaus gerade für diese Reihe geeignet erscheinen, aber Ihre Konzeption fügt sich nicht ein. Viele Verlage haben ein stark ausgerichtetes Reihenprogramm. Das engt den Verlag einerseits ein – zum Beispiel wenn Sie ein zwar interessantes, aber nicht für diese Reihe passendes Manuskript einreichen –, die klare Reihenkonzeption gibt dem Verlag jedoch gegenüber dem Buchhandel und dem Leser eine Identität. In der Vielzahl von Neuerscheinungen gilt es, erkennbar zu bleiben. Der Buchhändler muß wissen, wo er zum Beispiel Bücher über aktuelle politische Ereignisse findet, um so seinen Kunden beraten zu können bzw. kennt der Kunde schon andere in dieser Reihe erschienene Titel.

Stilistisch daneben? Ein häufiger Ablehnungsgrund ist der Stil, in dem ein Manuskript geschrieben ist. Ein stilistisch versautes Manuskript ist kaum zu retten; die Mühe scheut der Lektor, weil er keine Zeit dafür hat. Sie stellen sich vielleicht auf den Standpunkt: »Ich schreibe eben so und nicht anders, dies ist mein Stil!« Nun hat jeder seinen eigenen Schreibstil, und man sollte sich auch nicht gleich ins Bockshorn jagen lassen. Aber vielleicht hätte es nur ein paar treffender Hinweise des Lektors bedurft, bevor Sie mit der kompletten Niederschrift begonnen hätten. So hätten Sie vielleicht genau die richtige Leseransprache in Ihrem Manuskript gefunden. Und es leuchtet ein, daß solche Hinweise sinnvoller sind, wenn Sie noch nicht das ganze Manuskript geschrieben haben.

Sie bieten das Filet
Sie werden also den Stapel der ungeeigneten Manuskripte auf dem Tisch des Lektors nicht erhöhen. Sie schicken ihm nicht den Stier, der in keine Schublade paßt, Sie schicken ihm Ihr Filetstück, das sich – Sie erinnern sich noch? – zusammensetzt aus:

1. Exposé
2. Gliederung
3. Vita

Und bei belletristischen Buchprojekten bzw. Bildbüchern ist auch die bereits erwähnte Leseprobe bzw. Bildprobe erforderlich, die Sie mit aller Sorgfalt vorbereitet haben.

Die Idee verkauft sich besser als die Wirklichkeit
Sie wollen ja etwas verkaufen, und grundsätzlich gelten die Regeln des Verkaufs für Seife auch für Bücher. Dies mögen Sie vielleicht für geschmacklos halten, aber bedenken Sie, ich hätte ja auch noch andere Produkte heranziehen können. Das Prinzip bleibt das gleiche: Mein Angebot muß auf einen Bedarf stoßen, oder ich muß den Bedarf wecken.
Bei der Seife ist das zunächst ziemlich eindeutig: Wir machen uns alle dreckig, und Seife ist genau das, was wir dann noch zum Wasser brauchen. Wenn ich der Seife jetzt allerdings besondere Duftnoten beimische und mein Produkt damit auch teurer wird, muß ich

Ohne Bedarf läuft nichts

den nackten Affen Mensch schon mit der *Frische* – sagen wir – *von Polkappen* locken, um ihn von diesem neuen Produkt zu überzeugen.

Also die Vorstellung, gletscherfrisch ins Büro zu gehen und die Attacken des Alltags ganz *cool* zu meistern, macht mir Mut und das Portemonnaie auf.

Sie müssen mit Ihrem Buchprojekt dem Verlag und an erster Stelle dem Lektor solchen Mut machen. Wenn er ein fertiges Manuskript bekommt, das von der Idee her zwar gut ist, jedoch an allen Ecken und Enden klemmt, einfach so nicht paßt, wird er sich lieber für ein Projekt mit einem Autor entscheiden, den er kennt und wo er in etwa abschätzen kann, was er am Ende auf den Tisch bekommt.

Nur die Idee anbieten Der Lektor als Produktmanager wartet nicht auf die fertigen Goldbarren, die die Paketpost ihm bringen könnte, er schmiedet sie vielmehr. Und wenn Ihr Projekt den richtigen Ansatz hat, wird er Ihnen Hinweise geben, wie das Projekt auf sein Programm exakt zugeschnitten werden könnte.

Ein fertiges Manuskript dagegen kann er nicht einschmelzen und einfach neu formen, aber Ihre gute Idee mit guten Verkaufsaspekten kann er mit weiteren Ideen anreichern und so auf die richtige Schiene setzen.

Sie reichen also ein Exposé ein, aus dem sehr gut hervorgeht, welche Leser Sie erreichen wollen, warum diese Leser dieses Buch kaufen werden, welchen Umfang es hat, wie Sie sich gegebenenfalls die Bebilderung vorstellen und in welchem Zeitraum Sie das fertige Manuskript liefern könnten. Der Lektor wird sich nun genauer mit Ihrem Projekt beschäftigen – vorausgesetzt natürlich, daß Sie den Verlag angeschrieben bzw. Kontakt aufgenommen haben, der mit seinem Programm Ihr Thema oder Ihre Romanform abdeckt.

Die vorläufige Gliederung (gilt in diesem strengen Sinne nicht für Belletristik), die Sie Ihrem Exposé beigefügt haben, läßt einen schnellen Überblick über das Skelett Ihres Buchplans zu; der beabsichtigte Aufbau wird sichtbar. Ihr Buchplan bekommt Struktur.

Ihre Vita wiederum setzt Sie als Autor und Ihren bisherigen Lebensweg in Zusammenhang mit dem Projekt, soweit dies noch nicht durch Ihr Exposé deutlich geworden ist. Ein Foto von sich sollten Sie aber zu diesem Zeitpunkt nicht einreichen, es wäre verfrüht; es sei denn, daß Ihr Äußeres in einem engen Zusammenhang mit dem Buchthema zu sehen ist und ein nicht unwichtiges Verkaufsargument liefert.

Sie bieten also zunächst die *Idee* Ihres Buchprojektes an, aber schon so untermauert, daß der Verlag nicht daran vorbeigehen kann.

Phantasie anregen

Lassen Sie sich auch gerne von Ideen begeistern? Wahrscheinlich, sonst würden Sie kein Buch schreiben wollen. Geht es Ihnen auch so, daß Sie sich von den Spekulationen über die Möglichkeiten eines zukünftigen Ereignisses viel mehr angesprochen fühlen als von der Wirklichkeit? Zukünftiges regt unsere Phantasie mehr an als der graue Alltag. Und dabei war dieser Alltag auch einmal aufregend für uns – bevor wir ihn kannten.

Genauso wie Sie sich von einem Projekt begeistern lassen, so können auch Sie andere für Ihr Buchvorhaben begeistern. Vor allem dann, wenn auch Ihr Gegenüber sich in das Projekt einbringen kann. Jeder hängt an seinen Ideen, und wenn Sie Raum geben, Ihr Projekt durch die Zugabe von Ideen seitens des Verlages anreichern zu lassen, so sind Sie auf dem besten Wege in genau das Programm dieses Verlages.

Ihr Exposé

Wenn Sie in einer Buchhandlung sind und ein Buch in der Hand halten, so werden Sie zumeist auf der Rückseite einen kurzen Text über das Buch finden. Das Buch wird vorgestellt. Der Verlag will Ihnen als potentiellem Käufer klarmachen, warum Sie dieses Buch kaufen sollen. Bei Taschenbüchern und kartonierten Einbänden ist dies der einzige Werbetext, bei Büchern mit Schutzumschlag finden Sie auf den beiden inneren Klappen auch noch den Klappentext (und zumeist ein paar kurze Angaben über den Autor).

Rückseitentexte, Klappentexte Nun kommen die meisten Bücher heute eingeschweißt in den Buchhandel, so daß der Klappentext nicht für den Kunden einsehbar ist, es sei denn, der Buchhändler hat ein Exemplar oder mehrere Exemplare von der Schutzhülle befreit, so daß Sie als Kunde Ihre Nase ins Buch stecken können.

Tun Sie dies in Ihrer Buchhandlung oder zu Hause bei Ihren Büchern, und studieren Sie genau Klappentexte und Rückseitentexte. Wie Sie als Kunde vom Verlag angesprochen werden, in dieser Art sprechen Sie auch den Leser Ihres Exposés an.

Der Lektor, der Verlagsleiter, der Marketingchef – wer immer Ihr Exposé im Verlag liest – schaut sozusagen als Buchkäufer in Ihr Exposé. Er versetzt sich automatisch in die Rolle des Kunden, des potentiellen Lesers. Ein Verlag ist schließlich dazu da, Bücher zu verkaufen.

Die richtigen Verkaufsargumente haben Sie ja bereits zusammengetragen, jetzt bringen Sie sie auch noch in die richtige Form: Sie schreiben über Ihr Buchprojekt einen Werbetext.

Zwei Welten: Exposé und Manuskript

Ich habe erfolgreiche Autoren erlebt, die nicht in der Lage waren, ein Exposé über ihr nächstes Buchprojekt zu schreiben. Dabei sind diese Autoren in einer beneidenswerten Situation, denn mehr als dieses Exposé wird zumeist von ihnen nicht verlangt, und schon bekommen sie einen neuen Vertrag – bevor sie mit dem Manuskript beginnen.

Die Vermutung ist nicht ganz von der Hand zu weisen, daß ein guter Autor und ein lausiger Verfasser von Exposés zwei Seiten einer Medaille sind. Es gibt Menschen, die sofort den Verkaufsaufhänger einer Sache herausfinden und auch an den Mann bringen können. Sie bringen das Ganze auf einen kurzen Nenner, auf den Punkt. Ein Verkäufer muß schnell überzeugen, ein Autor hingegen kann sich dafür ein paar hundert Seiten Zeit lassen, seine Gedanken zu entwickeln, wobei er allerdings auch über die richtigen Techniken verfügen muß, damit ihm seine Leser nicht vorher weglaufen.

Auf den Punkt bringen

Es handelt sich hier offensichtlich um zwei verschiedene Charaktere, und es ist zugegebenermaßen nicht leicht, über sich selbst und sein Werk lobend zu sprechen und dabei auch noch den richtigen Ton zu treffen. Wer sein Licht unter den Scheffel stellt, der wird nicht gesehen, und der Nobody, der sich schon als den zukünftigen Erfolgsautor anpreist, wird auch danebenliegen.

Dem schon erfolgreichen Autor wird man sein vielleicht miserables Exposé möglicherweise nachsehen, Ihnen jedoch nicht.

Sie werden deshalb die nachfolgenden Techniken bedenken müssen:

1. *Sie geben den Inhalt in bezug auf die Zielgruppe wieder;*
2. *Sie binden Ihre Person an die Thematik;*
3. *Sie schreiben über sich in der dritten Person;*
4. *In der Kürze liegt die Würze.*

Bevor ich Ihnen ein paar Hinweise zu diesen vier Punkten gebe, vorweg hier schon ein Tip zum Schreibstil. Über das Schreiben von kompletten Manuskripten finden Sie dann später noch mehr in diesem Buch.

Die richtige Sprache Mit Ihrem Nachbarn können Sie sich bestimmt ausgezeichnet unterhalten. Es gibt keine Verständigungsprobleme. Aber hat Ihr Nachbar schon einmal versucht, Ihnen etwas schriftlich klarzumachen? Wohl nicht, und seien Sie froh darüber, Sie hätten ihn womöglich nicht verstanden.

Nun verkehren Nachbarn auch nicht schriftlich miteinander, es sei denn, man ist schon auf dem besten Wege zu einem Rechtsstreit. Hierin sehen Sie bereits eine Wirkung des Schriftlichen: es schafft Distanz. Was man mit dem gesprochenen Wort im Ton überbrücken kann, bekommt im geschriebenen Wort gleich eine distanzierte oder gar beleidigende Note.

Mit Ihrem Nachbarn werden Sie besser weiterhin freundschaftlich plaudern und keine Stilübungen an ihm ausprobieren. Achten Sie lieber darauf, wie Sie mit ihm sprechen oder wie er mit Ihnen spricht. Und übertragen Sie diese Technik auch auf Ihre Schreibweise.

Gerade bei einem gedrängten Text, wie er für ein Exposé nun einmal notwendig ist, ist die Gefahr doppelt groß, die Sprache zu substantivieren. Sie wollen Substanz in Ihre Zeilen bringen, Sie wollen den Leser mit Ihren Argumenten womöglich erdrücken. Tun Sie es nicht, Sie schaffen Distanz und erreichen damit das Gegenteil.

Wer den Leser für sich gewinnen will, der muß lebendige Sätze schreiben. Vernachlässigen Sie also nicht die Verben, denn erst die bringen Bewegung in Ihre Argumente.

Inhalt und Zielgruppe

Ein Exposé ist eine Inhaltszusammenfassung. Für denjenigen, für den das Exposé bestimmt ist, der sich also einen schnellen Überblick zu einem Projekt, das vermarktet werden soll, verschaffen will, ist es mehr. Es ist immer *Inhalt plus Zielgruppenansprache*. Denken Sie an den Klappentext oder den Rückseitentext eines Buches. Auch dieser wird für den Kunden geschrieben.

Sie haben nun die nicht ganz einfache Aufgabe, einen Text über ein zukünftiges Buch zu schreiben und dies in der Diktion deutlich zu machen, zugleich aber so zu tun, als ob Sie schon einen späteren Leser mit diesem Text ansprechen wollen. Der Grund hierfür ist Ihnen sicherlich noch geläufig: Dieses unbekannte Wesen *Buchkäufer* führt via Buchhandel und Vertreter die Scherenschnitte im Kopf des Lektors und der anderen Programmplaner aus.

Den Leser im Visier

Wie Sie einen solchen Text gestalten können, wird Ihnen dieses Beispiel zeigen, das für ein Ratgeberprojekt geschrieben wurde:

Der Nutzgarten im Blumentopf

In den Vorgärten, auf Balkons und Fensterbänken sieht man neuerdings immer häufiger anstelle von Zierpflanzen nun Kräuter und auch Gemüsepflanzen

grünen und blühen. Der Nutzgarten im Kleinformat entspricht dem Wunsch vieler Menschen, unabhängiger von in Supermärkten angebotenen Produkten ungewisser Herkunft zu sein. Biologisch gezogene Kräuter und Gemüse stehen hoch im Kurs – und sind teuer! Was liegt also näher, als die Möglichkeiten einer auch noch so kleinen Stadtwohnung zu nutzen. Gärtnern auch ohne großen Garten macht Spaß.
Und wie das geht, will genau dieses Buch zeigen:

Was wächst am besten auf meinem Balkon?
Wie stelle ich Kräuter und Gemüse zusammen, um auf kleiner Fläche möglichst große Erträge zu erzielen?
Welche Behälter kommen in Betracht?
Samen oder Setzlinge?
Mische ich mir Erde selbst zurecht, oder genügt die handelsübliche Blumenerde?

Dies sind einige der Fragen, die dieses Buch beantwortet.

Der Text von insgesamt zwei Seiten geht dann noch auf so schöne Sachen wie Obstbäume in Kübeln ein und Tomatenpflanzen und Feuerbohnen, die nicht nur gut schmecken, sondern auch gut aussehen. Da freut man sich als Leser schon so richtig auf das kommende Frühjahr.
Zum Schluß spricht die Autorin von ihren Erfolgen, die sie seit Jahren mit ihrem Balkongemüse hat. Und sie verrät dem Leser ihre ureigensten Rezepte für die Herstellung von Kräutersalben und Gelees. Außerdem stellt sie klar heraus – und das war auf dem dichtbesetzten Buchmarkt sicherlich eine glückliche Ausnahme: Es gibt noch kein Konkurrenzprodukt!

Sie sehen, daß das Ziel des Buchprojekts, obwohl hier der kurze Text noch verkürzt wiedergegeben wurde, schon durch ein paar Zeilen deutlich wird. Da beginnt es im Kopf des Lesers förmlich zu grünen und zu blühen, und alle, die mit diesem Buch später zu tun haben werden – Vertreter, Buchhändler, die verlagseigene Werbeabteilung, die Rezensenten –, sie alle werden eine große interessierte Lesergruppe ausmachen. So wird es der Lektor aufgrund des Exposés einschätzen, und er wird das Projekt fördern und eventuell mit weiteren Vorschlägen anreichern.

Die Autorin weist sich mit ihrem Exposé auch als fundierte Kennerin der Materie aus, schließlich betreibt sie ihren eigenen Gemüsegarten mit Erfolg auf ihrem Balkon.

Der Text trennt nicht zwischen Inhalt und Zielgruppe. Sie können das natürlich auch machen, indem Sie zuerst den Inhalt zusammenfassen und dann anschließend die Frage stellen und beantworten: »Wer interessiert sich für dieses Buch?« **Durch den Text ansprechen**

Ineinander verwoben wirkt es jedoch überzeugender, spiegelt eine Einheit von Thema und Leser wider.

Und bei Belletristik?

Für ein Sachbuchprojekt, insbesondere für einen Ratgeber, können Sie sich diese Mischung aus Inhalt und Zielgruppenansprache gut vorstellen. Aber für ein belletristisches Projekt?

Aber selbst für Gedichte sollte sich der Autor Gedanken machen, welche Zielgruppe sie lesen soll. Die Gefahr ist einfach zu groß, daß noch so schöne Gedichte vielleicht nie das Auge des Lesers erreichen, weil kein Verlag sie zu drucken wagt. **Auch Gedichte haben ein Ziel**

Schreiben Sie politische oder satirische Gedichte, so

haben Sie auch ein ganz bestimmtes Publikum im Auge. Dafür schreiben Sie, und das müssen Sie auch klar und deutlich zum Ausdruck bringen. Gedichte, die in diesen Rahmen nicht so richtig hineinpassen, müssen Sie weglassen – auch wenn Ihr Herz noch so daran hängen mag.

Oder Sie schreiben vielleicht Gedichte für Menschen, die im Herbst ihres Lebens stehen. Dies könnte ein schönes Geschenkbuch werden. Sie werden dies bei der Auswahl Ihrer Gedichte beachten und keines hineinnehmen, was den Beschenkten schockieren könnte. Natürlich kann man über Gedichte nur ein kurzes Exposé verfassen, Gedichte können nur durch sich selbst wirken, aber Sie können sehr deutlich machen, an wen der Verlag das Gedichtbändchen verkaufen könnte.

Thriller mit Hintergrund Wenn Sie einen Thriller planen, werden Sie sich genau überlegen, wo die Handlung spielen sollte. Sie haben die Konkurrenz beobachtet und stellen fest: Die meisten Thriller kommen von amerikanischen Autoren und spielen zumeist auch im nordamerikanischen Milieu. Sie können und sollten dies nicht kopieren, also setzen Sie einen Kontrapunkt und schreiben speziell für den deutschen Markt, den deutschen Leser. Diese Linie halten Sie durch, und in Ihrem Exposé werden Sie dies deutlich ausdrücken, und Sie werden auch sagen, warum sich der Leser gerade von der Dichte Ihrer Recherchen hier vor Ort angesprochen fühlen wird.

Ob Sie nun einen Krimi, einen Thriller, einen historischen Frauenroman planen – Sie analysieren die Konkurrenz, heben sich positiv davon ab und lassen Ihre potentiellen Leser nicht aus dem Auge. Und dies alles nehmen Sie in Ihr Exposé hinein und legen damit eine gute Entscheidungshilfe für den Verlag vor.

So binden Sie Ihre Person an die Thematik

An dem Beispiel des *Nutzgartens im Blumentopf* haben Sie schon gesehen, wie sich die Autorin mit ins Spiel brachte. Sie tun dies auch, soweit es möglich ist, selbst wenn es sich um ein belletristisches Projekt handelt.

Vielleicht gibt Ihr beruflicher Hintergrund schon Anhaltspunkte dafür, daß Sie der berufene Autor für das von Ihnen geplante Projekt sind. Falls die Autorin des *Nutzgartens im Blumentopf* gleichzeitig von Beruf Gärtnerin gewesen wäre, so wäre diese Angabe für den Verlag und den Leser ein wichtiger Hinweis auf die glaubwürdige Aussage des Buches gewesen. Nun liegt es bei diesem Beispiel auf der Hand, manchmal mögen Sie aber nicht sofort einen Zusammenhang erkennen; suchen Sie, denn vielleicht findet sich in Ihrer Vita doch etwas, was Ihre Autorität auf dem Gebiet Ihres Themas ausweist.

Bringen Sie sich ins Spiel

Falls die Handlung Ihres Krimis den Leser bis nach Australien führt und Sie sind schon einmal dort gewesen, dann erwähnen Sie dies. Möglicherweise ändern Sie jetzt Ihren Buchplan und lassen die Handlung dort spielen, wo Sie sich auskennen – tun Sie das. Denken Sie dabei an berühmte Autorenkollegen, die sich auch nicht scheuen, ihre Handlung sogar im eigenen Schriftstellermilieu anzusiedeln.

Dieser Punkt ist besonders für den Newcomer auf dem Buchmarkt wichtig. Sie müssen dem Verlag Mut machen, mit Ihnen in den Ring zu steigen. Übertrieben ausgedrückt: Sie deuten schon im Exposé an, daß Sie *der* berufene Autor für das Projekt sind.

Aber es genügt nicht, diesen Satz einfach so zu schreiben, das würde sogar kontraproduktiv wirken. Es hat nur Zweck, wenn Sie tatsächlich Ihren Lebenslauf mit dem Buchthema verknüpfen und so Ihre Autorität untermauern können.

Mit dem klaren Blick des Laien? Aber auch wer sich nur aus Liebe zu seinem Schreibhobby an die Maschine setzt und gerade nicht aus seiner Berufswelt berichten will, kann daraus einen Schuh machen. Dann sind Sie vielleicht der vollkommene Außenseiter, der sich den klaren Blick für die wirklichen Verhältnisse aufgespart hat. Dies ist kein Pfund, mit dem man wuchern kann, nur dezent gebraucht wirkt es. Und Sie wissen, daß Ihre Manuskriptprobe besonders überzeugend sein muß.

Sie schreiben über sich in der dritten Person

Wer sich in seinem Exposé als Buchautor darstellt und sich somit schon fast direkt an den späteren Leser wendet, greift zu einem psychologischen Trick: Er wird als Buchautor, nicht als Manuskriptverfasser, also die Vorstufe, betrachtet. Das ist kein Riesenvorteil, weil die Wirklichkeit für den Verlag unübersehbar bleibt, aber Sie üben sich in der Rolle, Verkäufer Ihres eigenen Produktes zu sein. Und das schärft den Blick für die Verkaufsargumente.

Ein Trick Falls Sie über sich nicht in der dritten Person schreiben möchten, dann gehen Sie zumindest sparsam mit dem Wörtchen *ich* um. Lassen Sie lieber die Fakten wirken. Es gibt allerdings auch Buchprojekte, wo gerade das sich entblätternde Ich den Reiz ausübt; in diesen Fällen sollte natürlich die erste Person gewählt werden. Dies gilt für alles Autobiographische.

In der Kürze liegt die Würze

Wie lang sollte ein Exposé sein? Die Überschrift macht es deutlich: kurz. Wie kurz? Etwa zwei Seiten bei einem Abstand von eineinhalb Zeilen.

Zwei Seiten ist in etwa die Mitte; drei Seiten sollten nicht überschritten und eine Seite nicht unterschritten werden.

Wenn Sie mehr als drei Seiten schreiben, kann es Ihnen passieren, daß Sie sich wiederholen; den Leser nicht bei der Stange halten; sich selbst widersprechen; erst gar nicht gelesen werden. Eine Seite wiederum vermittelt rein vom Umfang zuwenig Gehalt, nimmt sich in der Hand zu dürftig aus.

Peilen Sie die Mitte an

Sie können auch den genau umgekehrten Weg gehen: Sie schreiben ein umfangreiches Exposé von insgesamt 15 oder sogar 25 Seiten. An eine zusammenfassende Beschreibung – so wie sie für das Erstellen eines zwei- bis dreiseitigen Exposés von mir vorgeschlagen wurde – fügen Sie jetzt noch zusätzlich eine genaue und detaillierte Schilderung der einzelnen Kapitel an, so daß der Lektor nicht nur weiß, wie das Gerippe aussieht, vielmehr schon das »Fleisch am Knochen« sieht. Diese Form eines in den USA mehr gebräuchlichen Exposés eignet sich eher für Sachbücher und Ratgeber als für Romane.

So machen Sie Ihr Exposé komplett

Ganz komplett wird Ihr Exposé, wenn Sie noch Angaben zum Umfang, zur etwaigen Bebilderung und zur Erstellungszeit des Manuskriptes machen.

Bei der Umfangsausgabe gehen Sie von einer normalen Anschlagseite von 30 Zeilen zu etwa 60 Anschlägen aus. Dies entspricht einer doppelzeilig beschriebenen DIN-A4-Seite und ergibt 1 800 Anschläge. Es hat sich bei den Verlagen eingebürgert, mit dieser Normseite zu rechnen. Falls Ihr Manuskript bereits fertig ist, können Sie auch Ihre Anschläge auf diese Normseite umrechnen, indem Sie

Die Normseite

1. die Anschläge einer Ihrer durchschnittlichen Manuskriptseiten bestimmen;
2. diese Zahl mit Ihrer Gesamtseitenzahl multiplizieren;
3. Ihre errechneten Gesamtanschläge durch die Zahl 1 800 dividieren.

Umfang und Kalkulation Sinnvolle Umfänge ergeben sich aus Ihrer Themenstellung, aus der Literaturform, aber auch aus den Möglichkeiten des Buchmarktes. Ihr Buch muß kalkulierbar sein! Dieser Punkt ist für einen Verlag von grundlegender Bedeutung. Deshalb ist Ihre Angabe im Exposé über Ihren geplanten oder bereits vorliegenden Manuskriptumfang von großem Interesse für den Lektor.

Welche Umfänge Sinn machen, entnehmen Sie bitte den Stichpunkten *Roman, Sachbuch, Ratgeber* etc.

Ein Bild sagt mehr als tausend Worte Ein Ausspruch, den man als Schriftsteller eigentlich gar nicht gerne hört. Für Ihr Buchprojekt könnte die Frage nach der Bebilderung jedoch entscheidend sein. Grundsätzlich sollte gelten: Wenn sich eine Bebilderung anbietet und wenn sie sich kalkulieren läßt, dann hat ein bebildertes Buch Marktvorteile. Entsprechend wird dies schon eine wichtige Rolle bei der Entscheidung des Verlages spielen, Ihr Projekt anzunehmen oder zu verwerfen.

Der Umfang Ihres Manuskriptes und der Umfang der Abbildungen sind in engem Zusammenhang mit der Zielgruppe zu sehen, für die Sie das Werk in Angriff genommen haben. Die bereits auf dem Markt befindlichen Bücher haben Maßstäbe gesetzt, die es zu beachten gilt. Für Reiseführer, Kochbücher oder zum Beispiel Gartenbücher ist eine gute Ausstattung das entscheidende Kriterium.

Einige Verlage haben mit ihren speziellen Programmen einen großen Vorsprung vor der Konkurrenz errungen. Und Verlage, die nur mal eben so probieren wollen, in diesen Markt einzubrechen, machen zumeist eine Bauchlandung, weil sie sich in einem Teufelskreis befinden: Nur eine hohe Auflage kann die Kosten für Farbbildausstattung pro Exemplar reduzieren. Je mehr man druckt, um so preiswerter wird ein Exemplar, um so bessere Chancen hat es auf dem Buchmarkt. Eine geringe Auflage hält zwar die Gesamtkosten niedrig, führt jedoch zu einem hohen Verkaufspreis, den der Leser nicht zu zahlen gewillt ist. Also läßt sich das Buch auch nur schwer verkaufen.

Warum macht man dann nicht nur hohe Auflagen? Die Antwort ist leider banal: Je höher die Auflage, um so größer das Risiko, denn die absoluten Kosten steigen.

Bevor Sie einen Buchplan in Angriff nehmen, machen Sie sich sicherlich auch Gedanken, in welchem Zeitraum Sie das Werk zum Abschluß bringen wollen. Dies hängt einmal von der Art des Werkes ab, dann davon, ob Sie noch umfangreich recherchieren müssen und wie Ihre persönlichen Lebensumstände Ihnen Zeit gewähren.

Der Abgabetermin

Nun soll dieser Ratgeber Ihnen helfen, Ihrem Buchplan ein solches Fundament mit auf den Weg zu geben, damit Sie in einem möglichst frühen Stadium zu einem Verlagsvertrag kommen. Die Zeit, die Sie für die Erstellung des Manuskriptes benötigen, werden Sie also möglicherweise auch mit den Wünschen des Verlages in Einklang bringen müssen.

Wenn Sie – gerechnet von dem Tag an, an dem Sie Ihr Exposé absenden – Ihr Manuskript in einem Zeitraum von einem Jahr fertigstellen können, dann geben Sie in

Ihrem Exposé nicht diesen möglichen Zeitpunkt an. Bleiben Sie beim Zeitraum! Sie wissen ja nicht, wie viele Verlage Sie anschreiben müssen und wieviel Zeit vergeht, bis Sie zu einem Vertrag kommen. Und Sie wollen Ihr Exposé ja nicht jedesmal neu schreiben.
Sie formulieren etwa so: Manuskriptabgabe zwölf Monate nach Vertragsabschluß.

Herbst oder Frühjahr? Falls Sie dann mit einem Verlag über den Zeitpunkt der Manuskriptabgabe verhandeln, dann haben Sie immer zwei Termine im Kopf (jedenfalls, wenn es sich um eine gebundene Ausgabe handeln wird): die Monate Januar, Februar, März für die Herbstauslieferung und die Monate August/September für die Frühjahrsauslieferung. Die Manuskriptabgabe planen Sie also etwa ein halbes Jahr vor dem Erscheinungstermin ein.

Ihre Gliederung

Ob Sie zunächst Ihr Exposé und erst dann eine vorläufige Gliederung schreiben oder umgekehrt, wird sich aus Ihrem Arbeitsstil ergeben. Exposé und Gliederung hängen natürlich aufs engste zusammen, beide befruchten sich gegenseitig.

Wer bereits ein fertiges Manuskript in der Schublade hat und nun zunächst über das Exposé das Buchprojekt bei Verlagen anbietet, der wird als Überschrift *Inhalt* wählen, wer erst den Buchplan und vielleicht ein Probekapitel in der Tasche hat, wird als Überschrift wählen: *Vorläufiger Inhalt*.

Die Gliederung macht insbesondere bei Sach- und Ratgeberprojekten Sinn. Aber auch wer einen Roman schreibt – bei einem historischen Roman liegt es sogar auf der Hand –, wird mit einer inhaltlichen Gliederung denjenigen, der das Projekt begutachtet, möglicherweise besser führen können.

Zumeist wird es angemessen sein, die Überschriften nicht zu trocken zu wählen. Ein wenig flott sollte es schon zugehen, Sie wollen ja auch Begeisterung aufkommen lassen. Unter die Überschriften setzen Sie vielleicht auch schon Unterüberschriften oder kurze Sätze, die den Inhalt des jeweiligen Kapitels erläutern helfen.

Halten Sie sich von einer schematischen Einteilung fern, die mit Hilfe von Zahlen verschiedenen Ranges gliedern will. Was sich zunächst optisch gut macht und nach sauberer Gedankenarbeit aussieht (1. Kapitel/ 3. Unterkapitel/4. Zwischenüberschrift), überfordert schnell den Leser. Eine solche Einteilung ist für Diplomarbeiten und Fachbücher sicherlich richtig, eine Welle der Begeisterung wird so ein knochentrockenes Skelett bei einem Projekt für das allgemeine Lesepublikum nicht aufkommen lassen.

Der rote Faden

Sie sollten natürlich klar gliedern, dazu auch Kapitel- und Unterkapitelüberschriften verwenden, doch sollte die Wertigkeit durch die Formulierung erkennbar werden und nicht durch Zahlen hinter dem Komma.

Sie machen es richtig, wenn Sie mit der inhaltlichen Gliederung das Gerippe hervorheben, an dem das Lesefutter hängt. Dem Lektor soll die Gliederung ja einen schnellen Einblick in den Aufbau des Buches ermöglichen. Schütten Sie das Skelett deshalb einerseits nicht durch umfangreiche Formulierungen zu, aber lassen Sie es auch andererseits nicht durch ein Amtsdeutsch zu knochig erscheinen. Die Formulierung der Überschriften sollte dem Stil des Buchprojektes angepaßt sein.

Ihre Gliederung schreiben Sie auf eine Extraseite, oder auf zwei, falls sie länger ausfallen muß. Klemmen Sie sie nicht direkt an das Exposé, also noch auf dieselbe Seite, sondern lassen Sie den Begutachter nach der Lektüre des Exposés lieber erst etwas Luft holen.

Mit den Pfunden wuchern Zum Schluß schreiben Sie Ihre Vita, also Ihren Lebenslauf, wobei die Einzelheiten den Lektor nicht interessieren, wenn diese nicht im Zusammenhang mit dem Buchthema stehen.

In der Regel genügen etwa 15 Zeilen, aus denen die wichtigsten Stationen Ihres Lebens hervorgehen. Wo und wann sind Sie geboren? Falls Sie studiert haben, welche Fachrichtungen? Geben Sie Seminare, die im Zusammenhang mit dem Buchprojekt stehen?

Falls Sie einen turbulenten Familienroman schreiben, ist es auch von Interesse, ob Sie verheiratet sind und ob Sie Kinder haben. Falls Sie als Autorin über das unerschöpfliche Thema Mann ein Sachbuch oder einen Roman schreiben wollen, könnte es auch von Vorteil sein, wenn Sie bereits viermal verheiratet waren.

Es geht also darum, als vielleicht zukünftiger Bestsellerautor bereits jetzt mit den Pfunden zu wuchern, aber nicht darum, sich durch einen lückenlosen, langweiligen Lebenslauf um eine Stellung zu bewerben.

Falls Sie bereits Bücher veröffentlicht haben oder für Zeitungen oder Zeitschriften schreiben und in diesem Zusammenhang oder auch sonst in die Öffentlichkeit getreten sind (z. B. in Talk-Shows etc.), dann fügen Sie Ihrer Vita noch diese Angaben bei.

So können Sie zitierfähige Sätze aus früheren Rezensionen als Schlaglichter anfügen. Natürlich macht es sich am besten, wenn Sie Gutes oder auch Provokatives, was *andere* über Sie und Ihre Bücher geschrieben haben, als Sahnehäubchen oben draufpacken können.

Der Arbeitstitel

Ihr Angebot an den Verlag besteht nun aus

1. *dem Exposé;*
2. *der Gliederung;*
3. *Ihrer Vita.*

Jedes Kind braucht einen Namen

Sie haben damit die Grundlage für eine mögliche positive Entscheidung des Verlages über Ihr Buchprojekt gelegt.
Jetzt kommt aber das I-Tüpfelchen auf Ihr Angebot. Es ist der Kristallisationspunkt Ihres ganzen Projektes: der Titel.
Sie schreiben ihn zusammen mit dem Autorennamen auf eine vorgeschaltete Extraseite, auf das Deckblatt.
Oft steht ein Titel am Anfang einer Buchidee, und alles ist dieser Anfangsidee untergeordnet. Titel üben diese magische Kraft aus, und jeder, der im Buchgeschäft tätig ist, erliegt leicht dieser Faszination.
Wenn sich ein Buch nicht so gut verkauft, wie man es erwartet hat, dann wird schnell die Schuld auf den Titel geschoben. Das kann richtig sein, es gibt jedoch auch eine ganze Menge von anderen Ursachen, die dafür in Frage kommen. Letztlich kann der schlechte Titel vielleicht auch nur mitschuldig sein. Überprüfen läßt es sich nicht; die Fälle, in denen ein Buch einen zweiten Start mit dem nun vermeintlich besseren Titel bekommen hat, sind selten.

Am Anfang stand der Titel

Bestseller haben meist diese eingängigen Titel, und im Buchgeschäft ist die Ansicht verbreitet, daß es eben nur des richtigen Titels bedarf, um zum Erfolg zu kommen. Möglich ist aber auch, daß die Titel von Bestsellern eben deswegen so eingängig sind, weil es Bestseller sind. Alles, was sich gut verkauft, bekommt den strahlenden Glanz des Sieges, und dieser Glanz strahlt auch auf den Titel ab.

Man ist also auf Mutmaßungen angewiesen. Sicher ist jedoch, daß ein richtiger Titel von Beginn an das Schicksal eines Buchprojektes entscheidend beeinflußt.

Mit einem griffigen, mit einem eingängigen Titel wird das Projekt vorstellbar. Es erobert sich in der Vorstellung von Lektorat, Marketing, Vertretern und Buchhändlern einen Platz in der Buchlandschaft. Denn im Titel laufen im Idealfall alle Ihre Anstrengungen, sich von Ihren Lesern das richtige Bild zu machen, in einem leuchtenden Punkt zusammen.

Neugier wecken Stellen Sie sich vor, Sie wollten alle Ihre Verkaufsargumente in einem Titel unterbringen. Denken Sie an die Seife und den neuen Duft. »Mit dieser Seife gewinnen Sie eine bisher nie gekannte Frische, die den ganzen Tag über anhält. Diese Seife enthält den neuen Wirkstoff Tentra-Glyzerin-200-A.« Eine solche Beschreibung lesen Sie vielleicht in dem begleitenden Werbetext. Aber ins Auge springt sie Ihnen nicht. Zunächst einmal müßten Sie gewonnen werden, sich diese Werbeseite in einer Zeitschrift anzuschauen.

Die neue Seife wird deshalb *Polar* heißen, und Ihre Aufmerksamkeit wird durch einen Eisbären gefesselt, der sich in einem Bürosessel vor einem Computer sichtbar wohl fühlt.

Titel und Einband Ihres Buches haben die gleiche Aufgabe: Neugier wecken und eine Botschaft übermitteln. Die Gedanken, die Sie sich jetzt über Ihren Titel machen, beziehen sich immer auf den *Arbeitstitel*. Wenn er griffig ist, wird er Bestand haben und alle Runden im Verlagsring überstehen. Er wird die Begeisterung für Ihr Projekt geweckt haben, die notwendig ist, um Ihr Projekt ins Rollen zu bringen.

Der letztgültige Titel wird jedoch zumeist im Verlag geboren. Die Programmseite und die Verkaufsseite werden ihn auf Inhalt und Verkäuflichkeit abklopfen und möglicherweise neu kreieren. Als Autor haben Sie allerdings in der Regel ein Vetorecht. Durchsetzen können Sie Ihren eigenen Titel nicht.

Auch wenn er schließlich verworfen wird, kann Ihr Arbeitstitel aber gute Dienste geleistet haben. Dies ist dann der Fall, wenn er Klarheit über das Buchprojekt vermittelte. Er hat dann wie ein gutes Tafelwasser gewirkt, das den Durst löscht, hat allerdings auch nicht beseelt, wie es ein guter Wein tut.

Inhalte transportieren

Wenn Ihnen also nicht ein so klassischer Titel wie *Zurück zu den Sternen* einfallen will, der den Einband des ersten Däniken-Erfolgsbandes zierte, so versuchen Sie wenigstens, den Inhalt auszudrücken, und verweisen auf das Neuartige oder Besondere an Ihrem Projekt.

Sie schmücken das Deckblatt Ihres Exposés, wenn Sie ein Buch über Rhetorik anbieten, nicht mit dem Arbeitstitel »Eine Rhetorikschule«, Sie kommen anmaßender daher: *Die neue Schule der Rhetorik* oder *Die hohe Schule der Rhetorik*.

Dies sind recht gängige Wendungen, allerdings dadurch auch ziemlich abgegriffen. Neugierig machender wäre: *Verbotene Rhetorik*.

Und Sie haben ja auch noch den Untertitel. Regel sollte sein: Wenn Sie Ihren Haupttitel – das ist der Titel auf allen Sachbüchern, der sofort ins Auge springt – als Blickfänger konzipiert haben und er wenig zum Inhalt aussagt, dann werden Sie Ihren Untertitel sachlich gestalten. Der Leser muß schließlich wissen, worum sich die Sache dreht.

Wenn Sie später Ihr Projekt unter Dach und Fach haben und Sie bekommen von Verlagsseite einen Titelvorschlag für ein Sachbuch, der zwar gut klingt, aber weder im Haupt- noch im Untertitel zur Sache kommt, dann lehnen Sie diesen Titel ab. Er wird Ihnen und dem Verlag kein Glück bringen. In der Fülle des Buchangebots muß die klare Zielgruppenansprache durch den Titel gewährleistet sein. Sie kann zugunsten einer eingängigen und flüssigen Formulierung nur dann aufgegeben werden, wenn der Verlag mit viel Werbung den Titel durchsetzen will. Dann kann ein Ohrwurm Vorteile bieten. In allen anderen Fällen – und dies sind 99 Prozent aller Buchtitel – sollte der Titel bei Sachbüchern die eindeutige Zielansprache formulieren.

Wenn Sie ein belletristisches Buchprojekt anbieten, so müssen Sie sich bei der Suche nach einem Arbeitstitel nur auf einen Titel konzentrieren, was aber die Angelegenheit nicht einfacher macht, denn Sie haben in der Regel keine erklärende Möglichkeit durch einen Untertitel.

Assoziationen wecken Nehmen Sie sich für die Titelüberschrift Ihres Exposés, das ein belletristisches Projekt vorstellt, aber vorerst die Freiheit, eine erklärende Zeile darunterzusetzen. Schreiben Sie vielleicht: »Ein heiterer Familienroman, der nicht durch Zufall Ähnlichkeit mit Ihrer Familie hat.« Für den Haupttitel haben Sie gewählt: »Das nächste Mal als Frau.« Sie haben es schon richtig erraten: Sie sind Autor und schreiben über das glückliche Elend von Hausmännern.

Sie können so auch bei Ihrem Roman oder Ihrem Krimi verfahren. Ihren Titel verdichten Sie, so daß er bei Ihren Lesern starke Assoziationen weckt: nach Freiheit und Weite oder nach Großstadtdschungel, je nachdem, wohin Sie Ihre Leser führen wollen.
Haben Sie Ihrem Krimi den Titel *Tückischer Asphalt* gegeben, so veranschaulichen Sie den Titel vielleicht noch durch eine Momentaufnahme: »Sie suchten ihn wegen eines Mordes, den er nicht begangen hatte, und jetzt saß er am Freitag abend um 18.30 Uhr auch noch in dem eingeklemmten Fahrstuhl. Die Welt hatte sich gegen ihn verschworen. Er begann seine Gedanken zu ordnen und nach einem Ausweg zu suchen...«

Reden Sie mit Ihrem imaginären Leser

Sie können auch kurze Dialogausschnitte wählen oder wie bei einem Sachbuch einen komprimierten etwa fünfzeiligen Text unter Ihren Titel setzen. Wie immer Sie Ihr Deckblatt gestalten, Sie wollen den Lektor in Ihr Exposé und damit in das Buchprojekt hineinziehen. Diese erste Berührung mit einem Projekt weckt Assoziationen, die prägend sind. Sie stellen sich dabei immer einen Ihrer späteren Leser vor, wenn dieser in der Buchhandlung Ihr Buch in der Hand hält und sich fragt: »Soll ich es kaufen oder nicht?«
Genauso fragt sich ja auch der Lektor: »Wer kauft dieses Buch?

Wer kauft dieses Buch?

Ihr Exposé, Ihre Vita, Ihr Arbeitstitel und Ihr Untertitel oder Kurztext beantworten für den potentiellen Leser die Frage: »Dieses Buch muß ich haben.«
Sie sind also bei der Planung Ihres Buchprojektes konsequent vom *Verbraucher* ausgegangen. Sie haben einen Faden geknüpft, der rückwärts von *Ihrem imaginären Leser* über die einzelnen Stationen im Verlag –

Vertreter, Marketing, Presse, Werbung, Programmleitung, Lektorat – bis zum Autor reicht.

Den Lebensfaden spinnen Sie haben es bestimmt schon gewußt: Autor zu sein ist nicht die hohe Kunst der Selbstbespiegelung im stillen Kämmerlein, es ist die Eröffnung des Dialoges mit einem imaginären Leser. Und da dieser imaginäre Leser Ihnen nicht antworten kann, da Sie es für ihn tun müssen, haben Sie sich dieses genaue Bild von ihm gemacht. Je besser Sie Ihren Leser im Kopf haben, um so besser wird die Zielansprache, um so besser gelingen Exposé und Manuskript, und um so besser werden alle Beteiligten im Verlag und später im Sortiment an dem Erfolg Ihres Buches mitarbeiten können: Der Lebensfaden Ihres Buches, nämlich die Verbindung zwischen Autor und Leser, wird für alle spürbar.

Ihre Schritt-für-Schritt-Taktik

Für Ihr Angebot haben Sie nun angefertigt: Ihr Exposé, Ihre vorläufige Gliederung und Ihre Vita, und Sie haben einen griffigen Arbeitstitel gewählt.

Den Verlag einbinden Für alle nichtbelletristischen Projekte, also Sachbücher, Ratgeber etc., reichen diese Unterlagen zunächst. Damit kann sich das Lektorat einen schnellen ersten Überblick über Ihr Buchvorhaben verschaffen. Der Lektor wird für die Lektüre dieser Unterlagen Zeit finden. Sie sind mit dieser Form auf die Bedürfnisse und die zeitlichen Möglichkeiten der Lektorate eingegangen, und Sie laufen deshalb nicht Gefahr, daß Ihr Angebot flüchtig oder gar überhaupt nicht gelesen wird.
Diese Angebotsform bzw. dieses Stadium der Buchplanung läßt auch dem Verlag noch Spielraum für Änderungswünsche.

Ihr Ziel ist es, aufgrund Ihrer Unterlagen bereits zu einem Vertragsangebot zu kommen. Eventuell ist dieses Angebot des Verlages mit Änderungsvorschlägen verbunden, die aus der Sicht des Verlages dem Projekt noch mehr Durchschlagskraft auf dem Buchmarkt verleihen.

Falls Sie ein unbekannter oder zumindest noch nicht sehr bekannter Autor sind, ist es jedoch wahrscheinlich, daß der Verlag, wenn das Projekt ins Programm paßt, Sie auffordern wird, weitere Unterlagen – also Manuskriptteile – vorzulegen.

Natürlich möchte kein Verlag die Katze im Sack kaufen. Am besten wären ohne Zweifel komplette Manuskripte, mit denen auch alles stimmt: der genau passende Umfang, der ansprechende Stil, die richtige Themenauswahl. Diese Idealmanuskripte, die sich exakt in die Programmlandschaft einfügen, gibt es heute aber kaum mehr. Deshalb gehen Sie ja gerade schrittweise vor, um mit dem Verlag über Ihr Projekt zu einer Interaktion zu gelangen.

Sie halten Kurs

Auch für den Fall, daß Ihr Verlag ein komplettes Manuskript von Ihnen sehen möchte, bleiben Sie auf Ihrem eingeschlagenen Weg und sagen zu, zunächst ein Probekapitel (und wenn dies schon Ihrem Exposé beigefügt war, dann ein weiteres) vorzulegen. Denn wenn Sie jetzt – angespornt durch die positive Reaktion – gleich ein komplettes Manuskript erstellen, laufen Sie große Gefahr, daß nachher dem Verlag die Sache doch nicht so recht ins Programm paßt. Binden Sie daher den Verlag ein, indem Sie Zug um Zug Manuskriptteile liefern und zuvor immer die Reaktion abwarten. Ob Sie sich so auch bis ans Ende eines kompletten Manuskriptes bringen lassen oder ob Sie irgendwann mittendrin unmißverständlich eine Vertragszusage einfordern, wird von Ihrem Gefühl für die jeweiligen Umstände abhängen.

Das Probekapitel

Wenn Sie ein belletristisches Buchprojekt anbieten, dann werden Sie bereits zu Beginn das Probekapitel zusammen mit Ihrem Exposé, evtl. einer Gliederung und Ihrer Vita bei den Verlagen einreichen müssen.

Den Dialog aufnehmen Sie haben zwar ebenfalls viel Wert auf die Ausarbeitung Ihres Exposés gelegt, aber es wird nur im Zusammenhang mit einem gelungenen Probekapitel überzeugen.

Die Einheit von Inhalt und Form ist für alle Buchprojekte das Idealmaß. Bei Non-fiction-Büchern steht das Thema im Vordergrund, und eine nicht so gelungene Darstellung des Stoffes durch den Autor ist möglicherweise verschmerzbar. In der Belletristik jedoch lebt das Buch von der Erzählkunst, von der Vortragsweise des Autors.

Erfolg hat der Autor, der die Leser in seinen Bann ziehen kann. Erinnern Sie sich an den Dialog, den Sie mit Ihrem imaginären Leser führen! Wer sein Buchprojekt mißbraucht, um einen Monolog zu halten, wird seine Leser nicht finden. In Wirklichkeit ist ein Buch allerdings ein Monolog, sogar von vielen hundert Seiten. Stellen Sie sich vor, Sie müßten dem Monolog eines anderen über mehrere Tage zuhören. Unmöglich! Wahrscheinlich wären Sie schon am dritten Tag bereit, alle ethischen Grundsätze fallenzulassen, um dem Vortragenden auf ewig den Mund zu verschließen.

Sie müssen den Monolog zu einem scheinbaren Dialog machen!

Die unsichtbare Leine

Die Kunst des fesselnden Schreibstils besteht darin, den Leser miterleben zu lassen. Sie führen den Leser an einer kurzen, aber unsichtbaren Leine. Wer diese Verbindung nicht herstellen kann, hat den Vorteil des Mediums *Buch* gegenüber Film und Fernsehen nicht ausgeschöpft. Ein Buch begleitet einen durch den Tag. Ich kann es während einer Bahnfahrt lesen, nachts im Bett oder an einem schönen Frühlingstag unter dem Apfelbaum, den ich gepflanzt habe, nachdem ich ein Buch über Nachhaltigkeit gelesen hatte.

Ein Buch stellt eine individuelle Beziehung mit mir her, was die anderen Medien nicht leisten können. Geht es Ihnen nicht auch so, daß Sie oft nicht wissen, ob Sie einen Film im Fernsehen schon einmal gesehen haben oder nicht? Sicherheit gewinne ich manchmal erst, wenn der Film schon zur Hälfte abgelaufen ist. Bei einem Buch passiert mir das nicht, es sei denn, ich habe es schon nach ein paar Seiten weggelegt und nicht wieder hervorgeholt.

Gestalten Sie Ihr Probekapitel schon so, indem Sie von Beginn an den unsichtbaren Faden zu Ihrem Leser spinnen. Als Probekapitel nehmen Sie am besten das erste Kapitel Ihres geplanten Werkes. Bei Sachbüchern kann unter Umständen auch einmal ein Kapitel aus der Mitte mehr Sinn machen, wenn dort die entscheidende Aussage enthalten ist. In aller Regel ist aber auch beim Sachbuch, Ratgeber oder Roman das erste Kapitel die richtige Wahl, den Verlag in Ihr Buchprojekt einzuführen.

Wegen späterer Korrekturmöglichkeiten schreiben Sie Ihr Probekapitel – wie auch Ihr Manuskript – mit zweizeiligem Abstand.

Über weitere Einzelheiten zu Stil und Gestaltung informieren Sie sich bitte im Kapitel *Ihr Manuskript*.

Das Pseudonym

Es gab gute Gründe
Wollen Sie Ihr Buch unter Ihrem Namen veröffentlichen oder unter einem Pseudonym?
Es hat in der Geschichte des Schreibens immer gute Gründe gegeben, sich hinter einem anderen Namen zu verstecken. Ein Text kann die Wahrheit treffen, ein Text kann auch eine glatte Lüge sein. Der Schreiber eines Textes erzielt aber so oder so eine bestimmte Wirkung.

Sie haben gründlich recherchiert, und Ihr Werk ist der Wirklichkeit so weit angenähert, wie es in Ihren Kräften lag. Eine Verfolgung durch die staatliche Macht haben Sie, wenn Sie durch Ihren Text nicht zu Straftaten auffordern oder Gewalt verherrlichen oder jemanden beleidigen oder verächtlich machen, nicht zu befürchten. Für viele Ihrer Schriftstellerkollegen war dies in früheren Jahrhunderten keineswegs eine Selbstverständlichkeit.

Schriftsteller sein hieß zumeist, mit den Herrschenden in Konflikt zu geraten. Ein Pseudonym konnte möglicherweise schützen.

Es gibt noch gute Gründe
Aber auch heute gibt es viele Mißstände, über die zu berichten von allgemeinem Interesse ist. Sie sind durch Ihren Beruf vielleicht auf merkwürdige Praktiken von Behörden oder Firmen gestoßen, und es drängt Sie, darüber zu berichten. Andererseits sehen Sie Ihre berufliche oder geschäftliche Position in Gefahr, wenn dies unter Ihrem Namen geschieht. Ein Pseudonym kann hier helfen.

Eine schlampige Recherche sollte man allerdings nicht hinter einem Pseudonym verbergen wollen. Ihre Tatsachenbehauptungen müssen Sie belegen können, wenn der Angegriffene eine gerichtliche Klärung sucht. Das Pseudonym schützt Sie vor einer gesellschaftlichen Diffamierung nur dann, wenn Sie wahrheitsgemäß berichtet haben. Das Pseudonym wird Sie auch nicht vor der Verfolgung durch die Behörden schützen, wenn durch Ihren Text Straftatbestände gegeben sind. Der Verlag, der sich in diesem Falle jedoch mitschuldig bzw. mithaftbar macht, wird Sie schon aus eigenem Interesse zuvor entsprechend beraten. Bei rechtlichen Unklarheiten machen Sie den Verlag in jedem Fall *schriftlich* darauf aufmerksam.

Namen haben Ausstrahlung
Wenn Sie Heribert Hasenköddel oder einen ähnlich schönen Namen Ihr eigen nennen, sollten Sie sich unbedingt überlegen, satirische Texte zu schreiben und diese auch unter Ihrem Namen zu veröffentlichen.
Wollen Sie jedoch keine Satire schreiben, sondern einen Liebesroman oder ein Kochbuch, sollten Sie die Möglichkeit, Ihr Werk unter einem Pseudonym erscheinen zu lassen, nicht ganz von der Hand weisen.

Die meisten Menschen haben zu Ihrem Namen kein klares Verhältnis. Die Nennung des eigenen Namens ist oft schon von der Schulzeit her mit Angst besetzt. Andererseits identifizieren wir uns mit unserem Namen. Und als Buchautor besteht immerhin die Chance, in dieser vergänglichen Welt noch zu leuchten, wenn man selbst schon nicht mehr unter den Lebenden wandelt.

Lieben Sie Ihren Namen?

Da hierin eine der starken Motivationen für das Schreiben von Büchern zu suchen ist – bekannt zu werden, sich selbst zu überleben –, wollen die meisten Autoren unter ihrem richtigen Namen erscheinen.
Andererseits soll der eigene Name auch einem Erfolg nicht im Wege stehen. Ist der eigene Name nun attrak-

tiv oder nicht? Diese Frage ist schwierig zu beantworten. Nicht jeder heißt *Hasenköddel* und hat es in dieser Beziehung so einfach.

Ihr Antrieb ist wichtig Vielleicht erscheint es Ihnen übertrieben, der Frage nach dem Pseudonym soviel Raum zu widmen. Die Eitelkeit, die auch hinter dieser Frage steckt, berührt Sie möglicherweise etwas peinlich. Aber diese Eitelkeit ist da, und sie setzt viel von der Kraft frei, die man nun einmal zum Schreiben eines Buches benötigt. Es ist besser, sich dies vorher klarzumachen und sich die eigene Motivation auch einzugestehen. Mit dem Schreiben eines Buches geht der Autor ja ein nicht unerhebliches Risiko ein. Er tritt eine Entdeckungsreise zu sich selbst an. Mißerfolg oder auch Erfolg können beide gefährlich für den seelischen Status quo werden. Die Kraft zu kennen, die einen in diese Situation geführt hat, kann helfen, sie zu überwinden.

Ich kenne Autoren, die mit ihrem Pseudonym nicht glücklich geworden sind. Sie wissen nicht mehr, wie sie sich nennen sollen. Am liebsten würden sie ihren alten Namen gänzlich abstreifen und nun ganz in die neue Haut schlüpfen.

Mein Rat ist: Werfen Sie Ihren eigenen Namen nicht gleich über Bord. Zeigen Sie Selbstbewußtsein und vielleicht auch Eckigkeit. In einer stromlinienförmigen Welt hilft jede Unebenheit, sich aus dem Einheitsbrei zu erheben. Gerade durch seine eventuelle Ungewöhnlichkeit kann Ihr Name haften bleiben.

Offenheit und selbstverantwortliches Handeln

Die Erkenntnis, in einer vernetzten Welt zu leben, in der alles voneinander abhängt, treibt uns zur Offenheit. So, wie die Medien Radio und Fernsehen zwar von Politikern benutzt werden, dem staunenden

Publikum Sand in die Augen zu streuen, so enthüllen sie letztlich mehr, als zugedeckt werden kann. Auch als Autor tritt man in die Öffentlichkeit und versucht, etwas zu bewegen. Wer ein Pseudonym benutzt, wird nun möglicherweise Schwierigkeiten haben, seiner Rolle – als ehrlicher Makler der Wahrheit – gerecht zu werden. Er wird, wenn er sich ganz hinter dem Pseudonym versteckt und nicht aus der Deckung herausgeht, sich nicht selbst präsentieren können. Er überläßt ganz dem Verlag das Geschäft. Und dies reicht zumeist nicht. Wer nicht auf der Klaviatur der anderen Medien spielen kann, geht mit einem Handicap ins Rennen. Vorträge und Interviews spielen eine wichtige Rolle; PR wird eben mit der Person und dem Namen gemacht.

Mit dem Namen bürgen

Aber auch derjenige, der sein Pseudonym nur aus Gründen der Namenskosmetik verwendet und zu Interviews etc. bereit ist, muß in jedem Interview erst umständlich erklären, warum er sich so nennt, obwohl er doch anders heißt.

Wer allerdings Unterhaltungsromane schreibt, ist mit einem wohlklingenden Pseudonym bei den Leserinnen möglicherweise besser aufgehoben als mit einem bürgerlichen Allerweltsnamen. Wer hingegen ein Sachbuch schreibt, sollte mit seiner ganzen Person hinter seinem Projekt stehen.

Wer vorhat, Fiction und Non-fiction, also Romane und Sachbücher, zu veröffentlichen, sollte sich jedoch für seine belletristischen Werke einen Künstlernamen zulegen. Der Buchhandel glaubt nicht, daß jemand, der erfolgreich einen Ratgeber über Lohnsteuern schreibt, auch ein erstklassiger Krimiautor sein kann. Keine Regel ohne Ausnahme: Neben vielen Ratgebern zum Thema Geld und Steuern hat der Bestsellerautor

Willi H. Grün unter seinem Namen einen erfolgreichen Heimatroman veröffentlicht.

Ihr Anschreiben

Sie haben Ihr Angebotspäckchen geschnürt: Exposé, Gliederung, Vita.
Sie haben bei allen belletristischen Projekten an Ihr Probekapitel sowie bei allen Projekten mit starkem Bildanteil an Probeabbildungen gedacht, damit sich das Lektorat ein Bild machen kann.

Äußerlichkeiten sind keine Nebensache
Sie haben Ihren Arbeitstitel gewählt und den Autorennamen auf die erste Seite gesetzt.
Sie haben diese Unterlagen in eine ansehnliche Form gebracht, haben mit einem Abstand von 1½–2 Zeilen geschrieben und sich möglichst nicht vertippt.
Diese Unterlagen sind die Visitenkarte Ihres Projektes. Überzeugt es schon von der Form nicht, wird es zumindest einen schweren Stand haben.
Die gesamten Unterlagen tun Sie in eine Klarsichthülle und formulieren zum Schluß noch ein Anschreiben.
Ihr Brief kann nur ganz kurz ausfallen, lange Erklärungen brauchen Sie nicht mehr abzugeben: Es steht alles in Ihren beigefügten Unterlagen.

Ihr Anschreiben könnte so aussehen:
XYZ-VERLAG   *Absender*
Lektorat
Gutenbergstraße 13
22080 Glückstadt

Datum

Arbeitstitel:

ICH VERLIEBTE MICH IN DEN KAPITÄN
Roman über eine Traumschiffreise,
die mich nicht zur Seemannsbraut, aber
den Kapitän zur Landratte machte

Sehr geehrte Damen und Herren,
für Ihr Verlagsprogramm biete ich Ihnen
das oben genannte Romanprojekt an.

Damit Sie einen Einblick in das Buchprojekt bekommen, sende ich Ihnen folgende Unterlagen:

1. Exposé
2. Kapitelübersicht
3. Vita
4. Probekapitel

Es würde mich freuen, bald positive Nachricht von Ihnen zu erhalten.

Mit freundlichen Grüßen
Ihr/e

(Unterschrift)

So oder ähnlich könnten Sie Ihr Anschreiben formulieren, in jedem Fall sollte Ihr Brief nicht mehr als eine Seite umfassen.
Sie besorgen sich dann noch eine möglichst stabile Versandtasche, damit Ihre mit soviel Sorgfalt erstellten Unterlagen auch ungeknickt beim Verlag ankommen.

An welchen Verlag?

Sie schicken Ihr Angebot natürlich an den richtigen Verlag: also nicht an irgendeinen oder an alle gleichzeitig. Sie suchen sich den Verlag aus, der am geeignetsten erscheint.

Suchen Sie Nestwärme Sie betreiben diese Suche mit großer Sorgfalt, weil Sie möglichst wenig Rücksendungen und damit Enttäuschungen erleben wollen.

Falls es sich bei Ihrem Buchplan nicht gerade um ein regionales Projekt handelt, das vor allem gute Verkaufschancen vor Ort bietet, macht es im Prinzip keinen Unterschied, ob Sie einen Verlag in Hamburg oder in München anschreiben. In erster Linie gibt das für Ihr Projekt geeignetste Programm den Ausschlag.

Ihr Manuskript ist Ihr Kind; beantworten Sie sich die Frage, ob es sich in dem Programmrahmen wohl fühlen würde. Sie suchen also nach einem kuscheligen Platz; dort wird es am besten gedeihen, weil Buchhandel und Leser hier am ehesten ein Buch solcher Art, wie Sie es geschrieben haben, vermuten.

Schwanken Sie zwischen zwei Verlagen, dann wählen Sie für Ihr Angebot zunächst denjenigen, der von Ihrem Wohnort nicht so weit entfernt ist. Ein Gespräch mit dem Verlag läßt sich durch die räumliche Nähe leichter durchführen.

Erst die Unterlagen Versuchen Sie aber nicht, ein Gespräch zu vereinbaren, bevor Sie Ihre Unterlagen vorgelegt haben. Grundsätzlich gilt bei allen Lektoraten: erst das Geschriebene, dann das Gespräch. Die Begründung hierfür ist einleuchtend: Der Lektor muß erst wissen, worüber er sich unterhält. Anschließend ist er vielleicht bereit, durch ein Gespräch seine Kenntnisse von Ihrem Projekt zu vertiefen.

Einen ersten Überblick, welche Verlage für Ihr Projekt in Frage kommen, haben Sie sich schon durch Ihre Konkurrenzanalyse verschafft. Verlage, die Bücher zu Ihrem Thema oder Ihrer Literaturform mit Erfolg herausgebracht haben, sind potentielle Angebotspartner für Sie. Diese Kenntnisse erweitern Sie jetzt, indem Sie sich via Internet über den Verlag und sein Programm genauer informieren.

Aus diesen Informationen können Sie durch die abgebildeten Umschläge und durch die Kurzbeschreibungen ein Fingerspitzengefühl bekommen, ob Sie in diesem Programm richtig aufgehoben wären.

Haben Sie überhaupt noch keinen Ansatzpunkt, so bitten Sie doch Ihren Buchhändler um ein ähnliches Buch. Kaufen Sie es, und fragen Sie ihn nach weiteren Verlagen, die auch diese Literatur verlegen. Ihr Buchhändler hat einen guten Überblick über den Markt; die Entscheidung kann er Ihnen allerdings nicht abnehmen. **Fragen Sie Ihren Buchhändler**

Gute Einblicke erhalten Sie via Internet über den Online-Buchhandel *Amazon*. Sie können sich sonst kein rechtes Bild von dem Programmumfeld machen.

Erst anrufen, dann anbieten?

Für Ihr Anschreiben wäre es natürlich besser, wenn Sie anstatt:

Sehr geehrte Damen und Herren

den Namen der Lektorin oder des Lektors als Anrede schreiben könnten:

Sehr geehrte Frau Buchhorn

Nicht mehr Sie hätten dann eine direkte Ansprache und würden
unverlangt sich nicht ganz allgemein ans Lektorat wenden.

Hierzu rufen Sie vorher den Verlag an, nennen den Themenbereich Ihres Angebots und bekommen schon zumeist von der Telefonvermittlung die entsprechende Auskunft.

Möglich ist aber auch, daß man Sie ins Lektorat verbindet und vielleicht sogar direkt zur betreffenden Lektorin, der Frau Buchhorn, durchstellt. Dies ist für alle diejenigen zukünftigen Schriftsteller, die mit dem Medium Telefon gut umgehen und sich in kurzen Worten gut verkaufen können, die beste Möglichkeit, den richtigen Kontakt herzustellen.

Werden Sie in dem Gespräch aufgefordert, Ihre Unterlagen einzusenden, so schicken Sie jetzt Ihr Buchprojekt nicht mehr unverlangt zu. Ein großer Vorteil für Sie, denn es besteht nun ein Band zwischen Ihnen und der Lektorin bzw. dem Lektor.

Wer sich seiner Wirkung am Telefon sicher ist, sollte also zielstrebig seine Zielperson im Lektorat anwählen und den Kontakt herzustellen versuchen. Für das Lektorat schaut auch ein Vorteil dabei heraus: Wenn ein Projekt trotz günstiger Darstellung durch den Autor überhaupt nicht in ein Verlagsprogramm passen will, so sparen Autor und Verlag Zeit und Mühen durch ein unsinniges Angebot.

Wer jedoch Zweifel hat, ob er sein Projekt in kurzen Worten günstig darstellen kann – und dies ist für einen Autor, der seinem Projekt ja meist zu nahesteht, eine große Kunst –, wählt diesen Weg nicht. Ja, er scheut vielleicht schon den Anruf beim Verlag, auch wenn er sich nur nach dem Namen des zuständigen Lektors erkundigen will. Denn wenn er durchgestellt wird und auf den Lektor trifft, vergibt er möglicherweise seine

Chance. Er bekommt zu hören: »Es hat wohl wenig Zweck, wenn Sie Ihr Exposé bei uns einreichen.«
Und dies wäre schade: Vielleicht überzeugen Ihre Unterlagen eben mehr als Ihre Worte. Sie haben sich zu diesem Zweck ja soviel Mühe damit gegeben.

Der gestandene Erfolgsautor, der neue Buchpläne hat, wird diese zunächst in einem Telefonat oder einem Gespräch im Verlag mit dem Lektor oder dem Verlagsleiter abklopfen, bevor er sich an ein Exposé macht. **Der Profi hat andere Sorgen**

Wenn er ein Bestsellerautor ist, wird er möglicherweise nicht einmal ein Exposé vorlegen müssen, um eine Vertragszusage zu erhalten. Der Arbeitstitel genügt. Dafür werden sich die Geister möglicherweise an den finanziellen Forderungen des Autors scheiden, der bemüht sein wird, seinen Marktwert im Vertrag angemessen berücksichtigt zu sehen. Wie der zukünftige Bestsellerautor seinen Verlagsvertrag richtig gestaltet, wird noch eingehend im Kapitel *Der Vertrag* geschildert.

Bei mehreren Verlagen gleichzeitig anbieten?

Haben Sie schon einmal Angebote an Verlage gerichtet? Sie machen dabei folgende Erfahrungen: Entweder kommen Ihre Unterlagen schon ein paar Tage später abgelehnt zurück, oder Sie warten Monate auf eine Antwort, die dann – trotz oder vielleicht gerade wegen der langen »Entscheidungs«-Zeit – negativ ausfällt.

Dies kann Ihnen sogar mit einem Vertragsangebot so ergehen: Es kann manchmal zwei Tage nach Absendung Ihrer Angebotsunterlagen vorliegen, in der Regel wird es aber viele Wochen dauern. Wenn Ihr Projekt dann angenommen worden ist, werden Sie eine neue Erfahrung machen: Jetzt brennen plötzlich alle **Manchmal Tage, manchmal Monate**

Termine unter den Nägeln, und eine Hektik ohnegleichen setzt ein.

Diese Widersprüche haben eine gemeinsame Ursache: Es gibt – wie schon angeschnitten – keine harten Marketingdaten für ein Buchprojekt, und aus Kostengründen kann keine Marktanalyse erstellt werden. Eine Pro-Entscheidung kann nur mit einem Euphorievorschuß daherkommen. Die Programmacher müssen mehr Licht am Horizont sehen, als vielleicht wirklich vorhanden ist. Und dann muß natürlich alles ganz schnell gehen, denn dieses Licht hat die Eigenschaft, auch bald wieder zu verblassen.

Diese Eigenarten kennzeichnen besonders Verlage, die noch durch eine Verlegerpersönlichkeit bestimmt sind. Dieser gibt durch sein Marktgespür die Richtung an. Hier können Entscheidungen noch wirklich schnell fallen. Bei solchen Verlagen sind auch die Informationsstränge innerhalb der Abteilungen zumeist kurz und unbürokratisch. Dieser durch persönlichen Einsatz gekennzeichnete Weg für Ihr Buchprojekt kann für den Autor durchaus von Vorteil sein.

Allgemein gehen die Verlage jedoch in eine andere Richtung. Aufgrund der Marktsituation gibt es immer weniger unabhängige Verlage und damit auch weniger Verlegerpersönlichkeiten. Die größeren Publikumsverlage sind fast alle in Konzerne eingebunden und haben eine zunehmend bürokratische Struktur.

Die Folge sind längere Entscheidungswege, da die Entscheidung über ein Buchprojekt von mehreren Abteilungen des Hauses abhängt bzw. getragen werden soll.

Der Lektor ist also nur die erste Hürde, die Sie nehmen müssen. Ihre auf den Markt – weg von der reinen Buchidee, hin zur Verkäuflichkeit – zugeschnittenen

Unterlagen werden auf diesem Weg immer mehr auf die Verkäuflichkeit abgeklopft. Sie haben sich also durch Ihre Vorbereitung richtig darauf eingestellt.

Sie werden sich bei den größeren Verlagen also auch mit mehr Geduld für eine Pro-Entscheidung wappnen müssen. Aber auch bei großen Verlagen bekommen Sie möglicherweise schnell Antwort: eine Absage auf einem Formbrief.

Klarheit darüber, wann Sie nun mit einer Antwort vom Verlag auf Ihr Angebot rechnen können, gibt es leider nicht. Sie werden die unterschiedlichsten Erfahrungen machen. Für Sie ist diese Zeit der Ungewißheit jedoch besonders belastend, und Sie wollen sie möglichst verkürzen.

Wenn Sie nach vier Wochen noch keine Nachricht haben, dann schreiben Sie an den Verlag und bitten um einen Zwischenbescheid. Bekommen Sie darauf in den nächsten zwei Wochen keine Antwort, so erkundigen Sie sich vielleicht telefonisch. **Zwischenbescheid anfordern**

Etwas mehr Zeit sollten Sie den Lektoraten im Monat April einräumen, denn dann findet im Verlag die Vertreterkonferenz für das Herbstprogramm statt. Noch knapper mit der Zeit wird es im Oktober und November, da hier Buchmesse und die Vertreterkonferenz für das Frühjahrsprogramm Spielraum wegnehmen.

Vielleicht berücksichtigen Sie diese ungünstigen Monate schon bei Ihrem Angebot und bieten erst danach an; vielleicht finden Sie an Ihren Unterlagen noch etwas zu verbessern und nutzen die Zeit so.

Über den Daumen gepeilt, werden Sie also ca. zwei Monate Zeit benötigen, bis Sie eine erste einigermaßen verläßliche Nachricht haben. Wenn Sie ein aktuelles, vielleicht sogar brandheißes Thema anbieten, wird Ihnen die Zeit schnell unter den Füßen weglaufen. Sie werden also besser gleich mehrere Verlage anschreiben. Mit einem individuellen Anschreiben natürlich und nicht mit einer Kopie, in die Sie nur die verschiedenen Adressen neu hineintippen!

Wer seine Unterlagen bzw. Manuskriptteile elektronisch gespeichert hat, wird immer ein nagelneues »Original« ausdrucken und anbieten.

Ein Buchplan entwickelt sich

Bei dieser behutsamen Vorgehensweise haben Sie nicht nur den Vorteil, zunächst ein Original anzubieten. Sie tasten sich auch an den Markt heran. Denn trotz aller sorgfältiger Planungen – ein Buchprojekt bleibt immer verbesserungswürdig, und neue Ideen werden Ihrem Projekt zuwachsen. Wenn Sie von Ihrer Grundidee überzeugt sind, so lassen Sie sich einerseits durch Kritik nicht verunsichern. Sie sind jedoch andererseits auch flexibel genug, Kritik und Anregungen zu berücksichtigen.

Sich an den Markt tasten Sie werden ja auch nicht nur vorgefertigte Absagebriefe bekommen, es kann auch eine Stellungnahme des Lektors dabeisein. Dies vor allem dann, wenn Sie relativ nahe vor einer Abnahme Ihres Projektes standen. Dann hat sich das Lektorat mehr Gedanken über Ihr Projekt gemacht und wird Ihnen vielleicht den oder die Umstände nennen, die zur Absage führten.

Sie können dies nun möglicherweise in Ihrem Buchplan berücksichtigen und Ihre Unterlagen entsprechend ändern. Haben Sie jedoch in einem Rundschlag schon alle für Ihr Projekt möglichen Verlage angeschrieben, so können Sie mit Ihren verbesserten Unterlagen bei diesen Verlagen kaum mehr nachfassen.

Nicht nachfassen Machen Sie sich zur Regel: Ist das Projekt vom Verlag eindeutig abgelehnt, dann akzeptieren Sie es. Fassen Sie nicht nach, Sie werden an der Entscheidung nichts ändern. Sie ersparen sich und dem Absender im Verlag eine unangenehme Situation.

Anders sieht es aus, wenn die Tür vom Verlag nicht ganz zugeschlagen wurde. Wenn aus dem Brief ein kleiner Finger hervorschaut, werden Sie klugerweise nicht gleich die ganze Hand nehmen, Sie werden aber den Faden aufnehmen. Im Kapitel *Ablehnungsschreiben* finden Sie mehr darüber.

Auf zu neuen Ufern? Ein Autor, der bereits ein erfolgreiches Buch oder mehrere in einem Verlag veröffentlicht hat, der jedoch mit seinen neuen Buchplänen nicht auf Gegenliebe in diesem Verlag gestoßen ist, andererseits aber auch von seinem Plan nicht abrücken will, wird sich der Taktik bedienen, die im Kapitel *So plant man einen Bestseller* unter der Überschrift »Ein Wechsel kann Wunder wirken« beschrieben ist. Er wird dabei insbesondere stichhaltige Argumente zur Hand haben müssen, warum denn sein bisheriger Verlag das Projekt nicht realisieren will.

Das Ablehnungsschreiben

Die Ursachen erforschen

Ein Schuß, ein Tor? Wie beim Fußball, so ist auch bei Ihrem Angebot nicht gleich mit einem Volltreffer zu rechnen.

Mut machen Im Gegensatz zum Fußball müssen Sie mit Ihrem Buchprojekt jedoch keinen gegnerischen Torwart überwinden, um einen Treffer zu landen. Autor und Verlag ziehen nämlich am selben Strang, sie sind eine Erfolgsgemeinschaft.

Ihre Vorbereitungen für Ihr Angebot zielten also nicht darauf ab, den Verlag zu überlisten; Sie haben nur sorgfältig die Vorteile Ihres Projektes herausgearbeitet, um dem Verlag Mut zu machen, Geld in Ihr Buchprojekt zu investieren.

Wenn Sie dennoch Absagebriefe erhalten, so gibt es verschiedene Gründe dafür:
- Sie haben den falschen Verlag angeschrieben;
- das Thema ist in diesem Verlag bereits gut abgedeckt;
- der Verlag hat ein ähnliches Projekt schon in Planung;
- der Verlag hat mit solchen Büchern schlechte Erfahrungen gemacht;
- Ihre Unterlagen waren nicht überzeugend.

Wenn Sie eine Ablehnung erhalten haben, dann verzweifeln Sie nicht gleich. Wer zum Beispiel ganz neue

Wege beschreitet, der muß mit Ablehnungen rechnen; diese sind im nachhinein betrachtet sogar ein Markenzeichen. Vielen Ihrer berühmten Schriftstellerkollegen ist es so ergangen.

Es wäre aber verkehrt, aus der Ablehnung nun einen Sieg konstruieren zu wollen. Sie versuchen, nachdem Sie Ihre Enttäuschung überwunden haben, nach den Ursachen zu forschen.

Leider ist dies in den meisten Fällen Kaffeesatzleserei! Die Ablehnungsschreiben geben in der Mehrzahl der Fälle eben nicht viel für eine objektive Deutung her. Den Grund haben Sie schon erfahren: Die Lektorate wollen und können sich nicht mit den Autoren von abgelehnten Buchprojekten auseinandersetzen. Schrieben die Lektoren ihre wahre Meinung, so folgten Briefwechsel und Telefonate. Für den Autor wahrscheinlich ein Gewinn, für den Verlag jedoch nicht.

Die Verlage hüten sich also davor, und die großen unter ihnen arbeiten heute zumeist mit Vordrucken für die abgelehnten Projekte. Nur noch die Anschrift und der Titel des Projektes werden eingefügt.

An einem solchen Brief brauchen Sie erst gar nicht zu deuteln. Er ist schlichtweg nichtssagend. Selbst aus so netten Passagen wie: »Das Lektorat hat erst nach sorgfältiger Prüfung abgelehnt« sollten Sie keinen Honig saugen. Es kann so gewesen sein, aber es muß nicht. Und Sie wissen nicht, wie es wirklich war.

Erkennen Sie die Floskeln

Auch wenn es heißt, daß die Lektoratskonferenz erst nach intensiver Diskussion zu einer Ablehnung des Projektes gekommen sei, läßt Sie dies kalt. Denn solange sich diese nett zu lesenden Passagen auf einem Vordruck befinden, wird Ihr Projekt wahrscheinlich nicht in die engere Auswahl gekommen sein.

Sie lassen sich also den kritischen Blick auf Ihr Projekt

nicht verstellen, und Sie fügen hinzu, was Ihnen inzwischen noch an Ideen gekommen ist. Sie nutzen jetzt die Distanz, die Sie zu Ihrem Projekt gewonnen haben, um die Unterlagen noch einmal gründlich durchzusehen.

Die Distanz nutzen Es ist eine alte Erfahrung, wie einem die zeitliche Distanz die Augen für Selbstgeschriebenes öffnet. Fast jeder Autor ist in seine Worte verliebt. Diese Schwärmerei muß sein, sie gibt Kraft; sie verblaßt zum Glück aber auch relativ schnell wieder und läßt Raum für eine mehr nüchterne Betrachtung.

Sie korrigieren also oder fügen hinzu, falls Sie es wirklich für nötig halten. Sie lassen sich aber auch nicht gleich ins Bockshorn jagen und werfen alles über den Haufen. Ihre erste Idee mag vielleicht korrekturbedürftig sein, aber in ihr steckt auch eine Kraft, die Sie so schnell nicht wiederfinden.

Sie bekommen jedoch nicht von allen Verlagen einen Vordruck, der die Ablehnung enthält. Dennoch handelt es sich zumeist um immer wieder benutzte Redewendungen. Die häufigste Floskel »Paßt leider nicht so recht in unser Verlagsprogramm« gibt Ihnen ebenfalls nichts. Dahinter können sich alle Ablehnungsgründe verstecken, die Sie zu Anfang dieses Kapitels gefunden haben.

Achtung, Hinweise! Interessanter wird es schon, wenn vom Lektor tatsächlich auf Inhalt, Form und Verkäuflichkeit Ihres Buchprojektes eingegangen wird. Und auch derjenige Verlagslektor, der sonst zum Formbrief greift, wird Ihnen vielleicht dann ein paar Hinweise geben, wenn ihm Ihr Projekt gefiel.

Jetzt lohnt sich die Kaffeesatzleserei, und Sie versuchen aufgrund der wahrscheinlich nicht zu umfangreichen Stellungnahme zu ergründen:

1. *Warum hat es bei diesem Verlag nicht geklappt;*
2. *wo lagen die positiven Aspekte meines Angebots;*
3. *gibt es kritische Hinweise?*

Möglicherweise wird sich auch bei dieser Art von Antwort die Ablehnung hinter einer Leerformel wie »Paßt nicht ins Programm« verbergen. Sie prüfen also genau, ob es sich um eine solche nichtssagende Formel handelt, um dann vor allem auf die kritischen Hinweise zu achten. Die positiven Aspekte sind Ihnen wahrscheinlich ohnehin geläufig und stecken auch in Ihrem Exposé. Die Kritik aber kommt meist nur versteckt und auf leisen Sohlen daher. Lesen Sie also zwischen den Zeilen, um Ihre Angebotsunterlagen gegebenenfalls vervollständigen zu können.

Vielleicht haben Sie nur einen nicht so glücklichen Aufhänger gewählt, der im Verlagsgeschäft nun einmal eine große Rolle spielt, und bekommen jetzt einen Hinweis. Ein aussichtsreiches Buchprojekt – und selbst wenn es einen Umfang von 500 Seiten haben sollte – muß in zwei Sätzen zu erklären sein. Wenn der Vertreter dem Buchhändler nicht in solchen kurzen Worten den Verkaufsappeal eines Buchprojektes klarmachen kann, wird es einen schweren Stand haben. Und dieses vorweggenommene Verkaufsgespräch ist ja die Hürde bei der Beurteilung Ihres Exposés im Lektorat.

Fehlt der Verkaufsappeal?

Bei allen belletristischen Projekten wird die Leseprobe die entscheidende Rolle spielen. Leider werden Sie zu Stilfragen zumeist keine detaillierten Anregungen erhalten. Stilistische Kritik trifft immer zugleich die Seele. Wer läßt sich schon gerne schlechten Stil vorwerfen? Solche Kritik müßte dann auch begründet werden, und dies macht Mühe und bleibt letztlich sehr subjektiv.

Bei allen nichtbelletristischen Projekten können Sie eher mit aufbauender Kritik rechnen. Bei Romanprojekten laufen Sie Gefahr, sich nur im eigenen Dunstkreis zu bewegen und kein offenes Wort zu erhalten. Sie werden also Ihre Leseprobe oder Ihr schon fertiges Manuskript immer wieder mit stilistischen Argusaugen durchleuchten müssen, um Schwachpunkte zu entdecken.

Freunde wollen Freunde bleiben Vielfach reichen angehende Autoren auch ihre Manuskripte im Familien- oder Bekanntenkreis herum. Vorsicht vor den positiven Reaktionen! Daß diese Testleser keine Lektoren sind, ist nicht so schwerwiegend, schließlich wird ja für den normalen Leser geschrieben; daß die lieben Freunde aber weiterhin Freunde bleiben wollen, sollte berücksichtigt werden. Noch mehr als für den Kritiker von Beruf, den Lektor, trifft auf Freunde und Familienangehörige zu: Man scheut die Auseinandersetzung.

Da Sie anders jedoch möglicherweise zu überhaupt keiner Stellungnahme gelangen, sollten Sie Ihre Manuskripte denjenigen vorlegen, von denen Sie wissen, daß diese kein Blatt vor den Mund nehmen. Und fordern Sie dazu auf, wirklich kritisch zu sein!

Nehmen Sie jede Kritik ernst

Kommen also – wenn auch nur versteckt – Anregungen durch ein Ablehnungsschreiben, so greifen Sie die Kritik auf, und ändern Sie gegebenenfalls Ihren Buchplan. Sollte der Tenor des Ablehnungsschreibens Ihnen Mut machen, bei noch offenen Fragen nachhaken zu können, so ergreifen Sie die Gelegenheit. Machen Sie jedoch gleich zu Anfang Ihres Telefonats mit dem Lektor deutlich, daß Sie die Ablehnung akzeptieren und sich für sein Bemühen bedanken. Dann fragen

Sie gezielt! Dabei versuchen Sie nicht, Bestätigung zu bekommen, vertiefen Sie besser die kritischen Untertöne. Sie wollen aus dem Gespräch ja Nutzen für Ihr Projekt ziehen.

Was geschieht mit meiner Buchidee?
Spätestens nach der ersten Ablehnung stellt sich für die meisten Autoren diese Frage. Ich habe schon Autoren erlebt, deren Angebotsschreiben vollkommen von dieser Angst bestimmt war: Meine gute Idee wandert, man saugt mein Exposé aus, und ich schaue durch die Röhre.

So ganz unbegründet ist diese Sorge nicht! Ideen wandern, und warum sollte dies gerade bei einem Markt anders sein, der eigentlich nur von Ideen lebt?

Ideen wandern

Aber woher kommt unsere Buchidee? Ist sie wirklich ohne Zutun all der anderen Bücher entstanden, die ich bisher gelesen habe? Oder der Zeitungen und Zeitschriften, der Radiosendungen und TV-Ausstrahlungen? Daß diese Ideen von der Allgemeinheit kommen und wieder zu ihr zurückgehen, wird auch in der Regelung des Urheberrechts deutlich, denn siebzig Jahre nach dem Tode des Urheberrechtsinhabers erlischt dieses Recht.

Dennoch ist es natürlich ärgerlich, wenn man die eigene Buchidee bald von dem Verlag aufgegriffen sieht, wo man noch vor kurzer Zeit abgelehnt wurde. Der Verdacht, daß man als »Nobody« nicht genommen wird, die gute Idee aber zu einem Stammautor des Verlages wandert, liegt nahe.

Dennoch dürfte dies nur in ganz seltenen Fällen bewußt so geschehen sein! Allerdings bleiben Ideen im Unterbewußtsein haften und entwickeln sich weiter!

Ein guter Wenn Sie in Ihrem Exposé für ein Sachbuch oder einen
Buchplan Ratgeber alle Verkaufsargumente und die Gegeben-
schützt heiten des Buchmarktes berücksichtigen, dann haben
Sie mit Ihrem Angebot einen Fuß in der Tür. Daran
kann ein Verlag so schnell nicht vorübergehen, ja er
muß damit rechnen, daß Ihr Angebot mit der guten
Idee von einem anderen Verlag aufgegriffen wird und
somit ein Konkurrenzprodukt vielleicht sogar schon
zeitlich früher auf den Markt kommt.

Sie schützen sich also am besten mit einem gut ausgefeilten Buchplan.

Bei allen belletristischen Werken ist die Gefahr ohnehin viel geringer: Hier kommt es auf die Ausführung an, und die ist so individuell, wie der Autor es ist.

Sie werfen besser alles Mißtrauen über Bord und machen sich das Leben nicht unnötig schwer. Vor allem bringen Sie es nicht in Ihrem Anschreiben an den Verlag zum Ausdruck. Mit solchen Autoren arbeitet kein Verlag gerne zusammen. Außerdem signalisiert ein solches Mißtrauen möglicherweise schon eine stattliche Anzahl von Fehlversuchen bei anderen Verlagen – und das ist keine gute Visitenkarte.

Erneutes Angebot

Bei Ihren weiteren Versuchen, das Projekt bei einem Verlag unterzubringen, unterlassen Sie alle Hinweise, die auf andere, fehlgeschlagene Versuche schließen lassen könnten.

Keine Hin- Dies ist sehr wichtig, und dies ist auch der Grund
weise auf dafür, daß Sie alles unternommen haben, um taufri-
Ablehnun- sche Unterlagen einzureichen. Etwas überspitzt aus-
gen gedrückt, wird die Phantasie der Lektoren von der Unberührtheit des Angebots angeregt. Und seien Sie ehrlich: Sie finden auch eine Idee nicht mehr brand-

heiß, nachdem sie schon durch viele Köpfe gewandert ist.
Wer seinem Angebotsschreiben die Kopien der bisherigen Ablehnungen beifügt – und wenn sie noch so nett geschrieben sind und scheinbar ein gutes Zeugnis signalisieren –, torpediert seine Aussichten auf Erfolg.
Falls Sie schon mehrere Bücher veröffentlicht haben und spüren, daß Sie mit Ihrer neuesten Buchidee bei Ihrem bisherigen Verlag nicht auf begeisterte Zustimmung stoßen, Ihr Projekt aber in jedem Fall verwirklichen wollen, dann sondieren Sie in andere Richtung, *bevor* Sie eine definitive Ablehnung in den Händen halten. Sie können so, ohne durch Lügen kurze Beine zu bekommen, bei Ihrem neuen Verlagskontakt zumindest behaupten, daß Sie mit Ihrem Alt-Verlag im Gespräch sind.
Vielleicht können Sie so das Kind noch richtig hochschaukeln. Näheres hierzu im Kapitel *So plant man einen Bestseller*.

Eine positive Reaktion

Ihr Ziel: der Vertrag

Wenn Sie mit Exposé, Gliederung, Vita und einem Probekapitel (bei belletristischen Projekten) Ihr Angebot starten, so steckt dahinter der Gedanke, möglichst frühzeitig zu einem Verlagsvertrag zu kommen. Sie wollen nicht das Risiko eingehen, ein komplettes Manuskript für den Schornstein geschrieben zu haben. Zugleich bieten Sie dem Verlag in einem möglichst frühen Stadium Einflußnahme auf Ihr noch formbares Projekt.

Der kleine Finger Im Idealfall werden Sie jetzt auf dieser Grundlage zu einem Verlagsvertrag kommen. Sie schreiben dann den Rest des Manuskriptes auf dem Fundament eines Vertrages. In den meisten Fällen wird Sie das beflügeln. (Es gibt allerdings auch einige wenige Autoren, die sich dann in Zugzwang fühlen und eine Schreibhemmung bekommen.)

Falls Sie ein noch weitgehend unbekannter Autor sind, wird dieser Idealfall für Sie allerdings nicht die Regel sein, wie er es für die eingeführten Autoren ist. Sie werden jetzt vielleicht zu einem Gespräch aufgefordert, oder Sie werden vom zuständigen Lektor angerufen oder angemailt. Er will mehr Informationen haben, in der Regel mehr Manuskript. Als Sachbuch- oder Ratgeberautor sollen Sie vielleicht ein Probekapitel abliefern, was Sie ja bisher noch nicht getan haben.

Vielleicht bekommen Sie auch einen Brief, in dem Interesse an dem Projekt ausgedrückt wird, der Verlag aber mitteilt, daß er sich erst auf der Grundlage des gesamten Manuskripts entscheiden kann.
Sie greifen den Faden auf und schreiben, daß Sie in etwa vier Wochen – je nach Zeit und Vorarbeiten – ein erstes Probekapitel abliefern werden.

Der Verlag bleibt frei
Schreiben Sie auch nur ein erstes Kapitel! Denn das angemeldete Interesse des Verlages stellt zwar eine gewisse Bindung zwischen dem Lektor und Ihnen her, aber mehr als die Verpflichtung, das Manuskript dann sorgfältig zu lesen, steckt nicht dahinter. Sie würden also das Manuskript weiterhin ohne das Fundament eines Vertrages schreiben.

Nun mag dies gar nicht Ihr vordergründiges Ziel sein, weil Sie auch den Wunsch des Verlages nach einer möglichst breiten Entscheidungsgrundlage respektieren – also nach einem weit gediehenen Manuskript. Ihre Taktik muß aber sein, den Verlag – in fast aller Regel den Lektor – in das Geschehen einzubinden. Sie liefern sukzessive, vielleicht Kapitel für Kapitel, und warten die Reaktionen ab. Ihre Absicht ist es, auf dieser Grundlage zu einem Dialog zu kommen, der einerseits das Positive Ihrer Arbeit herausstellt, andererseits vor allem aber korrigierend begleitet. Und darum geht es Ihnen ja! Sie können die Kritik einfließen lassen und somit zu einem besseren Ergebnis kommen.

Den Dialog suchen

An dieser Vorgehensweise müßte auch dem Verlag gelegen sein. Und die Vorarbeit, die jetzt von Lektoratsseite investiert wurde, zahlt sich später durch weniger Arbeit am Manuskript aus.

Spüren Sie jedoch, daß das Interesse an Ihrem Projekt

bei Ihrem Lektor nachläßt, sollten Sie eine endgültige Entscheidung anfordern.

Auch Sie sind frei
Sie bedenken: Sie haben nicht zugesagt, ein ganzes Manuskript vorzulegen, der Verlag ist andererseits auch in keiner Weise Ihnen gegenüber verpflichtet. Sie haben also jederzeit das Recht, dieses Vorspiel abzubrechen, so, wie es der Lektor auch kann.

Die Programmkonferenz Auch im Falle des wachsenden gegenseitigen Einvernehmens bleibt es Ihnen vorbehalten, zu jedem Zeitpunkt eine positive und endgültige Entscheidung für Ihr Projekt anzufordern. Sie haben zwar den Lektor in steigendem Maße für Ihr Projekt gewinnen können, aber damit ist noch nicht gesagt, daß sich auch der Lektor im Verlag durchsetzen kann.

Der Verlagsleiter oder die Marketingabteilung mögen die Verkäuflichkeit gänzlich anders einschätzen. Und wenn Sie die Gelegenheit hätten, in einer Programmkonferenz Mäuschen zu spielen, sollten Sie sich auf alles gefaßt machen. Da könnte Ihr Projekt, an dem Sie viele Monate gesessen haben, in zwei Minuten den Bach hinuntergegangen sein. Sie könnten gar nicht so schnell in Ihrem Mauseloch verschwinden, wie Ihr Projekt abgebügelt worden ist.

Hinterher werden Sie einen Lektor finden, dem die ganze Sache fürchterlich leid tut, der aber nichts daran ändern kann.

Die Ursache für die negative Aufnahme kann in der momentanen Stimmung der Konferenz liegen, in Rivalitäten, in einer gerade beschlossenen neuen Programmausrichtung.

Ihr Druckmittel Sie sind sich dieser Gefahr also bewußt und versuchen daher möglichst frühzeitig zum Vertrag zu kommen.

Ihr – wenn auch nicht ausgesprochenes – Druckmittel ist immer die Möglichkeit, einem anderen Verlag das Projekt an die Hand zu geben. Allerdings wird Sie eine intensive Zusammenarbeit mit einem Lektor moralisch verpflichten, bei der Stange zu bleiben und auf seine Durchsetzungskraft im Verlag zu vertrauen. Sie stellen sich jedoch auf eine noch mögliche Ablehnung ein und sind dann nicht zu sehr enttäuscht.

Der Profi unter den Autoren wird sich in jedem Fall in der Zwischenzeit mögliche Alternativen überlegen. Eine Fixierung auf einen Punkt führt zu übertriebenen Hoffnungen. Etwaigen Enttäuschungen wird so vorgebaut; man fällt, wenn die Sache nicht so positiv ausgeht, nicht in ein tiefes Loch. Vielmehr nimmt man nun die bereits vorgedachte neue Spur auf.

Der Vertrag

Das Absatzhonorar

Der Multi-plikations-faktor Ob nun aufgrund eines Exposés oder eines kompletten Manuskriptes – die Annahme sei, daß Sie vom Verlag Vertragsbereitschaft signalisiert bekommen. Entweder wird man Ihnen bereits ein Angebot zu den drei wesentlichsten Punkten eines Verlagsvertrages machen, und zwar zum:

1. Absatzhonorar
2. Honorarnebenrechte
3. Garantiehonorar

oder der Verlag wird sich erkundigen, welche Vorstellungen Sie zum Honorar haben.
Die anderen Paragraphen eines Verlagsvertrages können auch Bedeutung erlangen, im Vordergrund stehen jedoch diese drei Punkte, die regeln, wie Sie am Verkauf des Buches bzw. an der Verwertung der Rechte beteiligt sind.
Als Autor schreiben Sie gerne, aber das Rechnen und vor allem das Aushandeln liegen Ihnen vielleicht nicht. Da Sie in den meisten Fällen von den Verlagen die üblichen Honorarsätze angeboten bekommen, müssen Sie nicht unbedingt um Prozente mit dem Verlag ringen. Es ist jedoch gut, ein Bild von den Honorarmöglichkeiten zu haben. Letztlich bestimmt dies ja

den Verkaufspreis und damit ganz massiv Ihr Produkt und die Chancen der Vermarktung.
Beim Aushandeln des Vertrages wird zwar nicht gefeilscht wie in einem orientalischen Bazar, und der Spielraum erscheint auch zunächst unbedeutend, Sie sollten jedoch bedenken, daß Sie es insbesondere beim Absatzhonorar mit einem Multiplikationsfaktor zu tun haben. Nur ein Prozent mehr oder weniger kann einen erheblichen Unterschied in der Honorarabrechnung machen.

Hardcover
Ein kleines Rechenbeispiel soll dies erläutern:
Sie bekommen laut Vertrag 10 Prozent Honorar pro verkauftem Exemplar Ihres Werkes. Diese 10 Prozent beziehen sich in aller Regel auf den Nettoladenverkaufspreis. Dies ist der Preis, den man im Buchhandel für Ihr Buch bezahlen muß, abzüglich der Mehrwertsteuer, die für Bücher nur den halben Satz beträgt.
Nehmen wir nun an, daß dieser Nettoladenverkaufspreis 16 Euro ergibt. Sie erhalten also 1,60 Euro pro verkauftem Exemplar. Werden insgesamt 2 000 Exemplare verkauft, so bekommen Sie ein Absatzhonorar von 3 200 Euro überwiesen.
Erhalten Sie laut Vertrag nur 9 Prozent auf den Nettoladenverkaufspreis, so ergibt dies pro Exemplar 1,44 Euro. Bei den verkauften 2 000 Exemplaren bekommen Sie nun ausgezahlt: 2 880 Euro.
Der Unterschied ist mit Eur 320 nicht bedeutend, und in der Regel werden Sie einen Vertrag an einem Prozent mehr oder weniger Honorar nicht scheitern lassen. Es wird von der Verkaufserwartung Ihres Buchprojektes abhängen! Haben Sie nämlich Berechtigung zu der Annahme, daß sich Ihr Buch in größeren Stück-

zahlen verkaufen wird, so ergibt sich doch ein erheblicher Unterschied. Bei 100 000 verkauften Exemplaren macht das eine Prozent in unserer Beispielrechnung tatsächlich 16 000 Euro aus.

In den meisten Fällen werden Sie den erwähnten fairen Vorschlag von seiten des Verlages bekommen, den Sie ohne ungutes Gefühl akzeptieren können. Und so große Verkaufszahlen sind ja auch selten. Dennoch: Das Reizvolle an einer Buchveröffentlichung ist eben der ungewisse Ausgang, und Sie wollen als der Urheber des Werkes entsprechend gut am Erfolg beteiligt sein.

Was so üblich ist

Bei einer gebundenen Ausgabe, einem sogenannten Hardcover (ohne Abbildungen), gehen Sie von 7 bis 10 Prozent Honorar aus – immer bezogen auf den Nettoladenverkaufspreis. Dies können Sie als Absatzhonorar für den Verkauf der ersten 5 000 bis 10 000 Exemplare akzeptieren. Sie versuchen für den weiteren Verkauf eine Staffelung zu Ihren Gunsten einzuführen. Eine Staffelung Ihres Absatzhonorars könnte so aussehen:

Staffelung
9 Prozent bis 8 000 Exemplare
10 Prozent von 8 001 bis 15 000 Exemplare
11 Prozent von 15 001 bis 25 000 Exemplare
12 Prozent ab 25 001 Exemplare

Auch wenn die Wahrscheinlichkeit so großer Stückzahlen gering ist, mit einer Staffelung haben Sie sich auf etwaige Überraschungen eingerichtet. Und die Kosten des Verlages pro Exemplar sinken mit steigenden Auflagezahlen. Davon wollen Sie ebenfalls profitieren.

Bietet man Ihnen weniger als 7 Prozent, dann lassen Sie sich die Argumente für die geringere Beteiligung genau erklären. Ein oft gehörtes Argument trifft gerade Sie als Newcomer: Der Verlag muß viel Werbung machen, um Ihr Werk am Markt durchsetzen zu können. Dies ist im Prinzip richtig. Aber macht der Verlag auch wirklich mehr Werbung? Sie lassen sich erklären, welche erhöhten Anstrengungen der Verlag für seine Erstautoren unternimmt, und lassen sich dann auf vielleicht 7 Prozent für die ersten 5 000 Exemplare herunterhandeln.
Sollte man Ihnen zum Beispiel jedoch nur 6 Prozent bieten, so bestehen Sie auf einem schriftlichen Anhang zum Vertrag, in dem diese Mehranstrengungen kurz umrissen werden. Bei stark bebilderten Büchern (z. B. Ratgebern) oder sehr preiswerten Ausgaben wird das Anfangshonorar jedoch kaum mehr als 4 Prozent betragen.

Aufgepaßt bei Verlagsnettoerlös
Wenn sich das Honorar auf den Ladenverkaufspreis bezieht, so ist dies eine fest umrissene Größe. Nahezu alle Verlage bringen ihre Bücher mit Preisbindung in den Handel. Diese Preisbindung schafft eigentlich erst die Möglichkeit der Vielfalt unseres Buchmarktes, indem sie ihn vor ruinösem Konkurrenzkampf schützt.
Möglich, aber relativ selten ist der Bezug des Absatzhonorars auf den Verlagsnettoerlös. Dann beziehen sich die Prozente Ihres Honorars nicht auf den Ladenpreis und somit auf die 100 Prozent. Diese Verlage rechnen jetzt den Rabatt heraus, den sie an den Handel weitergeben müssen, oder die Werbungs- und Versandkosten, wenn es sich um einen Verlag handelt, der per Mail-order – also durch briefliche Einzelbestellung – Ihr Werk vertreibt.

Vorrechnen lassen

Wie dieser Verlag auch immer die Sache handhabt, Sie erkundigen sich, wie groß der Verlagsnettoerlös in bezug auf den Verkaufspreis ist. Dann wird es für Sie rechenbar.

In unserem Beispiel sieht es so aus:

Knallharte Kalkulation? Es werden Ihnen 12 Prozent auf den Verlagsnettoerlös geboten. Bei Euro 18 Verkaufspreis und bei einem angenommenen Verlagsnettoerlös von 50 Prozent beziehen sich Ihre 12 Prozent jetzt nur noch auf Euro 9. Pro verkauftem Exemplar ergibt dies Euro 1,08 und somit erheblich weniger.

Nun setzen manche Verlage dadurch mehr Bücher ab, indem sie knallhart kalkulieren. Sie machen die Bücher billiger, um so mehr Kaufanreiz zu schaffen. Der Autor muß also auch etwas zurückstecken.

Sie werden sich dies vom Verlag erklären lassen, und möglicherweise werden Sie noch Erkundigungen einholen, ob dadurch bei diesem Verlag in der Regel auch tatsächlich mehr Bücher verkauft werden.

Wenn dies der Fall zu sein scheint, so holen Sie durch den Mehrverkauf vielleicht herein, was Sie an prozentualem Absatzhonorar zuvor nachgelassen haben.

In jedem Fall bewegen Sie sich auf Glatteis, wenn an Ihren Prozenten mit dem Hinweis geknabbert wird, daß dadurch auch mehr verkauft wird. Versuchen Sie Sicherheit darüber zu gewinnen, daß dies der verlagsübliche und nicht nur der bei Ihnen praktizierte Honorarmodus ist. Fällt die Preisbindung weg, so wird sich Ihr Honorar in der Regel auf den Verlagsnettoerlös beziehen.

Pauschalhonorar ist verführerisch

Manche Verlage bieten ihren Autoren auch Pauschalhonorare an. Sie haben dann überhaupt keine großen

Schwierigkeiten mit der Vertragsgestaltung. Sie sind eigentlich alle Sorgen in dieser Beziehung los und wissen auch gleich, mit welchem Betrag Sie fest rechnen können.

Von diesem Verfahren – außer in wenigen Ausnahmefällen – möchte ich Ihnen jedoch abraten. Sie sind der Urheber des Werkes, und die große Arbeit haben Sie in der Hoffnung auf Erfolg geleistet. Wenn jemand in direkter Beziehung zu Erfolg und Mißerfolg des Werkes steht, dann ist es doch der Autor. Ich würde lieber auf ein paar Tausender verzichten, falls sich das Buch wider Erwarten schlechter verkauft, als durch die berüchtigte Röhre zu schauen, wenn es sich am Markt durchsetzt und vielleicht über Jahre hinweg gut verkauft wird.

Vom Erfolg ausgehen

Wenn Sie prozentual beteiligt sind, freuen Sie sich über jedes Ihrer Bücher, das verkauft wird; sind Sie es aber nicht, so ärgern Sie sich. Und dies war doch nicht die Idee, die am Anfang Ihres Buchplans gestanden hat. Vielleicht wird Ihr Buch als Lizenz gar in die USA verkauft. Falls Sie sich mit einem Pauschalhonorar haben komplett abfinden lassen, sehen Sie von diesen Verkäufen keinen Cent mehr.

Zu bedenken ist auch, daß die Verlage, die mit Pauschalhonoraren arbeiten, meist sehr gut die Verkäuflichkeit einzuschätzen wissen. Das Pauschalangebot wird nicht viel höher liegen als die mindeste Verkaufserwartung. Also werden Sie dieses Honorar wahrscheinlich auch erzielen, wenn Sie prozentual am Verkauf beteiligt sind.

Ausnahmen sind dann sicherlich berechtigt, wenn Sie Urheber eines Beitrages in einem Sammelband sind. Eine Abrechnung bei so vielen Autoren pro verkauftem Exemplar wäre einfach zu mühselig.

Pauschal- Es gibt auch Buchprojekte, die nur in einer einmaligen
honorar Auflage erscheinen. Da muß der Verlag mit festen
für eine Größen rechnen können, um die meist knappe Kalku-
Auflage lation auf ein solides Fundament stellen zu können.
Falls ein Verlag Ihnen für eine bestimmte und in der Anzahl der gedruckten Exemplare fest umrissene Auflage ein Pauschalhonorar anbietet und Sie an weiteren Auflagen ebenfalls beteiligt bleiben und wenn Sie auch nicht auf weitere Rechte (z. B. die Nebenrechte) verzichtet haben, kann ein solcher Vorschlag für Sie attraktiv sein.

Paperback

Vom gebundenen Buch, dem Hardcover, war schon die Rede, und auf das Taschenbuch kommen wir auch noch zu sprechen. Zwischen beiden doch sehr unterschiedlichen Ausgaben, was Format und Ausstattung betrifft, gibt es noch eine Produktionsstufe: das Paperback.

Das Buch Die einzelnen Buchseiten werden, wenn Sie sich den
dazwi- Rücken eines solchen Buches anschauen, nicht durch
schen Fadenheftung zusammengehalten, sondern sie sind wie beim Taschenbuch geklebt. Ein Paperback ist im Format jedoch größer als ein Taschenbuch und wird preislich zwischen einem durchschnittlichen Hardcover und einem Taschenbuch liegen.

Der Begriff Paperback ist ein wenig verwirrend, weil dies eigentlich die ursprüngliche Bezeichnung für ein Taschenbuch war. Heute wird darunter jedoch die preisliche Zwischenform zwischen Hardcover und Taschenbuch verstanden.

Wenn Sie einen Hardcover-Vertrag schließen, so wird es möglicherweise nach ein paar Jahren auch eine Taschenbuchausgabe Ihres Werkes geben. Dies ist auch bei einer Paperbackausgabe grundsätzlich möglich, da die preisliche Differenz noch auf neue Kaufinteressenten hoffen läßt.

Eine Paperbackausgabe wird vom Verlag einem Hardcover dann vorgezogen, wenn der Preis für eine Hardcover-Ausgabe zu hoch erscheint. Sie stoßen auch hier wieder bei der Planung Ihres Werkes auf Ihren Leser. Warum wird er Ihr Buch kaufen und zu welchem Preis?

Bücher, die einen starken Aktualitätsbezug haben und sich deshalb schnell verkaufen müssen, werden als Kaufanreiz mit einem solchen relativ niedrigen Preis angeboten werden müssen.

Als Autor werden Sie aus diesem Grund auch ein wenig mit Ihren Honorarforderungen zurückstecken müssen. Der schnellere Umsatz bringt es dann wieder herein. Können Sie beim Hardcover 8 bis 10 Prozent Honorar von Beginn an erzielen, so liegt der Regelsatz für eine Paperbackausgabe etwa zwei bis drei Prozentpunkte darunter.

Taschenbuch-Originalausgabe

Das Taschenbuch war ursprünglich einmal als Ex- und-hopp-Buch geplant: kaufen, lesen, wegwerfen. Die Idee, mit billigeren Büchern auch größere Verkaufszahlen zu erzielen, ist zwar in Erfüllung gegangen; die Käufer behalten dennoch auch nach der Lektüre ihr Exemplar. Irgendwie sträubt man sich dagegen, Bücher einfach in den Müll zu werfen. Es ist ein Band zwischen dem Leser und dem Autor über das Medium Buch entstanden, so, wie Sie es auch mit Ihrem Buchplan anstreben.

Teilweise werden Taschenbücher heute schon verschenkt, und die Preise dieser Bücher sind ständig

Der zweite vor dem ersten Schritt

gestiegen. Zugleich ist das Taschenbuch auch als Originalausgabe interessant geworden. War früher der Weg zunächst über das Hardcover vorgezeichnet und kam dann anschließend eine Taschenbuchausgabe, so erscheinen heute eine ganze Reihe von Titeln gleich als Taschenbuch, als sogenannte Taschenbuch-Originalausgabe.

Die überwiegende Anzahl der Taschenbücher, die Sie auf dem deutschen Markt kaufen können, ist dennoch weiterhin eine Lizenzausgabe einer zuvor erschienenen Hardcover-Ausgabe. Für Sie attraktiver ist in den meisten Fällen zunächst eine Hardcover-Ausgabe.

Unser Rechenbeispiel soll dies erläutern:

Für 4 000 verkaufte Exemplare Ihrer Hardcover-Ausgabe erhalten Sie bei 10 Prozent Absatzhonorar und bei einem Nettoladenverkaufspreis von 16 Euro insgesamt Euro 6 400.

Wird jetzt vom Originalverlag, also dem Verlag, mit dem Sie den Vertrag geschlossen haben, die Taschenbuchlizenz an einen Taschenbuchverlag verkauft, so sollten Sie mit mindestens 50 Prozent am Lizenzhonorar beteiligt sein. Die andere Hälfte erhält Ihr Originalverlag.

Verkauft der Taschenbuchverlag nun 10 000 Exemplare Ihres Buches zu Euro 9,90 und das Lizenzhonorar beträgt davon 5 Prozent, so erbringt das Lizenzhonorar pro Exemplar Euro 0,49 abzüglich Umsatzsteuer gleich Euro 0,46. Bei 10 000 Exemplaren ergibt dies Euro 4 600. Hiervon bekommen Sie die Hälfte, Ihre 50 Prozent Beteiligung, überwiesen: Euro 2 300.

Zusammen beträgt Ihr Honorar Euro 8 700.

Wäre Ihr Buch gleich als Taschenbuch-Originalausgabe herausgekommen, so hätte der Taschenbuchverlag bei dem gleichen Verkaufspreis von Euro 9,90 und bei

5 Prozent Absatzhonorar schon etwa 19 000 Exemplare Ihres Werkes verkaufen müssen, bevor Sie zum gleichen finanziellen Resultat gekommen wären.

Es gibt jedoch auch gute Gründe für eine Taschenbuch-Originalausgabe, und wenn Sie diesen Weg wählen, dann haben Sie mit der Vertragsgestaltung bezüglich des Absatzhonorars kaum Spielraum. Fast alle Taschenbuchverlage bieten für Original- oder Lizenzausgaben zunächst 5 (max. 6) Prozent Honorar auf den Nettoladenverkaufspreis. Später, ab etwa 20 000 Exemplaren, sollten Sie eine Steigerung auf 6 Prozent einbauen, ab 40 000 Exemplaren noch auf 7 Prozent. Damit ist Ihr Gestaltungsrahmen beim Absatzhonorar auch schon nahezu ausgeschöpft. **Wenig Spielraum**

Kinder- und Jugendbücher

Bücher für die jugendlichen Leser dürfen nicht soviel kosten wie die Erwachsenenliteratur. Die Eltern sind zumeist nicht bereit, viel Geld für ein solches Buch auszugeben, und auch diejenigen, die ein Buch an Kinder oder Jugendliche verschenken, akzeptieren nur eine gewisse Preiskategorie.

Gerade Kinderbücher müssen auch farbig illustriert sein, was die Kalkulation zusätzlich enorm erschwert. Sie werden als Autor von Kinder- oder Jugendbüchern Ihren Beitrag zu den härteren Kalkulationsbedingungen leisten müssen. Ihr Absatzhonorar wird ein Stück unter der prozentualen Beteiligung für ein Erwachsenen-Hardcover liegen. **Genaue Kalkulation**

Gehen Sie von etwa 6 Prozent Honorar, bezogen auf den Nettoladenverkaufspreis, aus. Die Honorarsätze gehen bei Kinder- und Jugendbüchern von Verlag zu Verlag teilweise sehr auseinander. Möglicherweise wird das gut ausgestattete und preislich attraktive

Buch viele Käufer finden, so daß Sie sich am Ende dennoch über Ihre Abrechnungen freuen können.

Honorarnebenrechte

Nebenrechte sind wichtig Hat sich das Absatzhonorar auf das Hauptrecht bezogen, das Sie Ihrem Verlag eingeräumt haben, nämlich das ausschließliche Recht zur Vervielfältigung und Verbreitung, so beziehen sich die Nebenrechte auf die Lizenzvergabe an Dritte durch Ihren Verlag.
Eine wichtige Rolle spielen vor allem diese drei Nebenrechte:

1. Taschenbuch und Buchgemeinschaftsausgaben
2. Übersetzungen
3. Abdruckrechte für Presse

Auch die anderen Nebenrechte können Bedeutung erlangen, zum Beispiel, wenn Ihr Buch Vorlage für eine TV-Verfilmung wird.
Die drei genannten Rechte werden jedoch am ehesten zum Tragen kommen, und die darin enthaltenen Möglichkeiten für Ihr Buchprojekt will ich kurz beleuchten.
Bevor Ihr Buch erscheint, wird der Verlag vielleicht einen Vorabdruck an eine Zeitschrift verkauft haben. Das Lizenzhonorar dafür kann beträchtlich sein. Nach Erscheinen sind möglicherweise noch andere Zeitungen oder Zeitschriften an einem ganzen oder teilweisen Nachdruck interessiert.
Auf der Buchmesse in Frankfurt oder durch spezielle Vertreter des Verlages im Ausland konnten Übersetzungsrechte zum Beispiel nach Frankreich und in die

USA (gelingt allerdings nur selten) vergeben werden. In Frankreich wird es vielleicht zunächst eine Hardcover-Ausgabe und später eine Taschenbuchausgabe geben. In den USA wird möglicherweise gleich eine englischsprachige Taschenbuch-Erstausgabe gedruckt. An allen Erlösen sind Sie dann über die *Honorarnebenrechte* beteiligt.

Ist Ihr Werk auf dem deutschen Buchmarkt zunächst als Hardcover-Ausgabe erschienen, so sind Sie natürlich über die *Honorarnebenrechte* auch an einer eventuellen Taschenbuchausgabe beteiligt, genauso wie an einer Buchgemeinschaftsausgabe. Es kann durchaus vorkommen, daß die Einnahmen aus den Nebenrechten höher ausfallen als die aus dem Absatzhonorar.

Sie ersehen daraus, wie wichtig diese Nebenrechte für Sie werden können, auch wenn es natürlich vollkommen ungewiß ist, ob überhaupt eines davon zum Tragen kommt. Sie werden sich also vergewissern, daß Ihr Vertrag nicht nur eine Rechtseinräumung dieser Nebenrechte für Ihren Verlag enthält, sondern daß Sie auch daran beteiligt sind. Ihre Beteiligung sollte 50 Prozent von den erzielten Lizenzerlösen nicht unterschreiten. In diesem Fall teilen sich also Verlag und Autor die Einnahmen aus den Nebenrechten zu gleichen Teilen.

Halbe – halbe

Sie können auch versuchen, einen Schlüssel von 60 : 40 zu Ihren Gunsten durchzusetzen.

Diese Aufteilung wird sich in aller Regel auf alle Nebenrechte beziehen. Sie können, falls dafür Gründe vorliegen, einzelne Nebenrechte auch gesondert bewerten.

Ob sich Ihr Vertrag nun auf eine Taschenbuch-Originalausgabe oder eine Hardcover-Ausgabe bezieht, ob es dabei um Erwachsenenliteratur oder Kinderbücher geht: Der Schlüssel für die Nebenrechte sollte in allen Fällen zumindest 50:50 oder noch besser 60:40 zu Ihren Gunsten betragen.

Das Garantiehonorar

Viele Erstautoren haben von diesem Begriff noch nichts gehört. Bei der Vertragsgestaltung kommt ihm jedoch eine möglicherweise entscheidende Bedeutung zu.

Ein fester Punkt Nüchtern betrachtet, ist das Garantiehonorar eine Vorauszahlung auf die zu erwartenden Honorare. In Filmen oder Büchern, die das Leben von Schriftstellern zum Inhalt haben, geht es oft um den *Vorschuß*. Der meist noch verkannte Autor kann ohne diese Überbrückungsgelder seines Verlegers nicht überleben.

Heute sind Autoren zumeist nicht mehr die armen Genies und sozial auch etwas besser abgesichert. Aus dem Begriff *Vorschuß* ist der Begriff *Garantiehonorar* geworden und trifft den Kern der Sache auch viel besser.

Sprechen Sie also nicht von Vorschuß und damit von einem Akt, der den Beigeschmack großmütig gewährter, aber eigentlich nicht zustehender Gelder hat.

Das Garantiehonorar erwächst Ihnen aus der Verkaufserwartung Ihres jeweiligen Buchprojekts und aus Ihrem Marktwert als Autor. Es ist nicht rückzahlbar, wird aber natürlich gegen die eingehenden Erlöse aus dem Verkauf bzw. den Nebenrechten aufgerechnet. Es ist letztlich der Betrag, mit dem Sie fest rechnen können. Für Autoren, die ganz oder zum großen Teil ihren Lebensunterhalt durch das Schreiben von Büchern erarbeiten, ein fester Punkt in einer unübersichtlichen Landschaft. Aber nicht nur für Berufsautoren! Auch für Sie kann das Garantiehonorar zu einer wichtigen Meßlatte werden.

Wieder Ihr Blick auf den Verkauf
Sie haben sich bei Ihrer Buchplanung von Beginn an konsequent auf den Buchmarkt und damit auf den Verkauf eingestellt. Dies kommt Ihnen jetzt zugute. Falls Sie Newcomer auf dem Buchmarkt sind, haben Sie noch keinen Marktwert. Bekannte Autoren handeln ihr nächstes Buchprojekt vor allem nach ihrem Marktwert aus: Das Thema des nächsten Sachbuchs oder Romans spielt eine Rolle, eine größere jedoch der Marktwert. Jedes Buch eines bekannten Autors verkauft sich wahrscheinlich vielfach besser als das gleiche eines Nobodys.

Sie sollten deshalb Ihre Verkaufsargumente, die Sie sich durch Ihre Buchplanung erarbeitet haben, jetzt ins Feld führen.

Der Verkaufshorizont

Sie zeichnen den Verkaufshorizont für Ihr Projekt auf und errechnen daran Ihre Forderung für das Garantiehonorar.

Millionenauflage?
Viele Bücher, die Sie gelesen haben, sind auch gut verkauft worden. Sie haben durch Ihren Kauf zu dem Erfolg beigetragen. Auf der vierten Seite, der Impressumseite, sehen Sie manchmal die Auflagenhöhen:

1.–100. Tausend August 2007
100.–200. Tausend November 2008
200.–300. Tausend Dezember 2009

Wer eine solche Meßlatte seinem Buchprojekt zugrunde legt, sieht sich bald als Millionär am Genfer See.

Bleiben Sie auf dem Boden
Derartige Verkaufszahlen erreichen leider nur ganz wenige Titel. Die anderen Bücher, die Sie in Ihrem Bücherschrank nicht haben, machen den weitaus größten Teil der Buchlandschaft aus. Und gehen Sie davon aus, daß auch Ihr Buch nicht in jedem Haushalt stehen wird.

Eine erste grobe Einschätzung der durchschnittlichen Möglichkeiten ergibt schon eine einfache Rechnung: Wenn von jeder der 60 000 Neuerscheinungen pro Jahr jeweils 10 000 Exemplare verkauft werden sollten, so wären dies 600 Millionen Exemplare insgesamt. Dem stehen – sagen wir – etwa 20 Millionen Leser gegenüber. Dies würde bedeuten, daß jeder Leser im Durchschnitt pro Jahr 30 Bücher erwerben müßte. Ich finde 30 Bücher im Jahr nicht viel, und Sie sehen es wahrscheinlich auch nicht anders, aber von den vielen anderen Millionen Mit-Lesern denkt nur ein Bruchteil so. Film, Fernsehen, Video haben dem Medium Buch Zeit und damit Verbreitung genommen.

Wenn Ihr Buch als Hardcover mit 10 000 Exemplaren insgesamt verkauft würde, so wäre dies schon ein überdurchschnittlicher Erfolg. Wahrscheinlich wäre es damit nach der Erstauflage in einer zweiten, vielleicht sogar dritten Auflage erschienen. Denn die Verlage, auch die großen Publikumsverlage, operieren heute bei der Erstauflage, sofern es sich nicht um Bücher mit größerem Farbbildanteil handelt, mit relativ kleinen Erstauflagen.

Natürlich verbilligt sich die Kalkulation bei einer höheren Stückzahl von Büchern, dem steht jedoch das größere Risiko gegenüber, wenn der Verlag auf den Büchern sitzenbleibt. Und ein Nachdruck ist in den meisten Fällen rechtzeitig zu bewerkstelligen, wenn sich abzeichnet, daß das Buch gut *läuft*.

Die Erstauflage
Beurteilen Sie Ihren Verlag und die Chancen Ihres Buches also nicht unbedingt nach der Höhe der Erstauflage. Natürlich ist sie ein Indiz dafür, wie der Verlag die Chancen einschätzt. Aber auch wenn Ihnen in den Vorankündigungen der Verlage manchmal schreierisch eine Erstauflage von 50 000 Exemplaren entgegenspringt, so ist längst nicht gesagt, daß dies auch so ist. Hier signalisiert der Verlag oft nur dem Buchhandel (und manchmal auch dem Publikum), welche Verkaufserwartung er hat und mit welcher Hoffnung er ein Buch auf den Buchmarkt bringt.

Die meisten – auch die größeren – Verlage werden für einen neuen Autor eine Erstauflage zwischen 3 000 bis 8 000 Exemplaren ansetzen. Im Einzelfall kann sie durchaus viel höher sein. Sie gehen für Ihre Garantiehonorarforderung von vielleicht 5 000 Exemplaren Erstauflage aus, die der Verlag auch verkaufen müßte, um wenigstens ein kleines Geschäft bei dem ganzen Projekt zu machen. Und Ihnen wird es nicht anders ergehen.

Große Spannweite
Also nehmen Sie diese 5 000 Exemplare zum Maßstab. In unserem Beispiel eines Hardcovers mit einem Nettoladenverkaufspreis von Euro 16 und Ihrer prozentualen Beteiligung von vielleicht 8 Prozent für die ersten 5 000 Exemplare ergibt dies pro Exemplar ein Honorar von Euro 1,28. Bei einem angenommenen Verkauf von insgesamt 5 000 Exemplaren wäre dies ein Honorar von Euro 6 400.

Bei allen größeren Verlagen könnte dies für Ihre Verhandlungen ein Rechenmodell sein. Sie können jetzt noch immer flexibel sein und sich auf Euro 5 000 oder Euro 4 000 oder Euro 3 000 drücken lassen.

Wird Ihr Projekt von allen Seiten sehr optimistisch eingeschätzt und haben Sie den Verkaufswert gut herausgehoben, mag das Garantiehonorar auch weit über Euro 10 000 liegen.

Mittlere und kleinere Verlage werden vielleicht von einer Auflage um oder unter 3 000 Exemplaren ausgehen. Falls Sie ein Garantiehonorar aushandeln können, werden Sie diesen Faktor berücksichtigen müssen.

»Garantiehonorar?« – »Kenne ich nicht!«

So wird Ihnen auf Ihre Frage nach dem Garantiehonorar sicherlich nicht geantwortet, viele Verlage wollen jedoch von einem Garantiehonorar nichts wissen.

Das Garantiehonorar belastet die Finanzen eines Verlages erheblich, vergeht doch oft lange Zeit zwischen Abschluß eines Vertrages, der Zahlung einer ersten Rate des Garantiehonorars und den ersten Einnahmen durch den Verkauf der Bücher.

Kapitalbindung Zudem kommt es nicht gerade selten vor, daß selbst die kleinen Blütenträume von vielleicht nur 5 000 verkaufter Auflage nicht in Erfüllung gegangen sind. Zum schlechten Verkauf muß der Verlag dann auch noch das nicht in voller Höhe wieder eingespielte Garantiehonorar abschreiben.

Es geht auch ohne Wer nicht gerne handelt und den Verkaufswert seines Werkes nicht so richtig einzuschätzen weiß, dem mag es sogar recht sein, sich nicht auf dieses Spielfeld begeben zu müssen.

Zum Trost für alle Autoren, die nicht handeln mögen: Wenn Sie nicht gerade aufgrund besonders günstiger

Umstände ein sehr hohes Garantiehonorar aushandeln können, das den Verlag antreibt, das investierte Geld auch wieder hereinzuholen, wird sich ein Verzicht auf die Honorarvorauszahlung auf die Endabrechnung überhaupt nicht auswirken. Der Verlag verkauft deswegen nicht mehr und nicht weniger Bücher. Kleinere Verlage werden also möglicherweise gar kein Garantiehonorar zahlen (können) oder ein wesentlich geringeres, als es unser Beispiel signalisiert. Sie werden sich auch auf ein Garantiehonorar zwischen Euro 1 000 und Euro 3 000 einstellen müssen. Dies trifft selbst bei größeren Verlagen im Kinder- und Jugendbuchbereich zu.

Eins ist auch klar: Wer wenig fordert, bekommt auch weniger. Nun ist Ihnen als noch nicht (so) bekannter Autor natürlich in erster Linie an der Veröffentlichung Ihres Werkes gelegen. Sie werden also nur im Notfall die Vertragsverhandlungen am Garantiehonorar scheitern lassen. Der Autor mit bereits vorhandenem Marktwert wird aber möglicherweise genau an diesem Punkt die Vertragsverhandlungen scheitern lassen.

Einige Verlage werden Ihnen schon beim Vertragsangebot einen Vorschlag zum Garantiehonorar machen. Sie haben damit einen Sockel, auf dem Sie sich ausruhen, den Sie aber gegebenenfalls auch noch erhöhen können. **Verlag macht Vorschlag**

Sie werden in Ihrem Gespräch mit dem Verlag schnell auf den Punkt kommen, der von Beginn an Ihr Buchprojekt bestimmt hat: Wer wird es lesen, wie wird es sich am Buchmarkt durchsetzen? Mit der Höhe des Garantiehonorars werden Ihre Einschätzungen und die des Verlages konkret in Geld ablesbar.

Raten sind nicht unfein

Das Garantiehonorar dient ja dazu, die Zeit, in der der Autor am Manuskript arbeitet, finanziell zu überbrücken. Zudem kommt die erste Abrechnung über die Verkäufe manchmal erst ein ganzes Jahr nach Auslieferung der Bücher.

Drittelung Erscheint Ihr Buch im Februar und rechnet der Verlag jährlich ab, so werden Sie die erste Überweisung aus den Verkäufen erst im darauffolgenden Jahr bekommen, und zwar im ersten Quartal. Manche Verlage rechnen auch pro Halbjahr ab, was für Sie natürlich günstiger ist.

Da das Garantiehonorar für den Verlag eine erhebliche finanzielle Vorleistung bedeutet, wird es zumeist in Raten aufgeteilt.

Je dichter diese Raten am Erscheinungstermin und somit am Verkauf der Bücher liegen, um so besser für den Verlag. Es hat sich heute vielfach eine Drittelung durchgesetzt:

1. Rate bei Vertragsabschluß
2. Rate bei Ablieferung des Manuskriptes
3. Rate bei Erscheinen

Die Gesamtsumme des Garantiehonorars wird dabei einfach in drei gleiche Teile aufgeteilt.

Nun wollen Sie ja möglichst auf der Grundlage eines Exposés und vielleicht eines Probekapitels zum Vertragsabschluß kommen. Der Verlag weiß jedoch nicht, wie Sie letztlich mit dem Manuskript zurechtkommen. Bei den Hausautoren kann sich der Verlag da sicherer sein. Er wird Ihnen deshalb – wenn Sie überhaupt ein Garantiehonorar aushandeln können – möglicherweise eine Ratenzahlung anbieten:

1. *Rate bei Manuskriptabgabe*
2. *Rate bei Erscheinen*

Normalerweise wird es dann in zwei gleichen Hälften überwiesen. Sie können jedoch auch versuchen, einen größeren Teil (vielleicht zwei Drittel der Gesamtsumme) bereits bei der ersten Rate zu bekommen.

Wie Sie die Raten gestalten wollen, wird von Ihrem finanziellen Background abhängen und von der Zeit, die Sie zur Erstellung des Manuskriptes benötigen. Falls sich für Sie abzeichnet, daß Sie nach Beendigung des Manuskriptes zunächst in ein finanzielles Loch fallen, so können Sie auch versuchen, das gesamte Garantiehonorar bereits bei Ablieferung des Manuskriptes zu erhalten. **Ihre Bedürfnisse**

Generell gilt für Sie die Binsenweisheit: Geld haben ist besser als Geld kriegen. Die Garantiezahlung erfolgt zwar aufgrund eines Vertrages, und beide Seiten sind bemüht, den Vertrag einzuhalten, doch kann auf der langen Strecke bis zur Veröffentlichung einiges dazwischenkommen.

Unter dem Stichwort *Vertragsauflösung* erfahren Sie mehr darüber. Außerdem könnte ein Verlag zwischenzeitlich in Konkurs gehen. Da ist es natürlich besser, schon was in der Hand zu haben.

Garantiehonorar bei Taschenbüchern

Sollten Sie einen Vertrag über eine Taschenbuch-Originalausgabe abschließen, wird der Taschenbuchverlag zumeist gleich ein Angebot über das Garantiehonorar machen.

Im Gegensatz zu manchen kleineren Hardcover-Verlagen ist die *Garantie* fester Bestandteil der Vertragsgestaltung. Es gibt – gemessen an der Anzahl aller Ver- **Fester Bestandteil** lage – ja nur einige wenige Taschenbuchverlage, und die teilen den gesamten Taschenbuchmarkt unter sich auf. Sie haben es also nicht mit kleinen Verlagen zu tun, die zudem auch oft in einen größeren Konzern eingebunden sind. Denken Sie zum Beispiel an Droemer, Fischer, Rowohlt, Ullstein oder List.

Groß sind diese Verlage deshalb geworden, weil sie von gut verkäuflichen Hardcover-Titeln die Lizenz für die Taschenbuchausgabe erworben haben. Für diese Umsatzrenner muß natürlich etwas geboten werden, bevor die Hardcover-Verlage eine Lizenz vergeben. Geboten wird das, was Sie schon kennen: das *Garantiehonorar*.

Auch hier: Verkaufserwartung Die Taschenbuchverlage sind es gewöhnt, die Verkaufserwartung eines Projektes in ein Garantiehonorar umzurechnen. Genauso wird es auch mit Ihrem Buchprojekt gemacht. Sie werden für Ihre Taschenbuch-Originalausgabe ein Garantiehonorar zwischen Euro 3 000 und Euro 5 000 erwarten können. Dies betrifft zumeist die großen Taschenbuchverlage, bei den kleineren, die nur eine bestimmte Kategorie von Literatur im Programm haben, zum Beispiel Krimis, kann das Garantiehonorar niedriger liegen.

Sind die Taschenbuchverlage früher von einer Mindestverkaufserwartung von 15 000 Exemplaren ausgegangen und haben ihre Kalkulation daran ausgerichtet, so ist man heute vielfach schon mit weniger als 10 000 Exemplaren zufrieden. Auch hier hat die Vielfalt der Taschenbücher die Auflagenzahlen gedrückt. Wenn Sie also Euro 5 000 Garantie für Ihre Taschenbuch-Originalausgabe bekommen, so muß der Verlag bei 5 Prozent Absatzhonorar und einem Verkaufspreis von vielleicht Euro 8,90 schon über 10 000 Exemplare verkaufen, um das Garantiehonorar wieder einzuspielen. Sie können hieran die Grenzen des Garantiehonorars selbst gut erkennen.

Projekte werden einzeln kalkuliert

Das Herz eines Verlegers oder eines Lektors hängt an manchen Projekten mehr und an anderen weniger. Dennoch kann man eigentlich nicht zwischen Brot-Projekten, die das Geld bringen sollen, und Neigungs-Projekten, die die verlegerische Berufung transportieren, unterscheiden. Ein Verleger und auch ein Lektor, der ganz bestimmte Interessen hat, wird versuchen, daraus ein Programm zu gestalten, das auch eine genügende Anzahl von Lesern findet. So wird grundsätzlich jedes Projekt auf seine Durchsetzungsfähigkeit im Verkauf eingeschätzt – und entsprechend werden der Titel, der Umfang, die Ausstattung bestimmt und der Vertrag gestaltet.

Ihr Garantiehonorar bezieht sich also auf dieses eine Projekt. Lehnen Sie deshalb Vorschläge ab, die darauf zielen, das Honorar mit anderen Buchprojekten, die bei diesem Verlag schon von Ihnen erschienen sind bzw. noch erscheinen, zu verrechnen.

Getrennte Kontenführung

Sie bestehen auf eindeutig getrennter Kontoführung. Für den Verlag würde sich zwar so das Risiko im Hinblick auf das Autorenhonorar erheblich mindern (der Umsatz des Verlages macht etwa 50 Prozent des Ladenverkaufspreises pro verkauftem Exemplar aus, und bei 10 Prozent Autorenhonorar sind dies schon 20 Prozent vom Verlagsumsatz!), doch besteht die Gefahr, daß der Verlag die wirtschaftliche Selbständigkeit eines jeden Buchprojektes nicht mehr so im Auge hat, wie es nun einmal notwendig ist.

Gute Gründe für Ausnahmen
Wenn Sie Ihr erstes Buchobjekt bei einem Verlag unter Dach und Fach bringen, wird eine Verrechnung mit anderen Titeln für Sie ohnehin nicht anstehen. Es sei denn, Sie wollen gleich eine ganze Reihe starten: Krimis oder Garten-Ratgeber zum Beispiel. Zwar wird auch hier jedes Buch einzeln im Buchhandel verkauft und somit einzeln abgerechnet, doch kommt es insgesamt darauf an, die Reihe im Sortiment zu etablieren. Ihr Entgegenkommen, das Garantiehonorar mit den Folgetiteln verrechenbar zu halten, wird beim Verlag vielleicht den Mut vergrößern, das Wagnis einzugehen und eine ganze Reihe zu starten.

Auch für den Fall, daß Sie von Beginn an planen, mit Ihrem Verlag eine längere Zeit im gemeinsamen Ehebett zu liegen, kann diese Ehe nur gutgehen, wenn das Risiko des Garantiehonorars durch alle gemeinsam veröffentlichten Titel abgedeckt wird.

Dieses Prinzip offenbart sich auch in sogenannten Paketverträgen, wenn Sie zum Beispiel drei oder vier oder gar sechs Buchprojekte mit einem Verlag auf einen Schlag abschließen. Auch hier wird – was das Garantiehonorar betrifft – ein Teil für den anderen mitarbeiten müssen.

Der Normvertrag
Sie haben jetzt vom Verlagsvertrag die drei wichtigsten finanziellen Elemente kennengelernt. In der Praxis bezieht sich das Aushandeln eines Vertrages auch fast nur auf diese Punkte. Die anderen Paragraphen unterscheiden sich von Verlagsvertrag zu Verlagsvertrag kaum. Den Normvertrag für den Abschluß von Verlagsverträgen, wie er zwischen dem *Verband deutscher Schriftsteller* (VS) in ver.di und dem *Börsenverein des deutschen Buchhandels* vereinbart wurde, finden Sie im Anhang.

Einige weitere Punkte im Vertrag sind jedoch noch besonders interessant. Darüber erfahren Sie auf den nächsten Seiten etwas.

Abgabe des Manuskriptes

Ist das Manuskript bei Vertragsabschluß noch nicht fertiggestellt, was Sie ja anstreben, wird die Frage des Termins der Manuskriptabgabe wahrscheinlich erst zwischen Ihnen und dem Verlag geklärt werden müssen.

Bei allen Hardcover-Verträgen gehen Sie für den Ablieferungstermin entweder von Februar/März für das Herbstprogramm aus oder von August/September für das Frühjahrsprogramm. Bei aktuellen Titeln, die noch vor Drucklegung etwaige Veränderungen, zum Beispiel der politischen Landschaft, berücksichtigen sollten, werden Sie einen späteren Redaktionsschluß mit dem Verlag vereinbaren. **Schreiben Sie zügig**

Für die Erstellungszeit Ihres Manuskriptes werden Sie einen zeitlichen Kompromiß zwischen Ihrem Arbeitspensum und den Vorstellungen des Verlages suchen. Grundsätzlich kann gesagt werden: je schneller, je besser.

Auch hiervon gibt es Abweichungen, die vor allem etwas mit der Gründlichkeit der Manuskripterstellung zu tun haben. Aber Sie erinnern sich vielleicht noch an die bereits erwähnte Gefahr, bei einem Manuskript Perfektion erzielen zu wollen: So würden Sie sich nie von Ihrem Manuskript lösen können.

Sie streben an: so gut und so schnell wie möglich.

Und Sie wollen vermeiden, daß ein Konkurrenztitel zum gleichen Thema vor dem Erscheinen Ihres Wer- **Vorsicht, Konkurrenz** kes veröffentlicht wird, was zumeist den Verkauf Ihres Buches erheblich erschwert.

Sie können, objektiv gesehen, zwar das bessere Werk zustande gebracht haben, der Platz im Buchhandel ist durch das andere Werk dann jedoch besetzt. Der Buchhändler kauft nach den Verkaufsargumenten ein. Hat er bereits ein Buch zu dem Thema geordert, wird er nicht Ihres noch daneben stellen. Aber die bessere Qualität? Der Vertreter wird den Buchhändler nicht in zwei Sätzen von Ihrem höherwertigen Buch überzeugen können, zumal dann nicht, wenn Sie noch ein literarischer Nobody sein sollten. Und lesen kann der Buchhändler ja nun auch nicht alle Bücher.

Die Gefahr des Zuspätkommens ist relativ groß. Themen, die im Trend liegen, werden auch von anderen aufgespürt. Dies gilt natürlich in erster Linie für alle Sachthemen. Bei belletristischen Projekten ist diese Gefahr nicht so groß.

Das Feuer erlischt Ein anderes Argument spricht ebenfalls für eine enge zeitliche Klammer zwischen Vertragsabschluß, Manuskriptabgabe und Erscheinen: Die Begeisterung, mit der ein Verlag einen Vertrag über ein Buchprojekt geschlossen hat, schwächt sich mit der Zeit ab. Nach Jahren wird gar kein Feuer mehr vorhanden sein, wenn der Autor endlich sein großes Werk abliefert. Das Buchprojekt ist dann ein Teil der mehr oder weniger großen Projekthalde, die ein Verlag vor sich herschiebt und relativ lustlos veröffentlicht, wenn keine Vertragsauflösung möglich erscheint.

Sie wollen nicht auf dieser Halde landen, deshalb planen Sie einen möglichst kurzfristigen Abgabetermin. Setzen Sie sich selbst unter Druck. Ein Manuskript wird besser, je mehr es im Zusammenhang geschrieben wurde. Sie haben Schwierigkeiten, die

Fäden wieder zusammenzubekommen, wenn Tage zwischen Ihren einzelnen Sitzungen am Computer vergehen.
Dies ist keine Aufforderung, nun schlampig zu arbeiten. Und wer stark anderweitig beruflich eingespannt ist, wird ohnehin einen größeren Zeitraum für sich beanspruchen müssen. Die Regel »Je schneller, je besser« gilt aber auch für Ihre individuellen Zeitpläne: so zügig, wie Sie es eben einrichten können.
Manche Werke bedürfen einer zeitlich aufwendigen Recherche, dies müssen Sie berücksichtigen. Wer eine Biographie schreibt, hat gleich zwei negative zeitliche Trends einzuplanen: die aufwendige Recherche und das Hineinwachsen in die dargestellte Person. Wer hier zu früh abliefern will, wird sich beim Verlag eher verdächtig machen.

Sonderrabatte für Großabnehmer

Möglicherweise wird Ihr Werk in vielleicht mehreren tausend Exemplaren von einem Großabnehmer gekauft. Dies könnte zum Beispiel ein Industrieunternehmen sein, das mit Ihrem Buch PR für die eigene Firma machen will.
In vielen Verlagsverträgen befindet sich nun eine Klausel, die das vereinbarte Absatzhonorar erheblich mindert, wenn der Verlag Sonderrabatte einräumen muß. Dies wird zumeist dann der Fall sein, wenn ein Großabnehmer Sonderkonditionen eingeräumt haben will. Der Verlag wird dabei in manchen Fällen weit über 50 Prozent vom Ladenverkaufspreis Rabatt gewähren müssen. Ihr Vertrag sieht hierfür eventuell folgende Regelung vor:

Bei Rabatten von über 50 Prozent für Großabnehmer bezieht sich das Absatzhonorar auf den Verlagsnettoerlös.

Nicht in allen Verträgen Im Klartext bedeutet das: Bekommen Sie zum Beispiel ein Absatzhonorar von 10 Prozent auf den Ladenverkaufspreis (abzüglich Mehrwertsteuer), solange der Verlag nur Rabatte bis zu 50 Prozent einräumt, so halbiert sich Ihr Honorar schlagartig, sobald der Verlag 51 Prozent Rabatt gewährt.

In der Praxis wird die Rabattstaffelung wahrscheinlich bei 55 oder bei 60 Prozent einsetzen, was für Sie aber auch nicht tröstlicher ist. Sie bekommen jetzt Ihre 10 Prozent immer nur auf den dem Verlag verbleibenden Umsatz – also auf 45 bzw. auf 40 Prozent. Sollten Sie diese Regelung in Ihrem Vertrag finden, so schlagen Sie für den Fall von Großabnahmen mit Rabatten über 50 Prozent ein Absatzhonorar von 15 Prozent bezogen auf den Verlagsnettoerlös vor.

Das Rechenbeispiel: Muß Ihr Verlag einem geschickt verhandelnden Großabnehmer 60 Prozent Rabatt auf Ihr Buch, das im Buchhandel Euro 20 kostet, gewähren, so verbleiben dem Verlag nur noch Euro 8 pro Buch. Hierauf beziehen sich nun Ihre 15 Prozent. Sie erhalten pro Exemplar Euro 1,20. Bei der ursprünglichen vertraglichen Regelung hätten Sie nur Euro 0,80 pro Exemplar bekommen. Da es vereinzelt Großabnahmen von mehr als 10 000 Exemplaren gibt, macht sich dieser Unterschied in der Abrechnung für Sie erheblich bemerkbar.

Bei Ratgebern, die gut bebildert sind und dennoch zu einem relativ niedrigen Ladenpreis verkauft werden, kann die Beteiligung auch nur z. B. 7 Prozent vom Verlagserlös betragen.

Sonderrabatte für Sie

Unter dem Paragraphen »Freiexemplare« des Normvertrages finden Sie einen Passus über den Höchstrabatt, zu dem Sie Ihre eigenen Bücher beim Verlag beziehen können.

Zunächst versuchen Sie, etwas mehr Freiexemplare pro Auflage herauszuhandeln, als Ihnen vom Verlag geboten werden. Sie werden nämlich das feststellen, was bisher fast allen Autoren widerfahren ist: Der Bestand an eigenen Exemplaren dezimiert sich schneller, als man denkt. Ein Buch ist die bessere Visitenkarte, und warum nicht stolz auf die eigene Leistung sein? So werden Ihre Exemplare ein kurzes Gastspiel in Ihrem Bücherschrank geben, und bald steht nur noch ein letztes Exemplar verlassen im Regal.

Wie die warmen Semmeln

Sie können beim Verlag zum ausgehandelten Rabatt nachbestellen. Lassen Sie sich nicht unter 40 Prozent Rabatt drücken, streben Sie aber möglichst 50 Prozent an. Sie denken dabei nicht nur an die zehn oder zwanzig Exemplare, die Sie für sich nachbestellen. Vielleicht halten Sie später Vorträge oder Seminare über Ihr Buchthema, und Ihre Kursteilnehmer wollen Bücher direkt über Sie beziehen.

Dabei müssen Sie allerdings die bestehende Preisbindung beachten sowie einen eventuell bestehenden Ausschluß des Weiterverkaufs.

Das Rechenbeispiel: Ist der Ladenverkaufspreis auf Euro 20 festgesetzt und bekommen Sie 50 Prozent Rabatt vom Verlag anstatt 40 Prozent und verkaufen Sie 200 Bücher bei Ihren Vorträgen oder Seminaren, so macht dies für Sie ein Mehr von Euro 400 aus.

Sollte der Verlag auf die 50 Prozent Rabatt pro Exemplar nicht eingehen, so machen Sie den Vorschlag, daß diese Regelung bei einer Bestellung von mindestens 100 Exemplaren gelten soll.

Besondere Vereinbarungen

Die Paragraphen eines Verlagsvertrages signalisieren eine feststehende Form. Doch der Schein trügt: Sie können den Vertrag frei aushandeln und Ihre Interessen so wahren, wie Sie es eben durchsetzen können. Der Verlagsvertrag bedarf nicht einmal der Schriftform. Da die Frage der Beweisführung für Sie als eine dem Verlag gegenüberstehende Einzelperson jedoch weitaus schwieriger ist, werden Sie immer auf einem schriftlichen Vertrag bestehen.

Ihre speziellen Wünsche Entspricht der Ihnen vorgelegte Vertrag dem Normvertrag oder ist er ihm in den wesentlichen Punkten ähnlich, so können Sie ihn als Grundlage akzeptieren und handeln nur noch die Honorarfrage aus.

Da Sie in jeden Ihnen vorgelegten Verlagsvertrag einen Paragraphen mit der Überschrift *Besondere Vereinbarungen* aufnehmen können, bleibt Ihnen die Möglichkeit, Ihren Vertrag Ihrer individuellen Situation anzupassen, ohne nun das ganze Vertragswerk neu entwerfen zu müssen.

Bestandteil des Vertrages So können Sie zum Beispiel in diesen Paragraphen den Vermerk aufnehmen lassen, daß der Briefwechsel von den Tagen X und Y Teil der Übereinkunft ist. Aus diesem Briefwechsel geht vielleicht hervor, daß der Verlag die Kosten für eine bestimmte eventuell noch notwendig werdende Reise übernehmen will.

Änderungen an den einzelnen Paragraphen sollten jedoch die Ausnahme bleiben. Sie würden das Verhältnis zum Verlag zu einem frühen Zeitpunkt belasten.

Unter *Besondere Vereinbarungen* nehmen Sie alles das auf, was Sie an Änderungen noch einbringen wollen.

Abbildungen

Bei allen Verträgen zu Non-fiction-Projekten wird sich auch ein Paragraph auf die Bebilderung beziehen. Er wird vorsehen, daß die Abbildungen durch den Autor geliefert werden.

Bei allen stark bebilderten Projekten wie Kochbüchern, Comics, Kinderbüchern etc. wird diese Frage ein wesentlicher Diskussionspunkt zwischen Autor und Verlag sein, bevor überhaupt ein Vertragsvorschlag auf den Tisch gelegt wird. Die Frage der Bebilderung müßte also in allen Einzelheiten geklärt worden sein. **Wichtig für die Kalkulation**

Unangenehme Überraschungen wird es dann geben, wenn Abbildungen zunächst nicht so notwendig erscheinen oder eine nur geringfügige Rolle im Verhältnis zum Gesamtprojekt spielen. In diesem Fall wird dieser Punkt nicht wirklich ausgeleuchtet, und wenn dann die Kosten für die Bebilderung anstehen, gibt es Dissens zwischen den Vertragsparteien.

Gehen Sie grundsätzlich davon aus, daß Werke, die nicht überwiegend vom Bild bestimmt werden, durch den Verlag illustriert werden sollten. Sie sichern zwar Ihre Mithilfe bei der Bildauswahl zu oder daß Sie Skizzen als Vorlagen für den Grafiker anfertigen bzw. beschaffen, Sie übernehmen aber nicht die Kosten für die Bildbeschaffung. Sie wären damit wahrscheinlich überfordert, weil Sie die Kosten nicht absehen können. Der Verlag wiederum hat ja darin Übung und wird auch die Kosten aus Kalkulationsgründen zu begrenzen wissen.

Autor und Grafiker Nun ist der Autor mit Text und Thema vertrauter, als der Verlag es sein kann, und die Erfahrung zeigt, daß das Bemühen des Autors um die Bebilderung bessere Ergebnisse hervorbringen kann. Dies gilt insbesondere bei Zeichnungen. Der Autor kann den Grafiker viel besser zum gewünschten Bild führen. Es kann für einen Münchner Verlag wegen der Bild-Text-Einheit günstiger sein, einen Hamburger Grafiker, der in der Nähe des Autors wohnt, zu beauftragen als einen Münchner Grafiker, auch wenn der Verlag bisher gute Erfahrungen mit diesem Grafiker gemacht hat.

Sie werden in dem Fall mit dem Verlag die Anzahl der Abbildungen bestimmen und auch die Kosten, die der Verlag dafür übernimmt. Dann suchen Sie sich einen Grafiker vor Ort, der zu diesem Preis die Arbeit übernimmt. Diese Übereinkunft könnte auch unter den Paragraphen *Besondere Vereinbarungen* fallen. Zusätzlich werden Sie darin aufnehmen, daß nach Vorlage von Probezeichnungen der Verlag den endgültigen Auftrag für die Anfertigung der Zeichnungen erteilt. Beachten Sie diesen Punkt ganz besonders: Was Ihnen gefällt, muß dem Verlag noch lange nicht gefallen. Und sind die Zeichnungen bereits alle angefertigt, dann ist das Kind in den Brunnen gefallen.

Vertragsauflösung

Manche Autoren, die zum ersten Mal einen Vertrag unterschreiben sollen, zögern ihre Unterschrift hinaus. Obwohl sie diesen Vertrag angestrebt haben, befällt sie eine schwer faßbare Furcht. Vor allem dann, wenn das Manuskript in weiten Teilen erst noch geschrieben werden muß. Wenn man etwas tiefer forscht, so stößt man auf die Angst, die im Vertrag versprochene Leistung nicht erbringen zu können.

Lassen Sie diese Angst ruhig zu, denn sie ist berechtigt! Der kreative Vorgang des Schreibens kann erlahmen, zumal wenn er sich in Richtung auf die im Vertrag fixierte Leistung bewegen soll. Dies ist jedoch kein Grund, nun das Manuskript im stillen Kämmerlein ohne vorherigen Vertragsabschluß beenden zu wollen.

Kommt öfter vor

Daß nämlich ein Manuskript gar nicht oder zu spät abgeliefert wird, ist zwar nicht die Regel im Verlagsgeschäft, kommt aber doch recht häufig vor. Sie würden sich also nicht in schlechter Gesellschaft befinden. So kennt das Gesetz über das Verlagsrecht eigens Paragraphen für den Fall, daß das Manuskript nicht rechtzeitig oder nicht absprachegemäß verfaßt worden ist. Man kann Sie als Autor letztlich nicht dazu verurteilen, das Manuskript zu verfassen. Nun ist dieser Fall ja eindeutig: kein Manuskript, also wurde der Vertrag von Verfasserseite nicht erfüllt. Für diesen Fall greifen die Paragraphen des Verlagsrechts und die entsprechenden Paragraphen des Bürgerlichen Gesetzbuches, genauso wie für den Fall, daß das Manuskript nicht in dem durch den Vertrag vereinbarten Zustand abgeliefert wurde. Doch hier liegt der Hase im Pfeffer: Wer bestimmt, was nicht vertragsgemäß ist?

Aber ob nun nicht abgeliefert oder nach Meinung des Verlages in nicht vertragskonformem Zustand: die Aneinanderreihung der Paragraphen wird Ihnen für diese Situation wenig Klärung bringen.

Beispiele aus vieljähriger Praxis können Ihnen aber zeigen, wie normalerweise verfahren wird. Bei mehr als 2 000 Büchern, die ich insgesamt betreut oder geplant habe, ist mir kein Fall begegnet, in dem ein Verlag Schaden geltend gemacht hat, weil der Autor nicht rechtzeitig das Manuskript ablieferte. Die Verlage haben in aller Regel großzügig Nachfrist gewährt. Denn so versteht sich dem Sinne nach ein Verlagsvertrag, der sich auf ein noch nicht geschriebenes Werk bezieht: Der Autor hat die Sicherheit, daß sein Werk, wenn er es vollendet, erscheinen wird und daß er hierfür vom Verlag auch eventuell finanzielle Vorleistungen erhält; der Verlag hat den Autor mit seinem interessanten Projekt an sich gebunden.

Keine falsche Scham Aus diesem Verhältnis ergibt sich, daß Sie Ihren Vertragspartner, den Verlag, rechtzeitig unterrichten, falls abzusehen ist, daß Sie es nicht schaffen. Man wird auf Verlagsseite nicht glücklich darüber sein, aber dieser Fall gehört eben zum Verlagsalltag. Porzellan haben Sie erst dann zerschlagen, wenn Sie aus Scham oder falscher Einschätzung Ihrer Möglichkeiten nichts sagen oder gar immer wieder neue Versprechen für die Abgabe Ihres Manuskriptes machen und dann auch diese Termine nicht einhalten können.

Hat der Verlag nämlich Ihr Buchprojekt schon vorangekündigt und die Vertreter bieten es schon im Buchhandel an, so schaden Sie dem Projekt erheblich, wenn es dann erst ein halbes oder gar ganzes Jahr später erscheint. Zögern Sie also nicht, den Verlag zu unterrichten, wenn Sie absehen können, daß Sie das Werk überhaupt nicht mehr vollenden oder erst später abliefern können.

Haben Sie bereits Garantiehonorare erhalten, so werden Sie im Falle der erklärten Nichtablieferung diese Gelder zurückzahlen müssen. Dies sollte für Sie aber kein Grund sein, diese Erklärung nicht abzugeben. Vielleicht wollen Sie mit diesem Verlag ja ein anderes Buchprojekt realisieren, und dann ist es natürlich gut, sich nicht die Sympathien verscherzt zu haben. Haben Sie jetzt bereits ein anderes Buch in Planung, das Sie ersatzweise anbieten können? Dann schlagen Sie vor, das bereits erhaltene Garantiehonorar damit zu verrechnen.

Nicht vertragsmäßige Beschaffenheit

Ein Vertrag auf Grundlage eines Exposés oder auch eines oder mehrerer Probekapitel birgt natürlich für den Verlag die Gefahr, daß das Werk nicht so ausfällt, wie sich das Lektorat dies bei Vertragsabschluß vorgestellt hatte. Der Verlag wird in diesem Fall die eventuell bei Manuskriptabgabe fällige Rate des Garantiehonorars nicht überweisen.

Die Formulierung für diese Situation lautet im Verlagsgesetz: »*Nicht vertragsmäßige Beschaffenheit*«. Nun kann der Verlag dies behaupten; aber Sie als Autor können durchaus den gegenteiligen Standpunkt einnehmen. Wer hat recht? **Eine unangenehme Situation**

Normalerweise werden sich Lektor und Autor zusammensetzen, um zu besprechen, wie die Vorstellungen des Verlages noch im Manuskript berücksichtigt werden können. Wenn der Autor die Einwände als vernünftig akzeptiert, so ist eine neue Grundlage geschaffen.

Akzeptiert der Autor nicht oder sieht der Verlag überhaupt keine Chancen für eine Nachbesserung des Werkes, so bleibt der Gang zum Gericht, um feststellen zu lassen, wer im Recht ist. Da dies ein langer, kostspieliger und mit ungewissem Ausgang behafteter Weg ist, werden beide Seiten besser einen Kompromiß suchen. **Kompromiß ist besser**

Wahrscheinlich wird auch nach einem langen Rechtsweg vom Gericht ein Vergleich vorgeschlagen. Und den kann man doch selbst genauso aushandeln – ohne Gerichts- und Anwaltskosten.

Ob der Autor von seinem Manuskript nun überzeugt ist oder nur geringe Zweifel hat oder aber selbst unsicher ist: eine solche Ablehnung durch den Verlag ist immer schwer zu verkraften. In der ersten Wallung der Gefühle will man sich jetzt vielleicht vor Gericht bestätigt sehen. Doch jeder Autor, der in diese Lage kommt, sollte bedenken: Ein jahrelanger Rechtsstreit hält genau diese unangenehme Situation aufrecht. Für den Verlag ist es auch keine erfreuliche Geschichte, aber dort verteilt sich die Last auf viele Schultern, und es ist niemand so direkt und persönlich betroffen, wie es nun einmal der Autor ist. Für den Autor besteht die Gefahr, daran zu zerbrechen.

Ein Kompromiß wird also immer die bessere Lösung sein, und der Autor hat so schlechte Karten ja nicht in der Hand: Für den Verlag ist der Rechtsweg zwar seelisch kaum belastend, aber das finanzielle Risiko besteht. An einem außergerichtlichen Vergleich wird auch ihm gelegen sein.

Sich herantasten Der Autor wird nun ausloten, zu welchem finanziellen Kompromiß der Verlag bereit ist. Falls der Verlag keinen Vorschlag macht und falls der Autor ein Garantiehonorar ausgehandelt hat, so sollte das Garantiehonorar als Richtschnur genommen werden. Das Garantiehonorar ist an die Verkaufserwartung gekoppelt, und hier läßt sich das entgangene Honorar für den Autor ablesen.

Beträgt das Garantiehonorar Euro 4 000 und der Autor ist von seinem Manuskript vollkommen überzeugt, so wird er vielleicht zur Vertragslösung bei

Zahlung dieser Summe (unter Abrechnung bereits geleisteter Raten) einverstanden sein.

Wer die Ansicht der nicht vertragsmäßigen Beschaffenheit zwar nicht teilt, aber die dezidierte Meinung des Verlages doch in einzelnen Punkten nicht abstreiten kann, wird sich vielleicht auf das halbe Garantiehonorar herunterhandeln lassen.

Kommt der Autor, nachdem der erste Zorn verraucht ist, zu der Einsicht, daß der Verlag in vielen Punkten nicht unrecht hat, so bleibt ihm noch der Vorschlag, das bereits erhaltene Garantiehonorar zu behalten und im Falle eines Neuabschlusses bei einem anderen Verlag diese Gelder wieder zurückzuzahlen.

Diese Vorgehensweisen lassen sich natürlich je nach Lage der Dinge kombinieren.

Es kann natürlich auch passieren, daß der Verlag eine Gegenrechnung aufmacht.

Wer kein Garantiehonorar ausgehandelt hatte, wird sich aber über die Verkaufserwartung seines Buchprojektes schon Gedanken gemacht haben und über das Honorar, das er dann aufgrund seines Vertrages erhalten könnte. Ein Teil, aber wirklich auch nur ein Teil dieses Betrages, könnte Grundlage für eine der oben genannten Kompromißformeln sein.

Rückzug mit eventuellem Neuangebot

Wer ein Manuskript abgeliefert hat, das wirklich »voll in die Hosen gegangen ist« – und dies kommt gar nicht so selten vor –, dem bleibt natürlich nur der Rückzug ohne finanzielle Abfederung und unter Rückzahlung bereits erhaltener Raten. Letztlich wird dieser Autor aber durch die Kritik des Verlages auch etwas gelernt haben, sein Werk möglicherweise gründlich verbessern und bei anderen Verlagen erneut anbieten. Das Projekt kann dann immer noch ein Erfolg werden.

Der Verlag will nicht mehr

Nun kann Ihr abgeliefertes Manuskript durchaus dem entsprechen, was bei Vertragsabschluß mit dem Verlag abgesprochen worden ist. Dennoch hat der Verlag das Interesse an dem Buchprojekt verloren.

Dafür kann es eine ganze Reihe von Ursachen geben.

Wechsel im Lektorat So kann ein Wechsel im Lektorat oder in der Programmleitung des Verlages stattgefunden haben. Die neuen Leute sehen einfach nicht die Chancen in dem Projekt wie die Vorgänger. Dies kommt bei der relativ großen Fluktuation in den Verlagen sogar recht häufig vor.

Möglich ist auch, daß zwar noch genau die Leute im Verlag sitzen, mit denen Sie den Vertrag geschlossen haben, die aber nun zu einer negativen Einschätzung der Chancen auf dem Buchmarkt gekommen sind. Sie erinnern sich noch an das Stichwort *Euphorie*, die die Entscheidung für ein Buchprojekt zumeist begleitet? Sie kann abkühlen, und deshalb hier noch einmal der Rat: Keine zu große zeitliche Distanz zwischen Vertragsabschluß und Abgabe des Manuskriptes! Sie könnten sonst mit dieser Situation konfrontiert werden.

Änderung der Programmstruktur Gar nicht so selten wird auch die Programmstruktur in einem Verlag über den Haufen geworfen oder, positiv ausgedrückt, der Verlag will sich gegenüber Buchhandel und Lesern mit einer neuen, weil übersichtlichen und verkaufsstarken Programmstruktur kenntlich machen.

Dies geschieht nicht freiwillig und nur unter der Erkenntnis, daß man bestimmte Programmteile nicht oder in dieser Art oder Ausstattung nicht verkaufen kann. Fällt Ihr Buchprojekt unter diese Kategorie, so wird der Verlag den operativen Schnitt auch bei Ihrem

Werk ausüben wollen. Plötzlich ist zu Ballast geworden, was vorher noch Träger der Programmstruktur eines Verlages gewesen sein mag. Als Außenstehender kann man sich die Radikalität eines solchen Schrittes gar nicht recht vorstellen und auch nicht, wie oft so etwas gehandhabt wird.

Nun machen die Verlage dies zumeist nicht, um noch mehr Geld zu verdienen; sie versuchen es, um überhaupt zu verdienen, also aus nackter Existenzangst, und dies mag bei Ihnen, wenn Sie betroffen sind, ein wenig Verständnis wecken. Die Verlage versuchen sich dem Buchmarkt anzupassen, genauso wie Sie es von Beginn an mit Ihrer Buchplanung getan haben.

In allen diesen Fällen, in denen der Verlag eine Vertragsauflösung anstrebt, sind Sie der Betroffene und unschuldig dazu. *Verträge muß man halten,* werden Sie dem Verlag gegenüber geltend machen, und damit befinden Sie sich im Recht. Der Verlag wird nach dem Verlagsvertrag Ihr Buch herausbringen müssen, es sei denn, bestimmte Gründe gewähren dem Verlag ein Rücktrittsrecht.

Doch was käme unter dem Strich für Sie dabei heraus? **Ausfall-** Ein Verlag, der nicht mit seiner ganzen Energie hinter **honorar** dem Projekt steht, der zwar nach dem Verlagsvertrag in der Pflicht steht, das Buch in angemessener Weise zu verbreiten und auch dafür Werbung zu machen, wird von dem Werk nicht viel verkaufen. Es wird schon auf der Vertreterkonferenz nicht mit Elan vorgestellt, möglicherweise wird sogar deutlich, daß man es eigentlich nicht herausbringen wollte, es aber gezwungenermaßen tun mußte.

Wenn Sie also Chancen sehen, das Werk in einem anderen Verlag unterzubringen, und Sie nicht von der Angst bestimmt sind, daß es überhaupt nicht erscheint, dann erklären Sie sich besser mit einer Vertragsauflösung auf Basis eines Ausfallhonorars einverstanden.

In diesem Fall wird Ihnen zumeist der Verlag ein Angebot machen. Sie nehmen dabei wieder Ihr Garantiehonorar als Maßstab. Haben Sie Ihr Werk speziell nach Vorgaben des Verlages zugeschnitten und sinken damit auch Ihre Chancen bei anderen Verlagen, so werden Sie nur ein Angebot akzeptieren, das höher liegt als Ihr Garantiehonorar.

Wie immer Sie sich einigen, Sie werden das Ausfallhonorar behalten wollen, auch wenn Sie Ihr Buchprojekt bei einem anderen Verlag unterbringen.

Auch hier könnte eine Einigung über ein neues Buchprojekt die Situation entschärfen, wobei Sie sich dann eventuell mit einem geringeren Ausfallhonorar zufriedengeben können.

Wenn Sie ganz sichergehen wollen, dann stimmen Sie einer Vertragsauflösung erst zu, wenn Sie einen neuen Verlag gefunden haben.

Die Konkurrenz war schneller

Vor allem bei sachbezogenen Büchern kann etwas eintreten, was für Autor und Verlag sehr unangenehm ist: Noch bevor das eigene Projekt auf dem Markt ist, veröffentlicht ein anderer Verlag ein Buch zum gleichen Thema. Ein ganz krasser Fall wäre zum Beispiel eine Biographie eines anderen Autors über – sagen wir – Barbarossa, die ein paar Monate vor dem eigenen Buch erscheint.

Wenn der Markt »zu« ist Sollte der Fall eintreten, daß die Konkurrenz schneller war, und sollte das andere Buch auch noch von einem bekannten Autor geschrieben sein, so wäre der Markt für Sie »zu«.

Wird kein wirklich andersartiger Aufhänger gefunden, um sich von dem Konkurrenzprodukt abzuheben, so werden Verlag und Autor sich zusammensetzen, um eine Vertragsauflösung zu erörtern. Beide Vertragsparteien trifft in diesem Fall keine Schuld. Das Interesse des Verlages an einer Vertragsauflösung wird größer sein als beim Autor. Der Verlag wird also einen Vorschlag unterbreiten, um dem Autor mit Geld als Trostpflaster die Sache schmackhaft zu machen. Findet keine Einigung statt, weil der Autor in jedem Fall auf dem Erscheinen besteht, so könnte vom Verlag der Vorschlag kommen, die Herausgabe um ein paar Programme zu verschieben, bis der Markt wieder für das Projekt aufnahmefähig ist. Der Autor sollte sich dann jedoch eine schriftliche Bestätigung für den neuen Erscheinungstermin geben lassen, die als Teil des Verlagsvertrages betrachtet werden sollte.

Projekt verschieben?

Der Verlagsvertrag versucht einen dynamischen Prozeß mit vielen Unbekannten in eine rechtswirksame Form zu bringen. Abgesehen von den fest umrissenen Zahlen und Prozentsätzen, sollten Sie mit Ihrem Verlag bei Schwierigkeiten reden und Kompromisse suchen. In Ihrem Lektor werden Sie in aller Regel einen Makler zwischen den Interessen des Verlages und denen des Autors finden.

Die Verwertungsstufen

Ans Rücktrittsrecht denken

Eine Ehe muß nicht ewig halten Der Buchmarkt bietet eine Vielzahl von Verwertungsstufen für Ihr Buch. Es muß nicht nur die Ausgabe eines Werkes sein, die Sie im Buchhandel kaufen können. Diese vielfältigen Verwertungsmöglichkeiten durchlaufen leider nicht alle Bücher. Nur die in der Originalausgabe schon verkaufsstarken Bücher haben auch Chancen, in Lizenzausgaben zu erscheinen.

Für Sie ist es sicherlich interessant zu wissen, welche Möglichkeiten es überhaupt gibt, auch im Hinblick auf Eigeninitiative, falls Ihr Verlag nicht tätig wird, Sie jedoch Chancen sehen.

Aus diesem Grund zunächst ein Hinweis: Wie sehr Sie auch immer den Verlagsvertrag für Ihr Buchprojekt anstreben, in dem Sie ja dem Verleger das Recht zur Vervielfältigung und Verbreitung überlassen, denken Sie schon beim Aushandeln des Vertrages an den Schluß der Ehe.

Mit Ihrem Verlag sind Sie so lange zufrieden, wie er Ihr Buch verkauft, umgekehrt wird es auch der Verlag sein. Doch wie sieht es aus, wenn die Hoffnungen nicht in Erfüllung gehen? Wenn der Verlag keine weitere Auflage mehr druckt oder wenn der Rest der Auflage verramscht wird? Achten Sie darauf, ob in Ihrem Vertrag für diesen Fall eine Regelung für den Rückfall der Rechte an Sie, den Autor, vorgesehen ist.

Am günstigsten wird es für Sie sein, wenn der Vertrag die Regelung enthält, die der zwischen dem *Verband deutscher Schriftsteller* und dem *Börsenverein des deutschen Buchhandels* ausgehandelte Normvertrag vorsieht (siehe Anhang).

Siehe Normvertrag

Denn nur wenn Sie wieder über die Rechte verfügen, können Sie Ihr Werk anderweitig anbieten. Vielleicht wollen Sie es komplett überarbeiten, vielleicht haben Sie einen neuen Aufhänger gefunden, den Sie interessant finden, der aber Ihren Originalverlag nicht reizt. Solange Sie keine Möglichkeit haben, Ihre Rechte an Ihrem Werk zurückzubekommen, solange ist es im wahrsten Sinne des Wortes eingeklemmt: Sie können damit nichts anfangen.

Nach dem Urheberrechtsgesetz darf auf ein Rückrufrecht zwar nicht verzichtet werden, zumindest nicht zeitlich unbegrenzt; denn sonst käme dies einer Übertragung des Urheberrechts gleich, die zum Schutze des Urhebers nicht statthaft ist.

Diese Regelung ist aus der wohlweislichen Überlegung heraus entstanden, daß sich zumindest ein wirtschaftlich schwacher Urheber und ein finanziell stärkerer Vermarkter gegenüberstehen, was zu einer Ausnutzung des Urhebers führen könnte.

Doch wenn Ihr Vertrag nicht klar regelt, welchen Weg Sie für den Rückruf beschreiten können, hätten Sie dann den Mut zum Klagen vor Gericht? Der finanziell Schwache gegen den Starken?

Sie haben also in Ihrem Verlagsvertrag eine Regelung für den Rückfall der Rechte vorgesehen. Zunächst aber gehen Sie davon aus, daß Ihr Werk optimal auf dem Buchmarkt verwertet wird.

Hardcover

Sie ziehen eine Hardcover-Ausgabe Ihres Werkes – wenn möglich – einer Taschenbuch-Originalausgabe vor, da dies in aller Regel sonst der zweite vor dem ersten Schritt wäre.

Mehr Werbung möglich Eine Hardcover-Ausgabe wird so kalkuliert, daß der Verlag auch angemessene Werbung für das Buch machen kann. Dies bedeutet im Idealfall einen hohen Aufmerksamkeitswert, den das Buch im Buchhandel erzielen kann. Vielleicht erstellt der Verlag sogar Leseexemplare für den Buchhandel, um den Besuch des Vertreters beim Sortiment für diesen Titel ganz besonders gut vorzubereiten. Dies ist natürlich die Ausnahme, unterstreicht aber die Tendenz: Hardcover-Ausgaben sind Individuen, die nicht wie Taschenbücher immer gleich im ganzen Pulk daherkommen.

Die Hardcover-Ausgabe erzielt im Vorfeld womöglich schon einen Vorabdruck in einer der großen Illustrierten. Diese Lizenzvergabe fällt unter die Nebenrechte, die Sie mit Ihrem Verlag aufgeteilt haben. Ein solcher Vorabdruck kann finanziell sehr interessant sein und möglicherweise die Aufmerksamkeit des Lesepublikums anregen.

Bessere Pressechancen Solche Vorabdrucke sind natürlich selten und noch seltener bei einem Autor, der gerade erst den Buchmarkt betritt. Ein Trost mag für Sie sein: Ein Vorabdruck kann den Verkauf eines Buches auch lähmen. Denn kaufen Sie noch ein Buch, von dem Sie bereits vier Folgen in einer Zeitschrift gelesen haben?

Eine geschickte Presseabteilung wird von Ihrem Werk, wenn es gängige Kost für Zeitungen oder Zeitschriften ist, jedoch interessante Ausschnitte verkaufen oder lancieren können. Dies ist zumeist gleichzei-

tig eine gute Werbung: Durch einen Appetithappen wird der interessierte Leser angeregt, auch den Rest zu lesen – und dazu muß er sich Ihr Buch kaufen.
Die Verlage können sich nur in Ausnahmefällen Publikumswerbung für einen Titel leisten. Wenn ein neuer *Kerkeling* oder *Follet* erscheint, wird die Kalkulation dies ermöglichen – der Verlag kann mit einer großen Auflage starten. Publikumswerbung muß über die großen Medien gestreut werden und ist entsprechend teuer. Preiswerter ist da die Werbung, die den Buchhändler motivieren soll, Ihr Werk entsprechend gut zu bestellen: die Buchhändlerwerbung.
Aus diesem Grund ist eine engagierte Pressearbeit sehr wichtig, denn hier wird Publikumswerbung zum Nulltarif erreicht, ja es gibt dafür bisweilen sogar noch Lizenzhonorar. Kein Honorar gibt es bei Rezensionen, doch an dieser Stelle dennoch ein paar Worte dazu: Buchbesprechungen in Presse, Hörfunk und Fernsehen sind für den Autor eine wichtige Reaktion der Öffentlichkeit auf sein Werk und können den Verkauf des Buches in erheblichem Umfang fördern. Rezensiert werden wiederum in erster Linie Hardcover-Ausgaben, Taschenbuch-Originalausgaben sind noch benachteiligt.

Zum Nulltarif

Buchclubausgabe

Hat Ihr Werk Aufmerksamkeit im Buchhandel gefunden und kann es Interesse bei einem breiteren Publikum wecken, ist es also nicht elitär, so kann es möglicherweise durch Ihren Originalverlag zu einer Lizenzvergabe an einen Buchclub kommen.
Die Buchclubs bieten ihren Mitgliedern ebenfalls

Neue Käuferschichten

Hardcover-Ausgaben an, so, wie Ihre Originalausgabe eine ist. Die Buchclubs arbeiten mit einer begrenzten, aber besser kalkulierbaren Zielgruppe. Ihre Berechtigung finden sie im preiswerteren Angebot und in der für den Kunden bequemen Bestellform.

Das Honorar, das Sie ja auch noch mit Ihrem Originalverlag teilen müssen, liegt prozentual erheblich unter dem Absatzhonorar Ihrer Originalausgabe. Die Buchclubs müssen billiger anbieten, und bei dieser knappen Kalkulation muß der Lizenzgeber zurückstecken.

Auch wenn der Buchhandel eine Buchclubausgabe nicht gern sieht – denn er muß das gleiche Buch ja zu dem wesentlich höheren und festgesetzten Preis anbieten –, wird sich eine solche zusätzliche Buchausgabe für Sie finanziell lohnen, denn wesentlich weniger Verkäufe durch den Buchhandel sind kaum zu erwarten. Wer Mitglied eines Buchclubs ist, wird zumeist nicht noch zusätzlich ein guter Buchhandelskunde sein. Ihre Buchclubausgabe wird also Käuferschichten ansprechen, die Sie über den Buchhandel nicht erreicht hätten.

Taschenbuchausgabe

Verkauft sich Ihr Werk als Hardcover gut, so können Sie ziemlich sicher mit einer Taschenbuchausgabe rechnen. Der Taschenbuchverlag profitiert gerade von dem Erfolg, den Ihr Hardcover im Buchhandel bisher hatte. Warten Sie nicht ebenso von manchen Titeln erst die Taschenbuchausgabe ab?

Mitnahme- Der Taschenbuchverlag wird Ihrem gutgehenden
artikel Werk große Verkaufschancen einräumen und Ihrem

Originalverlag ein entsprechendes Garantiehonorar anbieten. Ihr Originalverlag versucht vielleicht noch das Angebot von anderen Taschenbuchverlagen einzuholen, bevor er die Lizenz vergibt.

Das Garantiehonorar wird in der Regel in zwei Raten an den Lizenzgeber, Ihren Originalverlag, gezahlt: eine Hälfte bei Vertragsabschluß, die andere Hälfte bei Erscheinen der Lizenzausgabe.

Zwei Jahre Abstand (Tendenz: weniger) zwischen dem Erscheinen der Taschenbuchausgabe und Ihrer Originalausgabe hat Ihr Verlag ausgehandelt. Denn wer kauft noch die teure Hardcover-Ausgabe, wenn der gleiche Inhalt um ein Vielfaches billiger zu haben ist?

Die Taschenbuchausgabe ist also einerseits für Sie eine interessante Verwertungsstufe: auch jetzt werden wiederum weitere Leserschichten angesprochen. So kann es vorkommen, daß die Taschenbuchausgabe ein größerer wirtschaftlicher Erfolg als die Hardcover-Ausgabe ist. Andererseits wird die teurere und für Sie eigentlich lukrativere Hardcover-Ausgabe nun wahrscheinlich wie Blei im Buchhandel liegen. Ausnahmen gibt es auch hier, zum Beispiel wenn sich Ihr Werk bestens als Geschenkbuch eignet. Ein Taschenbuch macht eben nicht viel her, und so wird immer noch zu Ihrer Original-Hardcover-Ausgabe gegriffen.

Oft hohe Auflagen

Zwischenspiel: Longseller und Bestseller

Bücher, die sich plötzlich gut verkaufen, fallen unter den Begriff Bestseller. Hierzu gibt es verschiedene Bestsellerlisten. Die bekannteste ist die *Spiegel*-Liste, die im Auftrag des Nachrichtenmagazin durch Umfragen beim Buchhandel wöchentlich festgestellt wird. Während man im *Spiegel* die ersten zwanzig Titel – unterteilt nach Sachbuch und Belletristik – bewundern kann, reichen die kompletten Listen sogar bis zur Nr. 50 der bestverkäuflichen Bücher, und zwar in vier Listen: Belletristik Hardcover und Sachbuch Hardcover sowie Belletristik Taschenbuch und Sachbuch Taschenbuch. Nachzulesen im Branchenblatt *Buchreport* (siehe auch via Internet).

Die »Spiegel-Liste« Sollte sich Ihr Buch gut verkaufen und kommt es sogar auf die Bestsellerliste, so wird es hierzu sicherlich auch eine Taschenbuchausgabe geben, die dann wiederum gute Aussichten hat, auch auf die Taschenbuch-Bestsellerlisten zu kommen.

Nun gibt es eine ganze Reihe von sehr gut verkauften Büchern, die dennoch nie auf der Bestsellerliste waren. Diese Bücher mögen sogar weit höhere Verkaufszahlen aufweisen als zum Beispiel eine Nr. 12 auf der *Spiegel*-Liste. Wie ist das möglich?

Die eine Erklärung ist einfach: Ratgeber sind zum Beispiel von der Liste ausgeschlossen. Dies war früher einmal anders, doch bald belegten fast nur noch Ratgeber die Hardcover-Listenplätze, weil Ratgeber zu den relativ gut verkäuflichen Büchern zählen. Wenn Sie heute dennoch Bücher auf der Liste finden, die Ratgebercharakter haben, so liegt dies in der Schwierigkeit der Einschätzung: Was ist ein reiner Ratgeber, was ist ein reines Sachbuch?

Schneller Umsatz Den anderen Grund finden Sie in der Schnelligkeit des Verkaufs: Bücher, die weggehen wie warme Semmeln, sind eben *Bestseller*, Bücher, die sich über Jahre gut verkaufen, sind *Longseller*. Ein solcher Longseller verkauft sich zur Zeit der Befragung nicht besser als andere, die auch nicht auf die Bestsellerliste kommen.

Der Unterschied: Der Longseller verkauft sich über viele Jahre hinweg gleichmäßig, während das Schicksal der meisten Bücher schon nach einem Jahr besiegelt ist.

Wenn Sie einen solchen Longseller geschrieben haben, dann können Sie sich zu den glücklichen Autoren rechnen. Solche Standardwerke gibt es vor allem im Ratgeberbereich, also bei der Kategorie Non-fiction. Diese Bücher haben sich im Buchhandel durchgesetzt. Fragt ein Kunde nach einem gewissen Thema, so wird ihm zumeist dieses Buch vom Buchhändler genannt.

Bestseller sind die Blüten einer Saison, und der Autor, der sich damit schmücken kann, wird relativ bekannt werden. Die Namen von Longseller-Autoren sind über den Buchhandel hinaus zumeist nicht bekannt. Dies liegt auch an der vorsichtigen Verwertungspolitik, die Ihr Originalverlag mit Ihrem Titel betreiben wird. Ein solcher Longseller ist wie ein Huhn, das jeden Tag ein goldenes Ei legt.

Sollte jetzt von diesem Longseller eine Taschenbuchausgabe herauskommen, so wäre es – zum Nachteil für Verlag und Autor – mit der Verkäuflichkeit des Hardcovers vorbei. Taschenbuchverlage werden sich also bei klassischen Longsellern lange Zeit umsonst um eine Taschenbuchlizenz bemühen. Nun wird natürlich jedes Huhn einmal alt, und so geht es auch dem besten Longseller; bevor es aber gar keine Eier mehr legt, wird Ihr Verlag die Lizenz vergeben.

Ständiger Umsatz

Es gibt natürlich auch Bestseller, aus denen dann nach dem anfänglichen Höhenrausch noch ein Steady-Seller wird – sich also über Jahre hinweg gleichmäßig gut verkauft.

Ausländische Ausgaben

Wenn Ihr Werk als Hardcover veröffentlicht wird, so sind auch die Chancen größer, in einer fremden Sprache zu erscheinen. Der Grund hierfür ist so einfach wie bei den Rezensionen: Ein Hardcover findet mehr Beachtung.

Alles ist möglich Allerdings gibt es durchaus Beispiele von Titeln, die zunächst als Original-Taschenbuch erschienen sind, im Ausland dann aber als Hardcover. Umgekehrt allerdings auch: Ein französisches Hardcover kann von einem deutschen Verlag als Lizenz für eine deutsche Taschenbuch-Erstausgabe erworben werden.

Denkbar sind alle Kombinationen, die normale Reihenfolge aber bleibt: Ein Original-Hardcover hat bessere Chancen für die Vergabe von Übersetzungsrechten als ein Original-Taschenbuch.

Ist Ihr Thema international? Es gibt Themen, die von vornherein keine oder kaum Chancen für eine fremdsprachige Veröffentlichung haben – auch nicht als Hardcover-Ausgabe. Solche Themen sind zum Beispiel: aktuelle Bücher zur deutschen Politik, zur deutschen Sprache, regionale Themen. Ist Ihr Thema aber international, so steht Ihrem Werk ein riesengroßer Markt zur Verfügung, und Sie sollten sich bei der Verlagssuche an einen der großen Verlage wenden, da diese bessere Kontakte zum Ausland unterhalten.

Seien Sie jedoch nicht enttäuscht, wenn es nun nicht zu Auslandsabschlüssen kommen sollte: Alle Verlage verkaufen lieber, als daß sie einkaufen. So ist das Verhältnis von den USA zur Bundesrepublik beim Einkauf von Buchlizenzen fast eine Einbahnstraße. Der nordamerikanische Markt ist riesengroß, entsprechend sind die Möglichkeiten, Autoren durchzusetzen und berühmt zu machen. Und Sie kennen das Spielchen schon, das einem neuen Autor solche Schwierigkeiten bereitet. Bekannte Namen – auch von ausländischen Autoren – haben allemal die besseren Startmöglichkeiten auf dem Buchmarkt.

Kommt es nun zu einer Lizenzvergabe an einen ausländischen Verlag, so wird auch in diesem Fall zumeist ein Garantiehonorar ausgehandelt. In der Mehrzahl wird dieses Garantiehonorar nicht die Höhe haben, die Sie als Autor von Ihrem deutschen Originalverlag erhielten. Der ausländische Verlag, auch wenn er eine etwa gleich große Käuferschicht ansprechen kann (Frankreich und Großbritannien zum Beispiel), hat in der Kalkulation noch die Kosten für die Übersetzung zu berücksichtigen. Garantiehonorar und Absatzhonorar, das Sie sich ja mit Ihrem Originalverlag teilen, werden für eine erste Auflage von vielleicht 5 000 Exemplaren um ca. 30 Prozent niedriger liegen, als es Ihr Vertrag für die Originalausgabe vorsieht.

Das Garantiehonorar kann natürlich auch um ein Vielfaches höher ausfallen: Ist Ihr Werk plötzlich zu einem Bestseller geworden und gibt es mehrere interessierte ausländische Lizenzverlage, so wird der Preis entsprechend in die Höhe gehen.

So bieten deutsche Verlage für einen amerikanischen Bestsellerautor mitunter Garantiesummen im sechsstelligen Bereich. Diese Vorauszahlungen muß der Lizenznehmer dann durch die Vergabe von Pressevorabdrucken, Buchclublizenzen und Taschenbuchlizenzen absichern. Mehr darüber erfahren Sie im Kapitel: *Wie man einen Bestseller macht.*

Fünf Nullen

Sonderausgaben und Modernes Antiquariat

Wer in eines der großen Kaufhäuser geht, der erwartet, dort preiswerter als im Einzelhandel einkaufen zu können. Dies wird wohl bei vielen Artikeln auch der Fall sein. Die großen Kaufhausketten können durch Massenabnahme beim Hersteller einen größeren Rabatt erzwingen und den wiederum an die Kunden weitergeben.

Die Preisbindung Beim Artikel Buch ist dies nicht möglich. Der Gesetzgeber hat durch die Preisbindung einem möglichen ruinösen Wettbewerb den Riegel vorgeschoben. Die Vielfalt des Buchangebots – denken Sie an die Vielzahl von Neuerscheinungen – sichert nur der Buchhändler. Würden sich die Kaufhäuser zum Beispiel vorwiegend auf die Bestseller spezialisieren und würde die Preisbindung wegfallen, so könnten diese Bücher über diese Verkaufsketten bald zu einem wesentlich geringeren Preis verkauft werden. Die Buchhandlungen würden das relativ leichte Geschäft mit den Bestsellern kaum mehr wahrnehmen können und könnten mit dem schwierigen Geschäft der weniger gängigen Bücher nicht überleben. Die Folge wäre eine starke Verengung des Buchmarktes, unter der gerade auch die neueren Autoren zu leiden hätten. Die Türen wären noch weniger offen, die Hürden nahezu unüberwindlich. Nur die bereits sehr bekannten Autoren und nur ganz wenige neue Autoren hätten Chancen mit ihren Buchprojekten.

Sie bezahlen also im Kaufhaus für ein Buch genau den gleichen Preis wie in Ihrer Buchhandlung. Kaufen Sie bei Ihrem Buchhändler, denn dort bekommen Sie zumeist einen guten Service. Vor allem die Marktübersicht des Buchhändlers wird Ihnen helfen, das richtige

Buch auszuwählen – und das richtige Buchprojekt zu planen, wenn Sie selbst zur Feder greifen wollen. Gleichzeitig helfen Sie mit, die für Sie auch so wichtige Vielfalt des Buchangebots zu sichern.

Nun bekommen Sie allerdings im Kaufhaus oder im Supermarkt auf der grünen Wiese durchaus sehr preiswerte Bücher zu kaufen. Da gibt es attraktive Bücher, die bisweilen um mehr als die Hälfte preiswerter sind als in der Ausstattung vergleichbare Bücher aus dem Buchhandel. Wegen der Preisbindung sind es jedoch nie die gleichen Bücher! Es sind Bücher, die von darauf spezialisierten Verlagen eigens für diese Märkte in zumeist recht hoher Auflage hergestellt wurden. **Billigmärkte**

Sie kennen sicherlich die teilweise phantastisch aufgemachten Bücher, die in den Geschäften von großen Kaffeeröstern verkauft werden. Solche Bücher könnten über den normalen Weg – Verlag und Buchhandel – gerade bei hohem Farbbildanteil nur zu einem vielfach höheren Preis angeboten werden und wären damit unverkäuflich. Die Ursache ist einfach: Wenn ich einer Kalkulation eine Auflage von einer halben Million Exemplare zugrunde legen kann, sinkt der Herstellungspreis pro Exemplar um ein Vielfaches gegenüber einer Auflage von vielleicht 10 000 Exemplaren, die sich ein Verlag zutrauen kann, wenn er für den normalen Buchmarkt kalkuliert. **Kalkulation mit hohen Auflagen**

Für den Außenstehenden sieht es so aus, als ob der Buchhandel an den Büchern mehr verdienen will. Dies ist nicht der Fall, und um diesem Eindruck entgegenzutreten und um guten Titeln, die im Verkauf stark waren, nun aber nachlassen, noch einmal Leben einzuhauchen, geben Verlage von manchen Büchern bisweilen Sonderausgaben heraus. Ist Ihr Buch gut gelau- **Sonderausgaben** fen und hat es einen Bekanntheitsgrad erreicht, der manchen potentiellen Leser bei einem niedrigeren Preis jetzt zum Kauf animieren würde, so wird Ihr Verlag eine Sonderausgabe zu einem wesentlich niedrigeren Preis auf den Markt bringen. Er wird sich zuvor davon überzeugen müssen, daß sich im Buchhandel kaum mehr Bücher zum alten Preis befinden.

Dieser Schritt ist jedoch nur einer kleineren Zahl von Titeln vorbehalten wie auch die Möglichkeit, noch über sogenannte Nebenmärkte abzufließen. Diese Märkte laufen neben dem Buchhandel, und einige Verlage haben sich darauf spezialisiert. Sie kaufen Rechte an Büchern ein und machen eine neue Auflage. Kennen Sie die Treuebände? Wer lange Abonnent bei einer Zeitung war oder wer neue Abonnenten gewinnt, kann mit einem Buchgeschenk rechnen – einem Trueband. Diese Treuebände rekrutieren sich häufig aus alten Rechtebeständen.

Über den Preis geht viel Die Billiganbieter treten mit stark reduzierten Preisen gegenüber dem früheren Ladenverkaufspreis an. Es handelt sich um Rest- und Nachauflagen von Büchern, die sich im Handel zum normalen Preis nicht mehr absetzen lassen. Besonders reichlich bebilderte Titel finden hier noch einmal guten Absatz. Sehr deutlich ist jetzt zu sehen, daß über einen niedrigen Preis ganz neue Käuferschichten anzusprechen sind.

Falls Sie die Rechte an Ihrem Buch zurückerhalten und falls Sie Chancen für eine erneute und wesentlich billigere Ausgabe sehen, so klären Sie mit Ihrem Originalverlag die Frage des Verbleibs der Filme.

Ihr Manuskript

Schreibmaschine oder Computer?

So ändern Worte ihre Bedeutung: Mit Manuskript war ursprünglich etwas Handschriftliches gemeint. Aus den beiden lateinischen Vokabeln – »manus« für »Hand« und »scribo« für »ich schreibe« – setzt sich das Wort *Manuskript* zusammen.

Manche benutzen auch den Begriff *Typoskript*, um auszudrücken, daß es sich hier nicht um etwas Handschriftliches, sondern um etwas mit Druckbuchstaben Hergestelltes handelt. Sie belassen es jedoch besser beim allgemeinen Sprachgebrauch, denn im Verlag spricht jeder nur vom *Manuskript*.

Nicht wörtlich nehmen

Sie brauchen die ursprüngliche Bedeutung nicht zu vergessen, aber Sie sollten sie nicht ernst nehmen. Schikken Sie in keinem Fall handschriftliche Probekapitel oder gar komplette handschriftliche Manuskripte an die Verlage. Sicherlich würde das handschriftliche Werk eines berühmten Autors nach seinem Tode auf einer dieser Versteigerungen in London oder New York viel Geld bringen können. Aber wenn Sie Ihr Handgeschriebenes bei Verlagen einreichen, werden Sie nie in die Verlegenheit kommen, berühmt zu werden. Denn damit quält sich ein Verlag erst gar nicht mehr ab.

Haben Sie Ihr Werk tatsächlich handschriftlich verfaßt, dann lassen Sie es abschreiben – am besten gleich auf Computer. Die Handschrift tun Sie in Ihren Safe

und vererben sie Ihren Kindern. Mehr können Sie damit nicht machen.
Wenn früher einmal das Manu-Skript die Regel war und dann das Typo-Skript, so ist es heute das Computer-Skript.

So sollte Ihr Manuskript aussehen
Ihr Manuskript – und dieses ganze Kapitel trifft auch auf Ihre Probeseiten zu – sollte bestimmte Merkmale aufweisen.

Frisch und blütenweiß

1. *Das Manuskript ist nur einseitig zu beschriften.*
2. *Sie schreiben zweizeilig mit ca. 60 Anschlägen pro Zeile. Dies ergibt eine Normalseite von ca. 1 800 Anschlägen. Der zweizeilige Abstand ist für das Lektorat wichtig, um Änderungen zwischen den Zeilen so anbringen zu können, daß diese dann auch noch in der Setzerei gelesen werden können.*
3. *Sie paginieren Ihr Manuskript, d. h., Sie vermerken auf Ihrem Manuskript die Seitenzahlen.*
   Außerdem hüten Sie sich vor handschriftlichen Korrekturen. Ihr Manuskript sollte so frisch und blütenweiß auf den Weg ins Lektorat gebracht werden wie nur irgend möglich. Manuskripte, in denen schon korrigiert wurde, oder Manuskripte, die durch den häufigen Gebrauch von Korrekturmitteln ein regelrechtes Make-up tragen, sind unappetitlich und haben weniger Chancen, angenommen zu werden.

Auch wenn Ihr Manuskript, das Sie jetzt verfassen und an den Verlag abschicken wollen, schon unter Vertrag steht, liefern Sie dennoch ein sauberes Manuskript ab. Ein schlampiges Manuskript, auch wenn dies nur äußerlich ist, mindert die Chancen auf der weiten Reise von der Buchidee bis zum Bucherfolg. Dies klingt nun etwas penibel, und es richtet sich auch nur an diejenigen, die mit Schreibmaschine schreiben. Denn wer mit Computer schreibt, hat diese Probleme nicht oder sollte sie nicht haben.

Schuld an diesen peniblen Ermahnungen wiederum ist das computergeschriebene Manuskriptes, denn nun ist das äußerlich perfekte Manuskript Standard geworden. Gemessen wird an dieser Latte, und für alle Autoren, die mit der Schreibmaschine schreiben, sind schwere Zeiten angebrochen. **Hoher Standard**

Vielfach wird auch schon manuskriptlos gearbeitet: Autoren schicken gleich den auf Diskette gespeicherten Text an das Lektorat. Dort wird der Text am Bildschirm redigiert und geht dann auch als Diskette an die Druckerei. **Es geht sogar ohne Manuskript**

Sollte das Lektorat größere Umarbeitungswünsche haben: Bei einem auf Diskette gespeicherten Manuskript ist es dem Autor eher möglich, den Vorschlägen nachzukommen. Gerade wer als Schriftsteller seine ersten Gehversuche macht und mit Änderungswünschen von seiten des Verlages rechnen muß, wird die Vorteile des gespeicherten Manuskriptes zu schätzen wissen.

Ob Sie mit Schreibmaschine oder mit Computer arbeiten: Begeben Sie sich in keinem Fall in die Gefahr, das Werk noch einmal völlig neu formulieren zu müssen. Die Arbeit des Sisyphos würde Sie erwarten, der bekanntlich in der Unterwelt zur Strafe für seine Verschlagenheit ein Felsstück auf einen Berg rollen mußte, das immer kurz vor dem Gipfel wieder herunterstürzte. Ihre Strafe wäre schlimmer, denn Sie könnten Ihr Schicksal nur auf die kleine Nachlässigkeit nicht angefertigter Kopien zurückführen, was noch mehr **Verzweiflung wird Sie befallen** schmerzt. Und Sie könnten Ihr Manuskript nicht ein zweites Mal schreiben; zumindest wären Sie immer überzeugt, letztlich nur einen Abklatsch des markanten Felsstückes, das Ihr Originalmanuskript einmal gewesen war, auf den Berg zu rollen. Das Feuer des schöpferischen Vorgangs würde Ihnen bei Ihrem zweiten Versuch fehlen.

Verpacken und versenden

Dies ist nur scheinbar ein belangloser Hinweis; doch was nutzen Ihre ganzen Mühen, wenn am Ende ein ramponiertes Manuskript im Verlag ankommt?

Besser gepolstert Ob Sie nun Ihr Exposé, Ihr Probekapitel oder Ihr Manuskript versenden: besorgen Sie sich eine gepolsterte Versandtasche. Die normalen DIN-A4-Briefumschläge könnten zwar Ihr Exposé gut aufnehmen, doch zeigt die Erfahrung, daß diese Umschläge den Transport durch die Post nicht immer unbeschadet überstehen.

Sie nehmen also die im Bürobedarf erhältlichen gepolsterten Versandtaschen und als zusätzlichen Schutz Klarsichthüllen. Dies hilft beim Postweg und verhütet auf dem Lektoratstisch schnelle Unansehnlichkeit. Ihr Exposé und auch Ihr Probekapitel passen in diese Klarsichthüllen gut hinein. Bei einem umfangreichen Manuskript wird es Probleme geben, und Autoren sind leicht geneigt, ihrem Manuskript den besten Schutz angedeihen zu lassen: einen Aktenordner.

Besser nicht im Aktenordner Ich möchte Ihnen aus mehreren Gründen davon abraten: Aktenordner lassen sich denkbar schlecht verschicken, denn sie passen in die gebräuchlichen Versandtaschen nicht hinein. Sie müßten also ein großes

Paket schnüren bzw. mit Packpapier arbeiten. Und gehen Sie bitte nicht davon aus, daß ein so großes Paket nun Sympathie weckt. Im Gegenteil: In der zeitlich so gedrängten Lektoratswelt erschlägt ein Aktenordner in einem großen Paket eher, als daß er Lustgefühle hervorruft. Außerdem läßt sich ein Manuskript in einem Aktenordner schlecht lesen, was Sie spätestens dann erkennen, wenn Sie Ihr Manuskript zurückbekommen. Bei einem Schnellhefter sind die Lochungen auch rasch beschädigt, und beim nur gehefteten Manuskript bekommen die linken Ränder Falten.

Mit einem gehefteten Manuskript machen Sie dem Leser keine Freude und sich auch nicht. Denn für den nächsten Anlauf, falls es beim ersten Versuch mit einer Annahme des Manuskriptes nicht geklappt hat, müßten Sie bestimmt eine neue Kopie ziehen.

Am besten nehmen Sie auch für Ihr komplettes Manuskript Klarsichthüllen. Sie werden es vielleicht in drei Häufchen einteilen müssen, und deshalb geben Sie jeder Hülle ein Vorsatzblatt mit Name und Titel als erster Seite mit. Außerdem vermerken Sie, um welche Seiten es sich handelt: Seiten 1 bis 120, Seiten 121 bis 240 usw.

Sie haben Ihr Manuskript ja paginiert, und falls es dem Lektor aus der Hand fällt, wird er fluchen, aber er kann es wieder ordnen. Vor Beschädigung – vor allem an den Ecken – ist es so zwar recht wenig geschützt, doch bleibt Ihr Manuskript wahrscheinlich ansehnlicher als im Hefter.

Umfaßt Ihr Manuskript mehr als 400 Seiten, so werden Sie wohl am besten einen Karton nehmen und es ohne Aktenordner oder Klarsichthüllen, aber mit Zeitungspapier gut ausgepolstert, auf den Weg bringen.

Schreiben mit Erfolg

Wir leben in einer Welt der Verpackung; aber nur wegen der guten Verpackung und der sauberen Niederschrift wird aus einem Manuskript ja noch kein Bucherfolg.

Von den Äußerlichkeiten zum Inhalt
An Ihren Buchplan haben Sie die Meßlatte des Buchmarktes angelegt und Ihr Exposé entsprechend ausgerichtet. Wenn Sie so schon zu einem Verlagsvertrag gekommen sind und nun mit der Erstellung des Manuskriptes beginnen oder wenn Sie aufgrund von vorgefundenem Interesse ein Probekapitel erarbeiten oder zu Ihrem belletristischen Buchplan die ohnehin notwendigen Probeseiten niederschreiben wollen, so stehen Sie vor mehreren Fragen, die auch noch miteinander zusammenhängen:

- *Habe ich genügend recherchiert?*
- *Steht der Aufbau?*
- *Wie gehe ich stilistisch vor?*
- *Welchen zeitlichen Rahmen kann oder muß ich mir setzen?*

Vor der Abfassung Ihres Exposés hatten Sie schon einen Teil der Recherchearbeit geleistet, denn sonst hätten Sie keine überzeugende Gliederung vorlegen können. Sie haben über diese Gliederung vorsichtshalber »Vorläufiges Inhaltsverzeichnis« geschrieben, denn in den meisten Fällen werden Sie der Materie noch nicht vollkommen auf den Grund gegangen sein.

Langsam aufbauen
Wenn Sie nun ein Probekapitel schreiben, werden Sie zumindest über die Fakten zu diesem Kapitel gründlich Bescheid wissen müssen, Sie werden darüber hin-

aus aber auch klare Vorstellungen haben, wie es danach weitergehen soll.

Ein Buch baut ja langsam auf und führt den Leser an die Aussage heran oder zeichnet mit fortschreitender Handlung ein Bild von den agierenden Personen. Vermeiden Sie daher, in das Probekapitel nun mehr hineinstopfen zu wollen, als im wirklichen Buch stehen könnte.

Erschlagen Sie Ihren Leser nicht

Mir ist auch erst nach Jahren der technische und psychologische Mechanismus klargeworden, der hinter versauten Probekapiteln steckt. Die Autoren haben zum Teil noch nicht genügend recherchiert und packen nun in diese ersten Seiten hinein, was sie bereits wissen – und dies ist meist die Kernaussage, auf die das Buch aber erst langsam hinführen sollte. Aber auch umgekehrt kann der gleiche Fehler passieren: Der Autor hat umfangreich recherchiert und fühlt sich nun unter dem Zwang, dem Verlag zu zeigen, was alles in dem Thema steckt. Das Ergebnis auch hier: das Probekapitel ist überfrachtet.

Überzeugungsarbeit – zumindest was die Sachargumente angeht – leisten Sie durch Ihr Exposé. Ihr Probekapitel geben Sie ab, damit der Lektor sehen kann, ob Sie Ihr Buchvorhaben auch so packen, daß der Leser mitgezogen wird. Der Lektor versetzt sich also in die Rolle des Lesers, und aus diesem Grund ist Ihr Probekapitel so eingängig, so spannend, so zum Thema hinführend geschrieben, wie Sie das ganze Buch aufbauen. **Nicht überfrachten**

Wenn Sie Ihr Probekapitel schreiben, befinden Sie sich nahezu in der gleichen Ausgangslage, wie wenn Sie das komplette Manuskript beginnen wollen. Deshalb **Am besten das erste Kapitel** wählen Sie am besten ja auch das erste Kapitel, weil Sie nur so ein Gefühl für den Leser bekommen. Für ihn schreiben Sie das Buch; diese Binsenweisheit verlieren leider viele Autoren leicht aus den Augen. Ihr Bucherfolg steht und fällt mit dieser Leseransprache. Und der prüfende Lektor wird dann von Ihrem Text überzeugt sein, wenn Sie den Leser von der ersten Zeile an führen – und ihn nicht langweilen oder gar erschlagen.

Der Mord am Leser ist ein häufiges Verbrechen und wäre wert, in das Strafgesetzbuch aufgenommen zu werden. Es ist keine reine Spezialität des Dichter-und-Denker-Volkes, aber doch in deutschen Landen mehr verbreitet als zum Beispiel in den angelsächsischen Ländern.

Nur 100 Prozent bringen Wenn Sie Ihr Probekapitel oder Ihr Manuskript beginnen, dann haben Sie vielleicht 400 Prozent recherchiert, und während des Schreibens recherchieren Sie eventuell noch einmal weitere 150 Prozent hinzu. Wenn Sie jetzt Ihre geballte Ladung auf den Leser mit Hilfe Ihrer Feder abdrücken, dann haben Sie ihn erschossen. Die Rechnung muß anders aussehen: Sie recherchieren 500 Prozent und mehr, aber Sie bringen nur 100 Prozent. Und dies sind die 100 Prozent, mit denen Ihr Leser etwas anfangen kann. Lösen Sie sich aber von dem Gedanken, ein hundertprozentiges Buch – sprich perfektes Buch – schreiben zu wollen. Das wirklich perfekte Buch hat Lücken, um dem Leser Luft zum Atmen zu lassen.

Gefühle erzeugen Dies scheint nur für Sachbücher zu gelten, doch hier schon eine stilistische Anmerkung für belletristische Autoren, da das gleiche Prinzip dort ebenfalls wirkt. Beschreiben Sie in keinem Fall eine Szene, indem Sie alles beschreiben: »Sie stand auf, ging in die linke

Ecke des Ateliers, dort, wo das Telefon stand. Dann nahm sie den Hörer in die Hand und wählte die sechsstellige Nummer. Da das Besetztzeichen erklang, legte sie den Hörer wieder auf und nahm sich den Mantel. Nachdem sie die Tür zugeschlossen hatte...«

Dies mag an ganz wenigen Stellen einmal ein stilistisches Mittel sein, um etwas Besonders hervorzuheben. Aber ein für den Leser todlangweiliges Manuskript wird es, wenn dies ein durchgängiges Stilelement ist.

Gerade auch Belletristikautoren neigen dazu, die mühselige Arbeit des Recherchierens in Lesemünze umschlagen zu wollen. Denken Sie immer daran: Den Ballast vorher wegwerfen, bevor der Leser Ihr Buch wegwirft. Sie haben recherchiert, um verdichtete Bilder zu erzeugen, die Ihren Leser über das Gefühl ansprechen – nicht über aneinandergereihte Fakten.

Die drei häufigsten Quälereien, die am Leser ausgeübt werden, sind: Erdrücken durch Waggonladungen von Fakten; Langweilen durch fehlende Spannung; Benebeln durch hochgestochene Wortwahl. **Die Folterwerkzeuge**

Nun will jeder Autor natürlich ein gutes Buch schreiben und würde den Vorwurf, seine Leser zu quälen, weit von sich weisen. Doch mit der Eigenschaft *gutes* Buch beginnt schon der Irrweg. Deshalb trennen Sie sich von dem Gedanken, ein *gutes* Buch schreiben zu wollen. Sie wollen natürlich auch kein schlechtes Buch schreiben, aber Sie schreiben am besten ein unterhaltsames, ein interessantes Buch.

Spannung erzeugen

Die erste Gefahr haben Sie schon kennengelernt und hüten sich vor ihr: alles in Ihrem Buch unterbringen zu wollen. Sie wählen vielmehr die Fakten für Ihren Leser aus, von dem Sie sich von Beginn an eine klare Vorstellung verschafft haben und von dem Sie somit wissen, was er wissen muß.

Den Horizont aufscheinen lassen Nachdem Sie Ihr gesammeltes Wissen aufgeräumt und in Appetithäppchen für Ihre Leser aufbereitet haben, übersehen Sie die Landschaft, in der Ihr Buch spielen soll. Die Sicht ist nicht mehr versperrt, Sie können bis zum Horizont schauen. Dort wollen Sie den Leser hinführen. Das Gelände ist jedoch voller Überraschungen und Gefahren, und nur Sie als der kundige Autor können den Leser sicher führen.

Sie vermitteln dem Leser gleich zu Beginn einen Blick auf den fernen Horizont, auf das Ziel. Sie machen ihm Mut, Ihnen zu folgen, weil sich das Ziel lohnt und weil Sie der sympathische Begleiter sind, der den Leser durch alle Fährnisse führt.

Vorfreude wecken Beim Sachbuch wird sich in den meisten Fällen ein kurzer Überblick über die gemeinsame Wegstrecke anbieten. Doch hüten Sie sich davor, die Spannung wegzunehmen, indem Sie alles beschreiben. Reißen Sie Ihr Ziel an, werfen Sie schon kurze Schlaglichter auf besonders interessante Wegstrecken, lassen Sie Glanzpunkte zur Vorfreude aufleuchten, und der Leser wird Ihnen folgen.

Aber lassen Sie ihn immer an der Freude Ihrer eigenen Entdeckungen teilhaben, schütten Sie den Leser nicht durch Kompetenz zu. Er wird Ihre Ängste und Zweifel, wenn Sie sich einer neuen Sache näherten, sofort verstehen, denn in der gleichen Situation befindet er sich ja, wenn er Ihren Text liest. Ihre Ängste, Zweifel, Schwächen erzeugen Nähe zum Leser. Wer meint, ständig Kompetenz zeigen zu müssen, der hat sie nicht. Sie gehen aufgrund Ihrer guten Vorbereitung mit Selbstbewußtsein ans Werk, und da haben Sie es

nicht nötig, sich in Szene zu setzen. Außerdem denken Sie immer daran: Sie schreiben für den Leser.
Ob Sie nun ein Sachbuch oder einen Roman schreiben: Das Leben ist voller Widersprüche und voller Überraschungen, und deshalb machen Sie aus Ihrem Buch keine Einbahnstraße. Das Leben schreibt die besten Geschichten, sagt man, und manche dieser wirklich wahren Geschichten würden keinem Romanautor abgenommen werden, man würde ihm nicht glauben.
Spekulationen über Zukünftiges sind interessant, solange es noch nicht eingetreten ist. Die Realität selbst langweilt uns schnell.
Deshalb schütten Sie Ihren Leser nicht mit Fakten zu, und deshalb führen Sie Ihren Leser auch auf den Umwegen, die Sie selbst gegangen sind, von Punkt zu Punkt. Beleben Sie seine Phantasie so, wie Sie von Ihren Ideen belebt waren.
Der Leser soll sich von Ihnen als Autor führen lassen, wenn Sie ein Sachbuch schreiben, und er soll sich mit Ihrem Held identifizieren, wenn Sie einen Roman schreiben. Aber ob Sie nun über Ihren Wissensstoff oder über Ihre Romanfigur schreiben, lassen Sie den Leser teilhaben an Ihren Entdeckungen, denn Ihnen ist dies ja auch nicht in den Schoß gefallen. Nicht das Ziel als solches ist interessant – auch wenn wir dies gerne so sehen und deshalb nach Abkürzungen Ausschau halten –, es ist der Weg, es ist die Strecke, um dorthin zu gelangen.

Sie lassen den Leser teilhaben an den Schwierigkeiten des Weges, dem Auf und Ab. Sie langweilen ihn nicht, indem Sie ihn auf schnurgerader Strecke im Schlafwagen ans Ziel, ans Ende Ihres Buches bringen. Er wird, er kann es Ihnen nicht lohnen. **Nicht im Schlafwagen**

Bei allen Unterhaltungsromanen vermeiden Sie, daß der Leser plötzlich Szenen aus dem Blickwinkel des Autors sieht. Gerade ungeübte Autoren begehen diesen Fehler, sie schreiben aus dem *Off:*
»Nein«, *antwortete er. Hendrik hatte diese Selbstsicherheit gewonnen, nachdem er sein Jurastudium beendet hatte. Für seine achtundzwanzig Jahre trat er sehr forsch auf. Er war der Finanzminister in der Familie. Sibylle konnte dem nichts entgegensetzen.*

Das »Nein« wäre okay, doch die Folgerungen kämen aus dem Off, also von außerhalb der Story. Die Lösung könnte so aussehen:

»Nein«, *antwortete Hendrik.*
Sibylle schaute ihn überrascht an. Diese Selbstsicherheit ist neu an ihm, dachte sie. Vor Abschluß seines Examens hätten sie darüber stundenlang diskutiert. Sie erinnerte sich an die Auseinandersetzung, als der Kauf eines neuen Autos anstand.
»*Jawohl, Herr Finanzminister«, sagte sie spöttisch.*

Schauen Sie aus den Augen der handelnden Personen! Sie versetzen Ihren Leser in diese Person, vor allem in Ihren Helden.

Ungeübte Autoren können autobiographische Romane, die sie in der ersten Person schildern, als Erstling oftmals sehr packend zu Papier bringen. Das nächste Romanprojekt, mit einer Handhabung in der dritten Person, mißlingt dann leicht. Warum? Die Ich-Schilderung kommt aus *einer* Blickrichtung, aus den Augen des Helden. Der Leser sieht die Welt durch diese Augen.

Die Gefahr, aus dem Off zu schreiben, ist relativ gering. Romane in der dritten Person bieten mehr Möglichkeiten, gegensätzliche Charaktere und Handlungsstränge aufzubauen, doch besteht hier die Kunst, nicht künstlich von oben herab die Szenen zu beleuchten.

Sie schildern also das Denken, das Handeln, das Fühlen Ihrer Hauptfiguren von *innen*, nicht von außen. Leben ist Entwicklung, nichts Fertiges, nichts Perfektes, und unsere Fähigkeit zu leben ist diese Hoffnung zu den fernen Ufern. Diese Hoffnung auf Entwicklung, dieser Griff auf das Zukünftige gibt die Kraft zum Leben. Ob es sich nun um eine wissenschaftliche Entdeckung handelt, über die mein Buch berichtet; um die Kunst, Seide zu bemalen, die mein Ratgeber dem Leser beibringen möchte; um den raffinierten Mord wegen der schönen Erbschaft, den mein Krimi schildert: Erst war die Idee da, dann die lange Wegstrecke des Planens, dann die Ausführung.

Ein Buch spannend und unterhaltend und somit auch eingängig zu schreiben ist die Kunst, die eigenen Erwartungen ans Leben zu erkennen und somit die Erwartungen des Lesers zu treffen.

Kommissar und Mörder in einem

Das Schreiben eines Buches, eines erfolgreichen Buches, wird aus diesem Grund ein Stück Selbstentdeckung sein. Dies gilt auch für einen Krimi: Den raffinierten Mord hat sich der Autor ausgedacht, der Held ist sein Geschöpf, und die Möglichkeiten, die in dieser Figur angelegt sind, sind auch in der Person des Autors enthalten.

Dies sollte niemanden abschrecken, im Gegenteil: Diese Konfrontation mit sich selbst führt zum besseren Selbstverständnis. Und geht es nicht letztlich darum?

Der Stil

Die äußerlichen Bedingungen

Den Stoff für Ihr Buchprojekt haben Sie gesammelt, über den Aufbau haben Sie sich Gedanken gemacht. Wie gehen Sie nun stilistisch zu Werke?

Während die Recherchearbeit weitgehend eine Angelegenheit der Logik ist, mischen sich bei der Planung des Aufbaus auch schon ein paar gefühlsmäßige Elemente ein. Zwar bauen Sie Ihr Werk nach einer logischen und nachvollziehbaren Schritt-für-Schritt-Folge auf, doch wird Ihr Spannungsbogen schon mehr Ihrem Gefühl für den Leser entspringen und nicht nur eine Abfolge von logisch verknüpften Schritten sein. Sie bringen Ihr Gefühl ein, Ihre Sicht der Dinge, die das Ergebnis Ihres persönlichen Lebenswegs und der Verarbeitung von nahezu unendlich vielen Eindrücken ist. Noch mehr trifft dies auf Ihre Sprache zu: sie ist Ausdruck Ihrer Seele.

Womit schreiben Sie? Allerdings wäre es falsch, nun zu sagen: Meine Sprache ist meine Sprache, und mein Stil ist gut, weil individuell. Es gibt eine ganze Reihe von Umständen, die schon rein technisch auf Ihren Stil Einfluß nehmen, und außerdem können Sie anhand von einigen interessanten Merkmalen überprüfen, ob Ihr Stil gut ist.

Zu den technischen Rahmenbedingungen gehören:

- *Schreiben Sie in die Schreibmaschine?*
- *Schreiben Sie am Bildschirm?*
- *Diktieren Sie auf ein Tonband?*
- *Schreiben Sie zunächst eine Erstfassung?*
- *Welchen Zeitrahmen haben Sie sich gesetzt?*

Wie auch immer Sie Ihren Text erarbeiten und wie zügig Sie dabei vorgehen: lebendig muß er werden. Damit kennen Sie bereits das wichtigste stilistische Gebot, und ich werde Ihnen in diesem Kapitel noch wesentlich mehr darüber erzählen.

So individuell wie ein Fingerabdruck, so individuell ist auch die Vorgehensweise bei der Erstellung des Manuskriptes. Manche Autoren setzen sich an die Maschine und tippen das Manuskript in einem Rutsch herunter, ob nun in die Schreibmaschine oder in das Eingabegerät eines Computers. Oder sie sprechen den Text sogar ins Mikrofon eines Tonbandgerätes. Wie in einem Rausch sprudelt es aus ihnen heraus, und nach ein paar wenigen Wochen ist die ganze Sache ausgestanden.

Wochen oder Jahre?

Ich kenne viele Autoren, die das so machen, und sie machen es gar nicht schlecht. Andere wiederum müssen sich sehr viel Zeit lassen, drei Jahre und mehr vielleicht. Und da wird dann erst eine Rohfassung erarbeitet, die anschließend bearbeitet, dann erneut abgeschrieben und eventuell noch einmal korrigiert wird. Insgesamt ein langer und mühevoller Prozeß, von langer Hand geplant und in kleine und kleinste Etappen eingeteilt.

Zwischen diesen beiden Extremen befindet sich die Mehrzahl der Autoren, die zumeist hinter der verrinnenden Zeit hinterherhinkt, mal an einem Tag gut in den Text hineinkommt, am anderen Tag jedoch kaum eine halbe Seite zustande bringt, immer jedoch erneut von einer bestimmten Seitenzahl träumt, die täglich eigentlich zu schaffen sein müßte. Oder von der Klausur, in die, wenn es die äußeren Umstände nur zuließen, man gerne entfliehen würde; dort, gänzlich ungestört, könnte sich dann das gesamte schriftstellerische Talent entfalten.

In der stillen Klause?

Aber ob Sie nun davon träumen, ein Buch in einem schnellen und ekstatischen Rausch schreiben zu können oder über Jahre hinweg in einer stillen Klause: Sie werden sich gewisse Techniken erarbeiten; letztlich wird die Vorgehensweise aber Ihrem Naturell entsprechen, und daran wird sich so schnell nichts ändern.

So würde derjenige, der sein Manuskript im turbulenten Familienalltag schreibt und immer wieder laut vom stillen Kämmerlein hoch in den einsamen Bergen träumt, dort womöglich sein Manuskript gar nicht schreiben können – es wäre ihm zu ruhig.

Mit oder ohne Zeitdruck? Versuchen Sie zunächst herauszufinden, ob Sie besser unter Zeitdruck schreiben oder besser ohne Zeitdruck. Ich kenne Autoren, bei denen läuft ohne Zeitdruck überhaupt nichts. Das natürliche Trägheitsmoment ist stärker. Erst unter dem Druck der Termine wird der Text förmlich aus dem Autor herausgepreßt, der das eigenartigerweise aber zu genießen scheint.

Umgekehrt dehnt derjenige, der unter Zeitdruck überhaupt nicht schreiben kann, die ganze Angelegenheit endlos aus – auch mit Genuß. Bei beiden Autorentypen entdecken wir ein Phänomen, das ich einmal so nennen möchte, wie es mir zu sein scheint: Es ist Suchtverhalten. Einmal vergleichbar mit dem Rausch einer Orgie, im anderen Fall durch die tägliche, genau bemessene Dosis. Beiden gemeinsam ist, daß sie während der Zeit des Schreibens nicht davon abkommen. Alles dreht sich ums Manuskript.

Doch auch wer sich in der sicheren Mitte wähnt, sollte sich ein gewisses Maß an Schreibsucht eingestehen. Die Arbeit am Manuskript wird über eine gewisse Zeit der vielleicht entscheidende Faktor sein, alles andere muß sich dem unterordnen. Damit führt jetzt etwas Regie in unserem Leben, an das wir unser Glück mehr oder weniger hängen. Das Mehr macht den Grad der Sucht, der Abhängigkeit aus.

Nun kann bekanntlich alles süchtig machen: Alkohol, Arbeit, Liebe, Leim. Wer nun beim Schreiben eines Buches auf denselben geht, macht damit noch nichts Schlechtes; er sollte sich nur den Grad der Abhängigkeit eingestehen und seine Motivation erforschen.

Den Text lebendig gestalten
Wenn Sie sich für die Erstellungszeit Ihres Manuskriptes auf dem Koordinatenkreuz zwischen extrem lang und extrem kurz möglichst weit in der Mitte einreihen können, werden Sie den Ratschlägen für die Gestaltung eines lebendigen Textes am meisten aufgeschlossen sein.

Zunächst schreiben Sie Ihr Manuskript so zügig wie möglich, da Sie so am besten im Beziehungsgeflecht Ihres Textes stehen, und schreiben Sie in möglichst großen Blöcken. Sie nähern sich so dem Lesekonsumverhalten Ihres Lesers. Normalerweise wird kein Leser pro Tag eine halbe Seite lesen. Und Sie ahnen schon den Zusammenhang: Wer an einem Buch zehn Jahre schreibt, läuft Gefahr, daß auch seine Leser zehn Jahre an dem Buch lesen. **[In großen Blöcken]**

Umgekehrt schreiben manche Thrillerautoren einen ganzen Spannungsroman in vier Wochen herunter. Und er wird dann vom Leser auch wie Sekt genossen: frisch und spritzig in einem wahren Leserausch.

Wer zügig und assoziativ schreibt und somit im Lebensstrom bleibt, wird zumeist auch die lebendige Sprache treffen. Er ist Autor und Leser zugleich, verbunden in einem Dialog, der sowenig wie möglich unterbrochen werden sollte.

Kennen Sie das Gefühl, wenn Sie am nächsten Tag Ihr Gegenüber, Ihren Leser nicht finden? Nichts will fließen, die Sätze sind hölzern, die Worte steif. Und am Tag vorher waren Sie so gut im Fluß und wollten eigentlich gar nicht aufhören.

Unterbrechen Sie deshalb den Dialog sowenig wie möglich, und Ihr imaginärer Dialogpartner wird Ihnen treu bleiben.

Schnell schreiben bedeutet nun aber nicht, flüchtig vorzugehen, und davon abgekoppelt sein sollte auch immer der zeitliche Aufwand für die Recherche. Diese haben Sie weitestgehend zuvor gemacht, um beim Schreibvorgang dann möglichst zügig voranzukommen.

Vorsicht, Tonband läuft
Zügig den Text formulieren, lebendige Sprache erzeugen, schreiben, wie man spricht: Wären diese Forderungen nicht am besten zu erfüllen, wenn man einfach ins Tonbandgerät spricht?

Ich kenne einige wenige Autoren, die das können, in der Mehrzahl aller Versuche geht es aber schief. Warum? Wer ins Tonband spricht, der hält zumeist einen Monolog, der zwar der Forderung nach Lebendigkeit entsprechen mag, der jedoch den Leser durch seine Redseligkeit zuschütten wird.

Monologe sind ätzend
Sie erinnern sich noch an das Beispiel mit dem Nachbarn? Den verstehen Sie immer gut, wenn Sie sich am Gartenzaun unterhalten, könnten sich aber dann nicht mehr mit ihm verständigen, wenn Sie dies schriftlich tun müßten. Ihr Verständnis für den Nachbarn wäre aber auch dann nicht gegeben, wenn er Monologe halten würde. Nur er redet, und Sie kommen nicht zu Wort. Bald würden Sie Ihren Gang in den Garten darauf abstimmen, den Nachbarn nicht anzutreffen. Monologe öden an, und das Geheimnis eines

guten Dialogs sind die Pausen, in die sich der andere einbringen kann, in diesen Wechselstrom zwischen Geben und Nehmen und Nehmen und Geben.

Natürlich ist der Leser Ihres Buches kein wirklicher Dialogpartner, und hüten Sie sich davor, den scheinbaren Dialog in Ihrem Sachbuch ständig mit solchen Sätzen anzustimmen: »Was meinen Sie dazu?« oder »Sehen Sie das auch so?« und »Das hätten Sie nicht gedacht, oder?« Ihr Leser kann Ihnen nicht antworten, er wird sich eher verschaukelt vorkommen.

Beim Tonband nun fehlt das gedruckte Wort, das Sie als Autor mit den Augen Ihres Lesers lesen müssen. Dies nämlich ist Ihr Dialog: Ihre Sätze, die Sie immer wieder in dieser Doppelrolle als Autor und Leser überprüfen. Habe ich noch den Leser, oder ist er mir weggelaufen? Muß ich streichen und neu schreiben, um ihn wiederzufinden? Dazu gehört auch, daß man im Manuskript blättern kann, so, wie auch der Leser es bisweilen tut, wenn er das Buch in der Hand hält, um sich über das bereits Gelesene noch einmal zu vergewissern.

Den Dialog finden

Der Dialog im Roman ist echt

Wenn Sie einen Roman schreiben, werden Sie eine Kunst besonders gut beherrschen müssen: den Dialog. Es gibt Romane, die bestehen fast nur aus Dialogen, und es gibt Romane, die gehen damit sehr spärlich um. Wer aus der Distanz ein Geschehen beschreiben, wer sich gerade aus dem hitzigen Geschehen eines Vorgangs entfernen will, um in Ruhe dem Leser die verschiedenen Charaktere und Motivationen der beteiligten Personen vor Augen zu führen, der wird Dialoge nur ganz gezielt einsetzen, ja, er wird Rede und Gegenrede vielleicht sogar nicht wörtlich bringen, vielmehr in seine Erzählung einflechten.

Zum Glück gibt es Widersprüche

Ein solcher Roman nähert sich jedoch schon hautnah einer Erzählung, und der Autor muß berücksichtigen, daß sich der Buchmarkt – zumal bei einem noch unbekannten Schriftsteller – für diese belletristische Form sehr zugeknöpft zeigt.

In Atem halten...

Ein gekonnter Dialog hält den Leser in Atem, vermittelt ihm die ganze Widersprüchlichkeit, mit der wir es zu tun haben. Läßt blitzartig die Motivationen der Figuren aufleuchten: Intrige, Heuchelei, Trauer, Wut und Ehrlichkeit.

Wenn Sie Dialoge schreiben, versuchen Sie solche scheinbar charakterisierenden Anhängsel nach der wörtlichen Rede zu vermeiden wie »*konstatierte er*« oder »*gab sie gezwungen lächelnd zu*« oder »*antwortete er brutal*« oder »*warf sie ein*«.

Sie gestalten Ihren Dialog am besten so, daß Sie die sprechenden Personen überhaupt nicht bezeichnen müssen. Aus dem Dialog geht hervor, von wem dieser Satz stammt. Bei zwei Personen ist dies noch relativ leicht, bei drei oder mehreren Beteiligten wird es schon schwieriger. Ein einfaches »*sagte er*« wird in den meisten Fällen jedoch ausreichen, um zu kennzeichnen, wer das Wort führt.

Dialoge machen Ihren Text lebendig, denn Dialoge sind das Leben selbst. Sie schauen dabei Ihren Helden aufs Maul, und wenn Sie richtig hinsehen, so sprechen diese keine substantivierte Sprache, sie sprechen einfach und plastisch. So wie Ihr Nachbar am Gartenzaun, mit dem Sie sich gerne unterhalten.

Nun werden die meisten Dialoge allerdings keine Friede-Freude-Eierkuchen-Gespräche sein, wie Sie sie mit Ihrem Nachbarn zwecks guter Nachbarschaft führen. Es wird um Auseinandersetzungen gehen, es werden Forderungen aggressiv vorgebracht oder

Standpunkte vehement verteidigt. Sie müssen sich da eigentlich nur Eheszenen vor Augen führen, um ein Gefühl für die Lebendigkeit von Dialogen zu bekommen.

Nachdem Sie Ihren Leser an einem solchen Dialog teilnehmen ließen, gönnen Sie ihm eine Ruhepause und führen ihn zum nächsten Geschehen durch Ihren Erzähltext. Diese erzählerischen Pausen sind genauso wichtig wie die Lebendigkeit der Dialoge, denn erst die richtige Mischung ergibt die gelungene Unterhaltung für Ihren Leser, und bei den Fließtexten vermeiden Sie die Blickrichtung aus dem Off.

...und Pausen gönnen

Am Bildschirm geht's!

Die idealen Arbeitsbedingungen für die Erstellung eines Manuskriptes liefert da tatsächlich der Computer. Er kommt dem Gebot nach Zügigkeit entgegen, weil man seinen Text lebendig und assoziativ gestalten kann. Präzisere Formulierungen kann man immer noch ohne Schwierigkeiten einbauen. Der Bildschirm ist beim Schreiben ein guter Ersatz für den nicht vorhandenen Dialogpartner, Ihren Leser. Ohne Mühen korrigiert man, was man am Tag geschrieben hat, und bringt es in Form. Und man geht mit noch kritischeren Augen dann noch einmal über das gesamte Manuskript, wenn man fertig ist. Dann hat man Abstand zu seinen Worten und ist nicht mehr verliebt in sie.

Heraus mit dem, was einem nicht gefällt, und hinein mit dem, was einem nun, nachdem man sein ganzes Manuskript kennt, noch zu fehlen scheint.

Schon die bloße Tipperei von einem mehrere hundert Seiten umfassenden Manuskript ist eine so große Arbeitsleistung, daß die meisten Autoren versuchen, mit einer – also gleich der ersten – Fassung auszukommen.

Erst mit Schwung dann mit Distanz

Der Zwang, genau zu formulieren, wird dabei so groß, daß die Lebendigkeit leicht auf der Strecke bleiben kann. Allerdings gab es früher keine Computer, und die Autoren haben dennoch fesselnd geschrieben. Umgekehrt ist ein Computer noch keine Garantie dafür, nun gleich ein packend schreibender Autor zu sein.

Auch wenn Sie auf der Schreibmaschine schreiben, scheuen Sie nicht die zweite Fassung. Schreiben Sie fließend Ihren ersten Entwurf, und redigieren Sie ihn dann aus der Distanz heraus. Sie haben inzwischen Ihren Leser gut vor Ihrem geistigen Auge und wissen jetzt, was er von Ihnen lesen will.

Werfen Sie Ihre Bildung über Bord

Ich meine es nicht wörtlich, wenn ich Sie dazu anstiften möchte, Ihre Bildung über Bord zu werfen, wenn Sie Ihr Manuskript schreiben. Durch diese Überzeichnung möchte ich Ihnen aber verdeutlichen, was viele ungeübte Autoren falsch machen. Die Versuchung ist nämlich riesengroß, es dem Leser zeigen zu wollen, was man alles *auf dem Kasten hat*.

Aus Angst elitär Umgekehrt ist eine zu saloppe Sprache genauso von Übel. Umgangssprache wie zum Beispiel *auf dem Kasten haben* gehört nicht in den Text, zumindest nicht in den Sach- oder Erzähltext. Nur in Ausnahmefällen ist dies ratsam und sollte dann entsprechend gekennzeichnet sein. Bei Dialogen hingegen kann Umgangssprache durchaus Stilelement sein.

Viel häufiger wird allerdings der umgekehrte Fehler gemacht, es wird der Bildungskübel über dem armen Leser ausgeschüttet. Angst oder Eitelkeit führen dabei Regie, und wenn man genau hinsieht, ist das Produkt Buch dann nicht für den Konsumenten, den Leser, geschrieben, es bleibt am Autor kleben.

Wer nun als noch vollkommen unbekannter Autor ein Buch schreibt, ist natürlich in einer schwierigen Situation. Er will als Amateur, von dem noch nie jemand etwas gehört hat und der auch nur in seiner Dachkammer üben konnte, nun plötzlich in der ersten Liga mitspielen. Zumindest sieht er es so, und die gesamte großartige Geschichte der Literatur lastet auf seinen Schultern. Wer in diesen hehren Kreis eindringen will, der muß schon zeigen, was er alles weiß, so mag er denken.

Nicht spreizen

Falls es Ihnen so geht, dann werfen Sie mit Ihrer Bildung gleich die Angst über Bord. Denn Sie schreiben nicht für die lieben Autorenkollegen oder die Rezensenten bei Zeitung und Hörfunk, Sie schreiben für Ihren Leser. Und wenn Sie sich vor ihm spreizen wie ein Pfau, so dankt er es Ihnen zu Recht nicht.

Sie lassen die mühsam erworbenen Fremdwörter weg. Sie verzichten auf diese vermeintlich uneinnehmbare Festung, hinter der sich zu verschanzen nicht lohnt. Ihr Leser wird Sie nicht verstehen, und er wird Ihnen nicht folgen, weil Sie Distanz anstatt Nähe geschaffen haben.

Leben lassen

Zusammen mit den Fremdwörtern verzichten Sie auch möglichst auf eine substantivierte Sprache. Und hierin liegt das Geheimnis eines packenden und lebendigen Schreibstils: Sie benutzen einfach mehr Tätigkeitswörter! Diese bringen Leben in das Universum der scheinbar feststehenden Dinge. Denn steht wirklich etwas fest? Wir bezeichnen es durch unsere unzulängliche Sprache nur so. Vielleicht auch, weil wir den Halt benötigen und Angst haben, in einer Welt zu leben, die uns ständig entgleitet.

Je mehr jemand Angst vor dem Leben hat, um so mehr wird er auf das Substantiv zurückgreifen. Haben Sie schon einmal versucht, Verordnungen, Verfügungen und Gesetze zu lesen? Sie haben es wahrscheinlich verzweifelt aufgegeben, weil der Text Sie erschlagen hat. Diejenigen, die diese Texte formulieren, haben vor Tätigkeiten, die die Ordnung stören könnten, haben vor dem Leben Angst – deswegen werden ja diese Verordnungen und Gesetze geschaffen.

Haben Sie vor Ihrem Leser Angst? Nein! Dann lassen Sie Ihren Text leben. Sie gehen mit Ihrem Leser zu dem fernen Horizont, an dem Ihr Buch endet, und Sie gehen mit ihm durch alle Gefahren und lassen ihn daran teilhaben. Stellen Sie die Landschaft nicht durch Substantive zu.

Flüchten Sie sich bei einem Sachbuch oder einem Ratgeber nicht von einem Begriff in den anderen. Ohne das lebendige Verb wird der Leser die Begriffe nicht miteinander verbinden können. Schreiben Sie so einfach wie möglich, und Ihr Leser wird Sie verstehen.

Nichts steht still Wenn Sie einen Roman schreiben, wissen Sie, daß Sie das Leben einfangen müssen. Ob Sie nun einen Actionthriller schreiben, der vor Handlung überquillt; oder einen Familienroman, der durch gepfefferte Dialoge mitreißt; oder ein Geschehen, vielleicht in einem historischen Roman, mehr aus der Distanz betrachten: Sie schreiben über lebendige Wesen, die mit ungestümer Kraft zum Gipfel des Erfolgs stürmen oder die aus Mißgunst diesen Gipfelstürmern Fallen stellen oder die aus Verzweiflung über die unerreichbaren Ziele sich töten wollen. Denken Sie bei allen Nuancen und noch so raffiniert gesponnenen Handlungsabläufen immer an die Verben, die wie die Fäden bei einem Puppentheater die Figuren erst zum Leben bringen.

Glauben Sie nicht, daß nur Autoren, die zum ersten

Mal ein Buch schreiben, ihre Leser mit schwerverständlichem Text quälen. Es sind manchmal gerade recht berühmte Autoren oder zumindest die auf ihrem Fachgebiet bekannten Leute, die glauben, es sich leisten zu können, den Leser zu erdrücken. Doch geht dies nicht lange gut, der Stern wird bald verblassen.
In dem einen Fall ist es Abgehobenheit, weil der so berühmte Autor nicht mehr für seine Leser schreibt, sondern nur für seine Eitelkeit. Im anderen Fall ist es Angst vor den lieben Kollegen, die einen Wissenschaftler treibt, den Text mit Fachworten zuzuschütten, und aus dem eigentlich geplanten Sachbuch ein für das breite Publikum schwerverständliches Werk werden läßt.
Die Ursachen für ein solches am Leser vorbeigeschriebenes Werk können also die gleichen sein wie bei einem Schriftsteller, der erst noch einer werden will.
Wäre es nicht ein guter Nebenerfolg, sich durch das Schreiben eines Buches von einem Stückchen Angst und Eitelkeit zu befreien?

Zitate nur mit dem Salzstreuer

Aus den Werken anderer Autoren zu zitieren gehört bei wissenschaftlichen Arbeiten zur Selbstverständlichkeit. Man bezieht sich auf die Ergebnisse anderer wissenschaftlicher Autoren, um die eigenen Erkenntnisse zu untermauern. Auf diese Art wächst das Gebäude der Wissenschaft unaufhörlich, ein Stein fügt sich auf den anderen.

Das hört sich gut an, und wenn man bedenkt, wie Menschen sonst miteinander umzugehen pflegen, so möchte man den Wissenschaftler für den besseren Menschen halten. Böse Zungen behaupten allerdings auch, daß da der eine vom anderen abkupfert, um sich

Quelle nennen

dann selbst ins rechte Licht zu setzen. Manchmal passiert es auch, daß jemand ein faules Ei ins wissenschaftliche Gebäude gemauert hat, auf das sich alle weiteren stützen. Wenn die Sache dann herauskommt, stürzen gleich viele wissenschaftliche Theorien hinterher.

Aber ob man sich nun auf einen soliden Stein gestützt hat oder auf ein faules Ei: Zitate werden in wissenschaftlichen Arbeiten als solche immer gekennzeichnet, und es werden Werk und Autor genannt! Genauso machen Sie es auch bei Ihrem Sachbuch, Ratgeber, Reiseführer usw. Zitate werden grundsätzlich benannt, und wer dies nicht tut, macht sich des Plagiats, des geistigen Diebstahls, schuldig. Also immer die Quelle nennen!

Kultur baut sich auf Daß man überhaupt zitieren darf, liegt in einer Einschränkung des Urheberrechts. Zitieren ist ja ein Benutzen des geistigen Eigentums eines anderen und ist bei anderen besitzschützenden Rechten verpönt. Ich darf ohne die Erlaubnis meines Nachbars nicht sein Fahrrad benutzen, um eine kleine Runde zu drehen. Auch wenn ich es nach zehn Minuten unbeschädigt dort wieder abstelle. Zitieren darf man, und dies ist gut so, denn letztlich geht es um die kulturelle Weiterentwicklung der Menschheit, und da geht es bekanntlich auch Steinchen um Steinchen vorwärts.

Zitieren dürfen Sie aus anderen Werken in einem für den Zweck gebotenen Umfange. Dehnbarer kann man einen Paragraphen nicht gestalten, und dies ist auch mit Absicht geschehen. Worte kann man schlecht wiegen, und ein Literaturbetrieb würde unter Erbsenzählerei nur leiden.

Wer als Autor auf sich hält, wird Angst haben, als jemand dazustehen, der andere Werke schamlos ausschlachtet. Hier ist der wirkliche Ansatzpunkt dieses Paragraphen zu sehen: »Du darfst in dem für den Zweck gebotenen Umfange.«

Lesen Sie gerne Bücher, in denen häufig und lang zitiert wird? Ich nicht, und ich rate auch allen Autoren, nur ganz, ganz vorsichtig mit wörtlichen Zitaten umzugehen. Denn wer zitiert, gibt jedesmal seinen Leser an einen anderen Autor ab, und wenn er es zu oft macht, wird er ihn verlieren. Der Leser wird ihm gar nicht oder nur noch unwillig folgen, weil das Band zwischen ihm und dem Autor gerissen ist. **Verlieren Sie Ihren Leser nicht**

Nun gibt es markante Aussprüche, die man selbst nicht besser formulieren kann. Ein solches Zitat kann am richtigen Platz erfrischend wirken.

Auch wenn Sie ein Buch schreiben, das eine sehr provozierende These aufstellt, und Sie vollkommenes Neuland betreten, werden Zitate bekannter Autoren, die Ihre Aussage zu unterstützen scheinen, Ihrem Werk ein besseres Fundament geben. Dennoch gilt auch, daß Zitate, nur mit dem Salzstreuer gegeben, dem eigenen Werk eine richtige Würze geben. Zu viele Zitate versalzen die Suppe schnell.

Zitieren Sie ein paar kurze Absätze, so können Sie dies ohne weitere Schwierigkeiten unter Angabe der Quelle machen. Und wenn Sie eine Reihe von Absätzen durch eigenen Text zwischendurch verbinden, so werden Sie das richtige Maß wohl auch nicht überschreiten; denn diese Berg-und-Tal-Fahrt kann man keinem Leser über eine größere Wegstrecke zumuten. **Längere Zitate genehmigen lassen**

Wenn Sie jedoch mehrere Zeilen in einem geschlossenen Stück zitieren, so würde ich mir vorsichtshalber eine Genehmigung beim Inhaber der Rechte einholen. Die Quelle muß natürlich dennoch genannt werden. Das Urheberrecht erlischt ja siebzig Jahre nach dem

Tod des Urhebers. In diesem Fall benötigen Sie keine Genehmigung für Ihre Zitate, die Quelle führen Sie aber auch in diesem Fall an.

Vergewissern Sie sich bei erloschenen Urheberrechten jedoch zuvor, ob auf dem von Ihnen verwendeten Zitat nicht Bearbeitungs- oder Übersetzungsrechte liegen. Eine Genehmigung werden Sie dann ebenfalls einholen müssen.

Was Sie nie ohne Genehmigung übernehmen dürfen, sind Abbildungen aus anderen Werken. Es sei denn, daß nach den Vorschriften des Urheberrechts die Rechte erloschen sind.

Fußnoten stören

Schreiben Sie ein Sachbuch oder ein anderes allgemeinverständliches Werk, sollten Sie in den meisten Fällen auf Fußnoten verzichten. Wenn Sie relativ viele Quellenangaben machen müssen, weil Sie häufig zitieren, so arbeiten Sie mit einem Anmerkungsapparat, den Sie im Anhang des Buches aufschlüsseln. Sie gehen dabei am besten kapitelweise vor, damit Sie möglichst mit kleinen Zahlen operieren und so vielleicht unter zwei Ziffern bleiben können.

An Ort und Stelle nennen Gehen Sie mit Zitaten sparsam um, was meiner Ansicht nach besser ist. Nennen Sie an Ort und Stelle den Autor und sein Werk. So entgehen Sie den Fußnoten oder einem Anmerkungsapparat. Schreiben Sie: »Wie der amerikanische Psychologe Longlöffel in seinem berühmten Buch über die Beziehung zwischen Mensch und Hase so treffend bemerkte...« und lassen Sie dann das Zitat folgen.

Mir geht es jedenfalls so: Wenn ich bei Anmerkungen im Anhang nachschlage, bin ich aus dem Leserhythmus, und wenn ich nicht nachschlage, so denke ich immer, ich hätte etwas versäumt. Verweisen Sie jedoch gleich an Ort und Stelle auf die Quelle, so stören Sie den Leser nicht in seinem Lesefluß.

Wenn Sie Zitate verwenden, dann versuchen Sie, aus der Originalquelle zu schöpfen. Wer seine Zitate aus der Sekundärliteratur bezieht, zitiert im Grunde genommen Zitate. Und hat nun Ihr Vorgänger bei diesem Zitat einen Fehler gemacht, so übernehmen Sie diesen automatisch.

Bei einem Sachbuch oder einem Ratgeber halte ich es zumeist für besser, wenn der Autor in eigenen Worten erzählt, was ihm aus einem anderen Buch wichtig erscheint. Auch hier gibt er zu Beginn oder am Ende der Passage an, auf wen und auf welches Werk er sich beruft.

Regie führen

Mit dieser Methode laufen Sie nicht Gefahr, daß sich das enge Band zu Ihrem Leser lockert. Sie führen weiterhin die Regie und garantieren so den ungehinderten Lesegenuß.

Mundart nur gezielt

Schreiben Sie Regionalliteratur, so können Sie Ihr Buch zum Beispiel mit plattdeutschen oder bayrischen Redewendungen kräftig anreichern, Ihr Leser erwartet dies auch von Ihnen. Er möchte sich ja in Ihrem Buch zu Hause fühlen.

Bei allen anderen Buchprojekten sollten Sie Ihren Text nicht durch Mundartliches verfremden. Sie kommen ja auch nicht auf die Idee, laufend englische oder französische Brocken in Ihren Text einzuflechten, denn der Leser würde daran nur mit Unmut kauen. Dies gilt ebenso für den Dialog in einem Roman. Nur in seltenen Fällen kann das Mundartliche oder Fremdsprachliche ein Stilmittel sein.

Sukzessive Abgabe Ihres Manuskriptes

Sie können mit Ihrem Lektor nach Vertragsabschluß vereinbaren, daß Sie Ihr Manuskript sukzessive abgeben. Dies wird sich auf jeden Fall dann anbieten, wenn die Abgabefrist für das Manuskript sehr kurzfristig ist und auch dem Lektor für die Durchsicht des Manuskriptes wenig Zeit bleibt. Der Lektor kann so schon an Ihrem Manuskript arbeiten, während Sie noch schreiben.

Lob und Kritik einbeziehen Aber auch wenn ausreichend Zeit bis zum Erscheinungstermin vorhanden ist, kann eine Abgabe des Manuskriptes in Teilen von Vorteil sein. Wenn Sie einen guten Kontakt zu Ihrem Lektor haben und wenn er bereit ist, sich auch wirklich um die vor dem Abgabetermin gelieferten Manuskriptteile zu kümmern, so sollten Sie gerade als noch unsicherer Autor diesen Weg beschreiten. Sie erhalten so kritische Anmerkungen oder auch Ermutigungen, um frühzeitig den Kurs zu wechseln.

Dies ist ja gerade der Vorteil, wenn Sie einen Vertrag aufgrund eines Exposés oder eines Exposés plus Probekapitel schließen konnten: Der Verlag mit seiner Erfahrung erhält Eingriffsmöglichkeiten in die Gestaltung des Manuskriptes und kann Ihnen wertvolle Hinweise geben.

Leider sind die Lektoren jedoch zumeist mit der laufenden Produktion so überlastet, daß diese Möglichkeit dann doch nicht entsprechend genutzt wird. Das Ergebnis ist oft ein Manuskript, das man sich so nicht vorgestellt hatte, aber zu diesem Zeitpunkt ist das Kind bereits in den Brunnen gefallen, und es wird schwierig werden, ein komplettes Manuskript in erheblichem Umfange zu ändern.

Einen Nachteil der sukzessiven Abgabe des Manuskriptes will ich allerdings nicht verschweigen: Sie können – und gerade bei angehenden Schriftstellern liegt dies auf der Hand – durch ständige Kritik so verunsichert werden, daß Sie in einen Schlingerkurs geraten und Ihr Manuskript gerade deshalb danebenliegt.

Nicht ins Schlingern kommen

Haben Sie jedoch von Ihrem Leser ein klares Bild gewonnen und gehen daher auch mit Selbstvertrauen an Ihr Manuskript, so besteht diese Gefahr nicht. Sie werden nur die richtigen Hinweise aufnehmen. Versuchen Sie deshalb mit Ihrem Lektor zu vereinbaren, daß Sie vielleicht zunächst ein Viertel Ihres Manuskriptes abliefern, um dann eventuelle Anregungen von Lektoratsseite berücksichtigen zu können.

Umfang einhalten

Ihr Buchprojekt haben Sie mit Blick auf den Leser in Angriff genommen. Sie haben eine bestimmte Zielgruppe im Auge, und davon wieder haben Sie sich einen ganz bestimmten imaginären Leser vorgestellt: Ihren Leser.

Über den Buchumfang bei den einzelnen Literaturgattungen haben Sie sich schon durch die Konkurrenztitel informiert bzw. ist der Manuskriptumfang in Ihrem Verlagsvertrag festgelegt. Versuchen Sie diesen Umfang in etwa einzuhalten. Ein Buch darf nicht zu dünn, aber auch nicht zu dick werden. Ihr Leser hat eine ganz bestimmte Vorstellung von dem Idealumfang Ihres Romans, Ihres Sachbuches, Ihres Ratgebers. Und vor allem: Er ist bereit, für ein Buch von diesem Umfang einen ganz bestimmten Preis zu zahlen.

Nicht zu dünn und nicht zu dick

Weniger würde er natürlich gerne zahlen, aber in keinem Fall mehr!

Schreiben Sie nun hundert Seiten weniger als mit Ihrem Verlag vereinbart, der dieses Preis-Umfang-Verhältnis bei Vertragsabschluß berücksichtigt hatte, so wird Ihr Leser Ihr Buch nicht kaufen, weil es äußerlich zu dünn ist. Daß Sie gegenüber den Konkurrenzbüchern den viel besseren Inhalt haben, wird Ihr Leser in der Buchhandlung auf den schnellen Blick nicht herausfinden. Aber er wird Ihr Buch nicht kaufen, weil ein anderer Ratgeber über Ziegenzucht aufgrund des größeren Umfangs den besseren Eindruck vermittelt.

Haben Sie umgekehrt hundert Seiten über den vereinbarten Umfang abgeliefert und läßt sich das Manuskript nicht kürzen, so wird Ihr Verlag den Preis anheben müssen. Diesen Preis will Ihr Leser für sein Hobby der Ziegenzucht nun aber doch nicht ausgeben. Er greift auch in diesem Fall zum Konkurrenzbuch.

Genauso würde es Ihnen mit einem zu »dünnen« oder zu »dicken« Roman ergehen. Für sein Geld will Ihr Leser zwar ein gewisses Gewicht in der Hand spüren, einen zu dicken Schinken, und dann noch von einem ihm nicht bekannten Autor, will er nicht lesen; in keinem Fall will er dafür einen zu hohen Preis zahlen.

Nur in gewissem Rahmen tolerierbar Ihr Buch bedarf also des Idealgewichts, um für den Leser attraktiv zu sein. Vergleichen Sie also immer wieder bei der Manuskripterstellung die bis jetzt zurückgelegte Teilstrecke mit der geplanten Gesamtlänge. Von dem vereinbarten Umfang sollten Sie nach unten oder nach oben nicht mehr als etwa 15 Prozent abweichen. Diese Schwankung bewegt sich innerhalb eines tolerierbaren Rahmens. Genau jedoch müssen Sie die Umfänge einhalten, wenn Sie zum Beispiel für eine Jugendbuchreihe schreiben, bei der die Seitenzahl exakt für die gesamte Reihe vorgegeben ist. Auch bei den meisten Ratgeberreihen sind die Umfänge exakt festgelegt.

Zum guten Schluß das Register?

Ein Sachbuch, ein Ratgeber, ein Reiseführer, ein Kochbuch lassen sich vom Leser viel besser benutzen, wenn sie ein Register vorweisen. Nun machen sich aus diesem Grunde manche Autoren die Mühe und liefern zu ihrem Manuskript schon das komplette Register mit.
Diese Arbeit ist zu diesem Zeitpunkt jedoch verfrüht, da das Stichwortverzeichnis mit den dazugehörigen Seitenzahlen erst nach dem Umbruch erstellt werden kann, also dann, wenn die Seitenzahlen feststehen. Lassen Sie aus Ihrem Manuskript also erst einen Umbruch werden. Und am besten einigen Sie sich mit Ihrem Verlag so, daß Sie bei Ihrer Umbruchkorrektur den Registeranstrich machen und daß der Verlag dann die restlichen Arbeiten durchführt.
Ist Ihr Sachbuch oder Ratgeber stark gegliedert oder gar lexikalisch angelegt, so erübrigt sich ein Register ohnehin.

Vom Manuskript zum fertigen Buch

Die Stationen im Verlag

Ihr fertiges Manuskript, ob Sie es nun sukzessive oder komplett abgeliefert haben, landet auf dem Schreibtisch Ihres Lektors. Er wird es lesen, und er wird gegebenenfalls größere Korrekturen oder Änderungswünsche mit Ihnen besprechen.

Satzreifes Manuskript Der Abgabetermin für Ihr Manuskript ist zumeist so bestimmt, daß der Lektor das laufende Programm abgeschlossen hat und nun die Manuskripte für das kommende Programm sichtet. Je weniger er an Ihrem Manuskript tun muß, um so besser wird es ihm gefallen.

Sie sollten als Autor keine Wunderdinge vom Lektor erwarten. Aufgrund seines heute als Produktmanagement zu bezeichnenden Arbeitsplatzes ist er auf die gute Qualität Ihres Manuskriptes angewiesen.

Es ist gut für Sie zu wissen, daß noch jemand Ihr Manuskript auf Inhalt und Stil liest. Dies sollte Sie jedoch nicht dazu verführen, die Augen vor Ungereimtheiten in Ihrem Manuskript zu verschließen. Nach dem Motto: Der Lektor wird's schon richten. Machen Sie es genauso wie beim Kuchenbacken: Der Kuchen wird nur dann gut, wenn vor dem Backen auch schon alle Zutaten enthalten sind. Und wenn Sie Ihren Vertrag genau lesen, so werden Sie den Passus finden, daß Sie ein vervielfältigungsfähiges Manuskript abzuliefern haben. Im Klartext heißt dies: Ihr Manuskript sollte so beschaffen sein, daß es gleich in den Backofen geschoben werden kann.

Die Praxis steht dem jedoch entgegen: An den Manuskripten wird je nach der Organisation und der Qualität eines Verlages mehr oder weniger getan. Verlage, die viel auf ihren guten Ruf halten, geben mehr Geld für das Lektoratswesen aus. Mit anderen Worten: Mehr Lektoren betreuen weniger Bücher, so daß jedes Projekt eine bessere, ja vielleicht eine optimale Begleitung erfährt. Der Lektor wird mit dem Autor schon bei der Entstehung des Manuskriptes eng zusammenarbeiten, um von Beginn an den richtigen Kurs abzustimmen. Die sukzessive Abgabe des Manuskriptes wird hier eher die Regel als die Ausnahme sein.

Viele Verlage führen jedoch, gemessen am Titelausstoß, relativ kleine Lektorate. Die Durchsicht des Manuskriptes wird da vielfach von Außenlektoren ausgeführt. Diese Lösung bringt für den Autor Nachteile, weil der Kontakt zwischen Autor und Außenlektor in aller Regel eher schwach ist und weil der Lektor, der ja Ihr Werk innerhalb des Verlages vertritt, nicht die Nähe zum Manuskript hat. Gerade das so wichtige Herausarbeiten der Verkaufsargumente kann nur auf Grundlage des Manuskriptes geschehen. Der Lektor und die anderen Abteilungen des Verlages können sich viel von Ihrem Werk vorstellen und vielleicht sogar Verkaufsargumente hineininterpretieren, die gar nicht vorhanden sind. Diese Luftblasen haben jedoch wie Lügen allgemein kurze Beine, und die Überinterpretation wird Ihnen nichts nutzen.

Der Außenlektor ist nicht in die Verkaufsmaschinerie Ihres Verlages eingespannt, daraus ergeben sich nun möglicherweise Nachteile für die Präsentation Ihres

Außenlektorat

Buches. Dafür hat der Außenlektor ein anderes Interesse, und dies kann für Sie ebenfalls nachteilig sein. Er steht nicht wie der Lektor unter dem Zwang, daß sich die von ihm betreuten Bücher gut verkaufen (was natürlich auch Ihr Ziel ist!), er will vielmehr seine Existenzberechtigung auf anderem Gebiet nachweisen: der Überarbeitung.

Außenlektoren treffen leider nicht immer die kluge Mitte: Entweder sie machen zuwenig am Manuskript, oder sie schütten das Kind mit dem Bade aus, indem sie das Manuskript praktisch neu schreiben, oder sie lehnen es als nicht zu überarbeiten ab. Gerade dieser Fall tritt oft dann ein, wenn es sich beim Außenlektor um einen Fachmann für ein bestimmtes Sachgebiet, also einen Kollegen, handelt. Hier wird Kompetenz unter Beweis gestellt, und die geht dann zu Lasten des Autors.

Positive Ausnahmen Es gibt jedoch eine Reihe von erfahrenen Außenlektoren (und es werden immer mehr), und wenn Sie dieses Glück haben, dann kann sich daraus eine sehr fruchtbare Zusammenarbeit am Manuskript ergeben. In jedem Fall werden Sie darauf achten, daß die Verkaufsargumente Ihres Werkes im Verlag Gehör finden, und Sie werden im Falle von Überreaktionen des Außenlektorats auf dessen besondere Motivation verweisen.

Beanstandungen am Manuskript

Je nach dem Image des Verlages wird also der Umfang der Lektoratsarbeiten an Ihrem Manuskript ausfallen. Je größere Stücke ein Verlag auf sich hält, je größer ist auch die Wahrscheinlichkeit, daß Sie Ihr Manuskript zur Überarbeitung für einzelne Passagen oder auch größere Abschnitte zurückerhalten. Im ungünstigsten Fall wird das Manuskript zurückgewiesen, und es wird eine komplette Überarbeitung gefordert.

Die teilweise Überarbeitung wird in aller Regel Ihrem Buch Vorteile bringen, denn die Augen des Lektors sehen Schwächen, die Sie als Autor nie sehen können. Der Lektor hat die Erfahrung und die Distanz, die Sie als Autor in diesem Maße nicht haben können. **Durchaus normal**

Kompliziert wird es, wenn das Manuskript insgesamt zurückgewiesen wird und der Verlag somit signalisiert, daß der Vertrag von Ihrer Seite nicht erfüllt wurde. Im Kapitel über den Verlagsvertrag habe ich die verschiedenen Möglichkeiten durchleuchtet.

Nehmen wir an, daß an Ihrem Manuskript nur Lektoratsarbeiten im üblichen Rahmen notwendig waren. Ist der Erscheinungstermin Ihres Werkes z. B. für das Frühjahrsprogramm geplant und haben Sie Ihr Manuskript im August oder September abgegeben, so wird in fast allen Fällen bis spätestens Dezember die Durchsicht im Lektorat beendet sein. Anschließend geht das Manuskript in Satz. Sie erhalten etwa drei Wochen später die Fahnen oder den Umbruch.

Heute wird oftmals gleich auf Umbruch gesetzt, d. h., der Text ist schon auf Seitenzahlen umbrochen. Mit dem Wort *Fahne* wird der gesetzte, aber noch nicht umbrochene Text bezeichnet. Eine solche »Seite«, die den Umfang von vielleicht zwei späteren Buchseiten umfaßt, würde in der Tat im Wind schön flattern. Sie werden Fahnen oft nur zu sehen bekommen, wenn Sie ein stark bebildertes Buch veröffentlichen wollen. Dann wird in der Herstellungsabteilung des Verlages aus den Fahnen, also Ihrem abgesetzten, jedoch noch nicht umbrochenen Text, zusammen mit den Bildvorlagen ein Klebeumbruch erstellt. **Die Umbruchkorrektur**

Die Fahnen bzw. den Umbruch werden sowohl Sie als

auch der Korrektor des Verlages zur Korrektur bekommen. Der Lektor wird den Umbruch in aller Regel nicht mehr lesen.

Der Korrektor im Verlag liest auf Rechtschreibfehler und auf Grammatik sowie auf Satzfehler. Er wird sehen, ob Rhythmus zweimal mit »h« geschrieben und ob in der Setzerei auch das Komma nicht vergessen wurde. Und er wird u. a. auf *Hurenkinder* achten. Dies sind überzählige Zeilen, die sich durch den Umbruch ergeben.

Sie werden auch Rechtschreib- und Grammatikfehler korrigieren, doch gilt Ihr Augenmerk vor allem dem Inhalt. Nur Sie werden erkennen, ob in der Setzerei aus Versehen Text vergessen wurde. Ein Korrektor muß nicht unbedingt bemerken, ob ein halbes Kapitel verlorengegangen ist. Sie werden diesen Verlust sofort bemerken, auch wenn es sich nur um einen Absatz handelt.

Der Registeranstrich Erhält Ihr Werk ein Register, so werden Sie bei Ihrer Umbruchkorrektur am besten gleich den Registeranstrich vornehmen. Sie werden jedes Wort, das Sie im Stichwortverzeichnis aufgeführt sehen wollen, anstreichen. Haben Sie sich einmal für ein Stichwort entschieden, so müssen Sie es immer wieder anstreichen, solange es Ihnen in Ihrem Text über den Weg läuft. Allerdings auf jeder Seite höchstens einmal.

Beim Registeranstrich werden Sie immer zwischen zwei Extremen schwanken: Streiche ich zuviel oder streiche ich zuwenig an? Sie kennen Ihr Werk am besten, und Sie haben eine genaue Vorstellung von Ihrem Leser, also wissen Sie auch, was er von Ihrem Buch erwartet und wo er aufgrund Ihres Stichwortverzeichnisses noch einmal nachschlagen möchte. Schreiben Sie ein Buch zu einem ganz speziellen Thema, zum Beispiel über Ziegenzucht, so werden Sie das Stichwort *Ziege* nicht ins Register aufnehmen, genausowenig wie diejenigen Stichworte, die fast auf jeder Seite vorkommen.

Perfektion gibt es nicht
Wenn Sie es sich mit Ihrem Verlag nicht verderben wollen, dann hüten Sie sich bei der Umbruchkorrektur aber vor einer Leidenschaft mancher Autoren: Lassen Sie die Finger von stilistischen Verbesserungen und womöglich neuen Passagen! Mancher Autor sieht nun erst, was er alles hätte viel besser machen können, und beginnt, sein Buch noch einmal neu zu schreiben. Jede Korrektur ist jedoch mit Kosten verbunden und außerdem mit der Gefahr, daß durch die Korrektur neue Fehler entstehen.
Entdecken Sie gravierende Fehler im Inhalt, so müssen Sie selbstverständlich korrigieren, und innerhalb eines gewissen Spielraums wird es der Verlag tolerieren.

Die Werbetexte
Wahrscheinlich wird Ihr Lektor schon bald nach Manuskriptabgabe von Ihnen einen Entwurf haben wollen, aus dem der Inhalt und die spezifischen Verkaufsargumente Ihres Werkes hervorgehen. Diesen Text benötigt Ihr Lektor für die Programmvorschau, die im November bzw. im April verabschiedet und vor der Reise der Vertreter an die Buchhändler abgeschickt wird. Diese Vorlage wird der Lektor auch für den Klappen- und Rückseitentext – entsprechend bearbeitet – verwenden.
Auch die Presseabteilung wird mit Ihrem Text etwas anfangen können: Von dort werden an mögliche Re-

Sie nehmen Ihr Exposé

zensenten bei Presse, Funk und Fernsehen Umbrüche oder die ersten fertigen Exemplare meist mit einem *Waschzettel* verschickt, der eine positive Besprechung Ihres Buches darstellt. Ihr Text wird diese positiven Merkmale enthalten.

Nun haben Sie ja bereits viel Arbeit in Ihr ursprüngliches Exposé gesteckt, und dies haben Sie gerade im Hinblick auf Ihre Leser geschrieben. Haben sich nach Beendigung des Manuskriptes noch neue Gesichtspunkte ergeben, so werden Sie diese in Ihr Exposé einarbeiten und es dann dem Lektor vorlegen. In den meisten Fällen jedoch wird Ihr Text, mit dem Sie Ihr Buchprojekt beim Verlag vorgestellt hatten, den Anforderungen genügen.

Dies gilt auch für Ihre Vita, die Sie Ihrem Exposé von Beginn an beigefügt hatten.

Ihr Stimmungsmacher Ihr Manuskript hat bisher im Verlag zwei Stationen durchlaufen: das Lektorat und das Korrektorat. Mit dem Lektor hatten Sie ja schon die ganze Zeit Kontakt; der Korrektor hat Ihr Manuskript, bevor es in Satz ging, möglicherweise auch auf Rechtschreibung und Grammatik durchgesehen, wird dies in jedem Fall aber im Umbruch tun.

Alle anderen Abteilungen im Verlag sind für den weiteren Werdegang Ihres Buches ebenfalls sehr wichtig. Gehen Sie aber davon aus, daß nun keiner mehr im Verlag Ihr komplettes Werk lesen wird.

Sie können jetzt erkennen, wie wichtig der Lektor als Stimmungsmacher für Ihr Buch ist, denn die einzelnen Leute in den Abteilungen arbeiten dann Ihrem Projekt besser zu, wenn sie entsprechend motiviert sind.

Auch wird jetzt noch einmal deutlich, welche große Rolle Ihrem ursprünglichen bzw. nach Manuskripterstellung aufpolierten Exposé zukommt: Dieser Text prägt das Bild Ihres Buches in den einzelnen Abteilungen. Letztlich pflanzen sich nur die Verkaufsargumente fort, die in diesen Text eingegangen sind: Gleich, ob Sie die letztgültige Vorlage geschrieben haben oder der Lektor, nachdem er das gesamte Manuskript gelesen hat.

Die Herstellung

Man darf sich einen Verlag nicht so vorstellen, daß an dem einen Ende das Lektorat sitzt und am anderen Ende die Druckerei. Bis auf wenige Ausnahmen besitzen Verlage keine eigene Druckerei, und wenn, dann ist es meist umgekehrt: Die Druckerei besitzt einen Verlag.

Druckereien unterliegen ständig einer hohen Modernisierungsrate und operieren umsatzmäßig in anderen Regionen als Verlage. Eine Druckerei wäre durch einen Verlag gar nicht ausgelastet, sie druckt meistens Bücher von vielen Verlagen bzw. ist durch andere Druckaufträge ausgelastet.

Die Kalkulation

Die Herstellungsabteilung Ihres Verlages wird sich Kalkulationen von verschiedenen Druckereien für die Herstellungskosten Ihres Buches geben lassen. Hierzu hat der Hersteller vor allem den Umfang Ihres Werkes in Druckseiten ausgerechnet, die Bebilderung und die Ausstattung angegeben.

Er wird möglicherweise mehrere Modelle kalkulieren lassen. Diese Kalkulationsmodelle – Ausstattung und Erstauflage betreffend – werden dann in internen Konferenzen als Grundlage für Entscheidungen wie gebundene Ausgabe mit Schutzumschlag oder Paperback verwendet. Dabei wird jetzt mit den vorliegenden Daten das Preis-Leistungs-Verhältnis abgestimmt: Was muß das Buch in der Ausstattung bringen, um den von Ihnen angesprochenen Leser zu erreichen?

Sie hatten von Beginn an diesen Leser im Auge, haben eine Vorstellung von Umfang und Bebilderung gehabt, die von der Kalkulation noch getragen werden können: Es dürfte für Ihr Buchprojekt jetzt keine böse Überraschung geben.

Diese Kluft zwischen einer Buchidee und der rauhen Wirklichkeit der Kalkulation läßt eine Vielzahl von hoffnungsvoll begonnenen Buchprojekten später auf den Ramschtischen landen. Dies trifft in besonderem Maße auf Buchprojekte zu, die stark bebildert werden oder in einem besonderen Format erscheinen müssen. Kann Ihr Buch nur zu einem sehr hohen Verkaufspreis kalkuliert werden, wird es möglicherweise wie Blei im Buchhandel liegen.

Der Einband Die Stärke Ihrer Verkaufsargumente auch gerade im Hinblick auf die Konkurrenz wird den Ausschlag geben, wie der Verlag Ihr Buch in der Buchlandschaft einordnen kann. Dies spielt auch eine Rolle bei der Gestaltung des Einbands. Hierzu hat der Hersteller zumeist mehrere Entwürfe anfertigen lassen, die von einer Verlegerausschuß- oder Marketingsitzung (oder wie immer die Konferenzen in den einzelnen Verlagen auch heißen) begutachtet werden.

Die Titelkonferenz

Zuvor wird es eine Titelkonferenz gegeben haben, denn zum richtigen Einband gehört zuerst natürlich der richtige Titel. Während der Verlag Sie bei der Gestaltung des Einbands kaum fragen wird (es sei denn, Sie könnten ein Foto, den Inhalt betreffend, beisteuern), haben Sie beim Titel ein Mitspracherecht.

Speerspitze des Verkaufs

Bei Büchern, die die Erwartungen nicht erfüllt haben, wird gerne der dann plötzlich schlechte Titel als Sündenbock angesehen. Ob nun zu Recht oder zu Unrecht: im Titel kristallisiert sich die Speerspitze des Verkaufs. Auf diesen Punkt laufen alle bisherigen Anstrengungen, Ihren Leser genau zu treffen, zusammen. Wehe Ihrem Projekt, wenn Sie oder Ihr Lektor und dadurch auch die anderen Abteilungen des Hauses ein diffuses Bild von der Zielgruppe hatten. Der Titel wird den Leser nicht ansprechen, weil der kreative Vorgang der Titelschöpfung nur aus dem verdichteten Bild von Ihrem Buch entstehen kann.

Ihr Exposé muß dieses verdichtete Bild liefern, zusammen mit den Ergänzungen, die der Lektor beiträgt. Und dies ist das Erstaunliche: Diejenigen, die Ihr Manuskript gar nicht kennen, sich nur auf die kurzen Texte stützen, finden oft die besseren Titel.

Erst der Kaufanreiz

Der Grund hierfür ist so schwer nicht einzusehen: Wer solche Nähe zum Manuskript hat wie Sie oder der Lektor, sieht oftmals den Wald vor lauter Bäumen nicht. Ein Titel muß plakativ sein, muß den Leser ansprechen, muß ihn zum Kauf bewegen. Die Reihenfolge ist ja: erst kaufen, dann lesen. In dieser Situation sind auch alle diejenigen im Verlag, die Ihr Manuskript nicht kennen. Sie stützen sich wie der spätere potentielle Käufer nur auf kurze Texte und treffen somit oftmals den richtigen Titel.

Allerdings haben Sie ja gleich bei Ihrer Planung nach einem pfiffigen Titel Ausschau gehalten, weil ein Kind mit einem attraktiven Namen eben bessere Chancen hat; denn ein solches Projekt ist allen vorstellbar, wird zum Begriff. Da hatten Sie Ihr Buch zwar schon im Kopf, besaßen aber noch den Abstand. Außerdem haben Sie Ihren Leser die ganze Zeit nicht losgelassen:

Wahrscheinlich wählten Sie so schon den richtigen Titel bzw. haben Sie die richtige Zielrichtung vorgegeben, so daß Ihr ursprünglicher Arbeitstitel vielleicht nur in geringer Abwandlung als endgültiger Titel angenommen wird.

Werbung, Presse, Vertrieb

Mit diesen Abteilungen haben Sie wahrscheinlich relativ wenig Kontakt. Sie sollten jedoch wissen, daß es sie gibt; denn in einigen Situationen werden Sie dem Verlag den richtigen Anstoß für seine Mitarbeit geben, und dies können Sie nur, wenn Sie wenigstens eine Vorstellung davon haben, welche Instrumente zur Verfügung stehen.

Motivieren Sie Ergibt sich die Gelegenheit, mit dem Abteilungsleiter von Presse/Werbung oder Vertrieb/Marketing zu sprechen, so scheuen Sie den Kontakt nicht. Sie werden für Ihr Buch motivierend wirken, und der Einsatz dieser Abteilungen spielt eine tragende Rolle bei der Verbreitung Ihres Werkes.

Kaum Einfluß haben Sie auf die Werbung, abgesehen von den Verkaufsargumenten, die Sie in Ihrem Exposé bzw. Kurztext verpackt hatten und die die Gestaltung der Werbung beeinflussen. Wahrscheinlich werden Sie mit der Werbung zu Ihrem Buch nicht zufrieden sein. Nicht wegen der Gestaltung, aber wegen des Umfangs. Von hundert Autoren sind vielleicht fünf mit der Werbung zu ihrem Buch zufrieden, die große Zahl ist es nicht. Sie befinden sich also nicht allein auf weiter Flur.

Beschränkte Mittel Werbung, vor allem Publikumswerbung, ist so teuer, daß sich dies für die meisten Projekte nur in einem gewissen Rahmen rechnet. Mit anderen Worten: Ein Verlag kann nicht Euro 50 000 für die Werbung aus-

geben, wenn er sich ausrechnet, daß trotz aller Anstrengungen nicht mehr als 10 000 Exemplare zu verkaufen sind. Bei einem Buch mit einem Ladenverkaufspreis von Euro 20 wäre das ein Werbeanteil, gemessen am Umsatz des Verlages, von 50 Prozent.
Bei diesem Beispiel wäre allerhöchstens eine Summe von ca. Euro 10 000 gerade noch vertretbar. Mit dieser Summe müßten jedoch alle Werbeaktionen des Verlags abgedeckt werden, einschließlich der Programmvorschau für den Buchhandel. Wenn Sie nun bedenken, daß Sie für die dann noch verbleibende Summe nicht einmal eine kleine Anzeige im *Spiegel* bekommen, so können Sie sich ausrechnen, daß der Verlag sich vor allem auf die Buchhändlerwerbung beschränken muß.
Bei der Werbung kann es natürlich so sein, daß das Geld, das man zum Fenster hinauswirft, durch die Tür wieder hereinkommt, und Sie sollten, wenn Sie für Ihre Zielgruppe ganz bestimmte Werbemöglichkeiten sehen, den Verlag hierzu ermutigen.

Ran an die Meinungsmacher

Weil die Werbeabteilung nur beschränkt Publikumswerbung machen kann, kommt Ihrer Zusammenarbeit mit der Presseabteilung des Verlages große Bedeutung zu. Gute Besprechungen in Zeitungen und Zeitschriften können fehlende Werbung mehr als ersetzen. Überlegen Sie sich schon frühzeitig, ob Sie Leute bei Presse, Funk und Fernsehen kennen, die für eine Rezension Ihres Buches in Frage kämen. Diese Liste wird für die Presseabteilung Ihres Verlages wichtig sein.
Sie werden vielleicht auch Vorschläge machen, wer für ein Interview zu interessieren wäre, ob eine Talk-Show in Frage kommt. Vielleicht haben Sie auch einen

Haben Sie Kontakte?

guten Aufhänger für eine Präsentation bei Erscheinen Ihres Buches.
Falls Sie das Glück haben und mit Ihrem Buch im Fernsehen vorgestellt werden, so erinnern Sie den Verlag an den Termin, damit dieser die Vertreter entsprechend informieren kann.

Verkaufsförderung
Manche Verlage haben eine »Abteilung« Verkaufsförderung eingerichtet, die aber zumeist nur aus einer Person besteht und ein Anhängsel von Vertrieb und Marketing ist.
Alles das, was über den gewohnten und gut oder weniger gut geölten Vertriebsalltag hinausgeht, wird dann von der Verkaufsförderung wahrgenommen.
Obwohl ja eine ganze Reihe von Leuten am gutem Gelingen Ihres Werkes im Verlag mitstrickt, sind Sie als Autor nicht nur der Schöpfer des Werkes, Sie sind letztlich auch der entscheidende Motor für die Verbreitung. Dies erkennen viele Autoren nicht; deshalb wird ein eigenes Kapitel über die verschiedenen Möglichkeiten, sein eigener Promoter zu sein, berichten.
Viele dieser von Ihnen gesponnenen Fäden werden durch die Abteilung Verkaufsförderung oder den Vertrieb im Verlag unterstützt.
Wenn Sie zum Beispiel Vorträge über Ihr Buchthema halten, so sollte möglichst eine Buchhandlung mit einem Büchertisch vor Ort sein und Ihr Buch verkaufen. Wenn Sie eine Lesetournee in Buchhandlungen oder Versammlungsräumen abhalten wollen, so wird die Verkaufsförderung die Reise organisieren.

Vertrieb

Ob Lektorat, Herstellung, Werbung, Presse, Verkaufsförderung – diese Abteilungen sind die Dampfmacher (und Sie als Autor sollten der Oberheizer sein!) unter dem Kessel der Vertriebslokomotive. Am besten hören Sie vom Vertrieb gar nichts, höchstens einen Freudenschrei, wie gut Ihr Buch läuft. Der Vertrieb sollte wie geschmiert funktionieren, gut eingestimmt auf Ihr Produkt Buch. Ihren Buchplan haben Sie von Beginn an auf das Getriebe des Vertriebs abgestimmt; denn nur wenn Thema, Umfang, Leseransprache, Titel, Ausstattung und Preis stimmen, wird der Vertrieb nicht auf dem Buchmarkt mit Ihrem Buch anecken, es wird vielmehr *laufen*.

Dies ist Ihr Ziel als Schriftsteller: Sie planen ein Buch für den Buchmarkt, so daß Sie von einem Verlag in einem möglichst frühen Manuskriptstadium ein Vertragsangebot erhalten. Dies erreichen Sie um so schneller, je mehr Ihr Projekt auf den Buchmarkt zugeschnitten ist. Sie erinnern sich noch an die *Schere Vertreterkonferenz*, die jeder Lektor, Verlags- und Marketingleiter im Kopf mit sich trägt, wenn er ein Buchprojekt begutachtet. Diese Schere schneidet nicht weg, wenn Ihr Buchprojekt aufgrund Ihrer sorgfältigen Buchplanung gute Verkaufsaussichten verspricht, wenn der Lektor, der Verlags- und der Marketingleiter in seiner Vorstellung die Vertreter das Buchprojekt loben hört.

Am besten lautlos

Weil Sie den *Verkauf* Ihres Buches geplant haben, wird der Vertrieb gut damit zurechtkommen. Sie haben das Ziel vorgegeben, und der Vertrieb trifft es nun.

Wenn Sie Ihre Buchidee zum Bestseller machen wollen, wird es weiterhin entscheidend auf Ihre Aktivitäten ankommen.

Wichtig wird dabei sein, daß Sie die PR-Abteilung des Verlags auf die Möglichkeiten der Darstellung in den anderen Medien hinweisen, wo immer Sie eine Chance sehen.

Der Autor ist der Motor

Auf Ihre Aktivitäten kommt es an

Wenn Sie sich mit einer Buchidee tragen oder schon ein fertiges Manuskript in der Schublade haben, sind Sie vor allem von dem einen Gedanken beseelt: »Wie schön wäre es, wenn das Projekt von einem Verlag angenommen würde!« **Nicht die Hände in den Schoß legen**

Als bereits gestandener Autor werden Ihre Wünsche möglicherweise noch etwas höher angesiedelt sein. Sie wollen, daß aus Ihrer Buchidee ein Bestseller wird.

Nun gibt es eine Reihe von Bestsellern, denen vorher kaum jemand einmal diese Bezeichnung zugetraut hätte. Es gibt Stimmen im Verlagsgeschäft, die sogar behaupten, Bestseller kann man nicht machen. Also den Dingen ihren Lauf lassen? Ich meine, daß man zumindest alles tun sollte, um die Chancen für einen Bestseller zu wahren.

Nun soll Ihnen dieses Buch dabei helfen, Ihr Projekt zielgenau zu planen, richtig anzubieten und leserbezogen zu schreiben – und eben die Chancen für einen Bestseller zu erkennen und dann auch zu ergreifen.

Sollten Sie jetzt den ersehnten Verlagsvertrag unterschrieben vorliegen haben und sollte es sich dabei gar um einen großen und bekannten Verlag handeln, dann dürfen Sie sich zu Recht freuen. Zugleich prüfen

Sie aber auch die Möglichkeiten, die *Ihnen* zu einer großen Verbreitung Ihres Werkes zur Verfügung stehen.

Auch wenn Sie Ihr Buchprojekt bei einem großen Verlag untergebracht haben, legen Sie nicht die Hände in den Schoß, nachdem Sie das Manuskript abgegeben haben. Die Enttäuschung ist zumeist vorprogrammiert, und es ist ein offenes Geheimnis, daß sich die meisten Bücher schlechter verkaufen, als man sich das vorgestellt hat.

Sie und der Verlag haben das gleiche Interesse: das Buch soll sich möglichst gut verkaufen. Ihr Interesse wird jedoch immer das stärkere sein, denn ein Verlag hat viele Bücher im Programm, und so verteilen sich das Interesse und die Aufmerksamkeit.

Und noch eine weitere für die meisten Schriftsteller bittere Wahrheit ist die Halbwertzeit eines Buches. Wenn Ihr Werk nicht in einer Buchreihe eingebunden ist, für die immer noch einmal Reihenwerbung gemacht wird, verschwindet Ihr Buch nach einem Jahr fast aus dem Blickwinkel des Verlages.

Wiederbelebung ist selten Und Sie bringen eher einen Esel zum Schlittschuhlaufen, als daß Sie einen Verlag bewegen könnten, noch einmal Werbung in Ihr Buch zu stecken. Da muß schon etwas Sensationelles passiert sein, und Ihr Buch muß dabei eine Rolle spielen. Auch in diesem Fall wird es an Ihnen liegen, den Verlag mit der Nase darauf zu stoßen.

Will der Verlag kein Geld verdienen? Wenn Ihr Buch gut läuft, wird der Verlag kontinuierlich für Ihr Buch sorgen, doch wenn es sich nicht so richtig von der Stelle bewegt – und nach der Statistik könnte Ihr Buch dazugehören –, passiert gar nichts mehr. Unverblümt ausgedrückt: Schafft Ihr Buch nicht im ersten halben

Jahr nach dem Erscheinen einen guten Platz im Sortiment, muß schon ein kleines Wunder der Wiederbelebung passieren. Der Grund ist einfach: Das neue Programm erscheint, Einsatz und Hoffnung des Verlages richten sich auf die neuen Titel. Und der Buchhandel soll die aktuellen Titel bestellen.

Die Verlage wollen natürlich Geld verdienen, deshalb werden sie kein Geld mehr in Ladenhüter stecken. Ihr Lieblingskind, Ihr Buch, wird von Verlag und Buchhandel nach ökonomischen Prinzipien behandelt: was sich nicht verkauft, wird nicht gefördert.

Der Starke bekommt, der Schwache nicht

Gehen Sie davon aus, daß ein Verlag jedes Projekt nach den spezifischen Möglichkeiten kalkuliert. Es ist nicht so, daß von dem einen Projekt Geld abgezogen wird, um einem schwächeren auf die Beine zu helfen. Doch welches Projekt ist stark, und welches ist schwach? Nachdem die Vertreter die ersten Vorbestellzahlen des Buchhandels an den Verlag melden, ergibt sich schon eine deutliche Rangfolge. Und die Neigung des Verlages, in die gut laufenden Bücher Geld zu stecken, ist natürlich ausgeprägter. Die Folge ist, daß sich der Abstand noch vergrößern wird.

Lassen Sie es deshalb von Beginn an gar nicht erst zu, daß Ihr Projekt als ein schwächerer Titel eingestuft werden muß.

Sie sind der Schöpfer Ihres Werkes, und Sie müssen auch der Verkaufsmotor sein.

Das Verkaufen beginnt im Verlag

Bei der Planung Ihres Buches hatten Sie bereits mit dem Verkauf begonnen; denn Sie hatten sich überlegt, wie Thema und Ausführung beschaffen sein müßten, damit es gekauft wird. Mit Ihren Verkaufsargumenten hatten Sie zunächst den Lektor überzeugt, der sich wiederum im Verlag mit diesem Projekt durchsetzen konnte. Der Anfangsschwung läßt jedoch wie bei allen Sachen nach. Die erste Begeisterung klingt ab. Außerdem geht von Abteilung zu Abteilung mehr Energie verloren. Von den Möglichkeiten, die Sie in dem Projekt sehen, kommt am Ende der vielen Stationen zumeist nur noch ein schwacher Abglanz heraus.

Schieben Sie an In den Monaten zwischen der Abgabe Ihres Manuskriptes und dem Erscheinen Ihres Buches, in diesem Zeitraum von zumeist sechs Monaten, werden die Weichen für das Gelingen des ganzen Vorhabens gestellt.

Mit Augenmaß Ich will Sie nicht dazu anstiften, nun Ihren Lektor und alle anderen Abteilungen laufend mit neuen Werbe- und Verkaufsideen zu bombardieren; doch ist vornehme Zurückhaltung auch nicht angebracht. Wer mit schrulligen Einfällen kommt, mit denen er sein Buch *pushen*, also anschieben, will, der wird als Sonderling angesehen und wird seinem Buch eher schaden. Wer aber gute Anknüpfungspunkte für Werbung, Presse und Verkauf verstreichen läßt, ohne den Verlag darauf aufmerksam zu machen, der verliert in dieser entscheidenden Phase an Boden.

Denken Sie jetzt vielleicht schon darüber nach, ob Ihnen ein guter Aufhänger für die Präsentation Ihres Werkes bei Erscheinen einfällt. Vielleicht liefert Ihr Thema einen Anknüpfungspunkt, vielleicht haben Sie in Ihrer Nähe einen auch für die Presse reizvollen Ort für die Vorstellung des Buches.

Um mit einem Beispiel – im wahrsten Sinne des Wortes überspitzt – zu zeigen, was ich meine: Falls ich ein Buch über Ziegen als nützliche Haustiere schreiben würde und in der Nähe der Alpen wohnte, so würde ich den Verlag überreden, eine Buchpräsentation auf der Zugspitze zu veranstalten. Dort würde ich als Autor das hoffentlich gutmütige Tier vor der Presse melken, Ziegenkäse anbieten und viele tolle Sachen über Ziegen erzählen, die man früher auch als Kuh des kleinen Beamten bezeichnete.

Dieses Beispiel nähert sich schon sehr einer etwas schrulligen Idee, und Ihnen wird für eine mögliche Buchpräsentation sicherlich etwas Besseres einfallen. Nun kann es natürlich nicht für jede Neuerscheinung eine Präsentation geben, und wenn, dann ist das Ausgefallene für die Presse zumeist attraktiver.

Zunächst müssen Sie jedoch den Verlag für eine solche Veranstaltung gewinnen, denn die kostet Geld und Zeit. Sie haben so eventuell Gelegenheit, bereits mit einigen Abteilungen des Verlages in Kontakt zu kommen. Ihr Buchprojekt wird davon profitieren, denn Sie motivieren durch Ihr Gespräch. Ein Autor zum Anfassen läßt ein Buchprojekt lebendig werden. Möglicherweise haben Sie auch einen nützlichen Hinweis auf besondere Vertriebsmöglichkeiten Ihres Werkes. Wenn der Tip interessant ist, können Sie sicher sein, daß der Vertriebsleiter Sie mit offenen Armen empfängt. Der Griff zum Telefonhörer oder ein Brief wird zunächst vielleicht auch genügen, um Ihren Hinweis zu verdeutlichen. Suchen Sie aber den direkten Weg zu den Abteilungschefs! Ihr Lektor wird zwar sein möglichstes für Ihr Buch tun, doch wirkt ein Autor aus zweiter Hand nie so motivierend.

Ein Autor aus Fleisch und Blut

Für den Werbechef haben Sie eventuell auch ein paar Anregungen, weil Sie bestimmte Fachzeitschriften kennen, in denen eine Anzeige genau Ihre Zielgruppe treffen würde, oder es gibt einen ganz bestimmten Termin, der im Zusammenhang mit der Publikation Ihres

Buches von Bedeutung ist und auf der die Werbung abzielen muß. Dies wird dann wahrscheinlich auch den Pressechef interessieren.

Hoffnung machen Halten Sie in diesen Monaten vor Erscheinen Ihres Buches Ausschau nach stützenden Maßnahmen. Und jetzt sind Ihre Ideen doppelt wirkungsvoll: einmal durch die Realisierung Ihres Vorschlages nach außen, zum anderen durch die motivierende Wirkung innerhalb des Verlages.

Sie veranstalten im Verlag keinen Wirbel um Ihr Buch, Sie machen aber den einzelnen Abteilungen Hoffnung, daß durch deren Zutun nach Erscheinen Wirbel um das Buch entsteht. Sie wollen, daß Ihr Buch nicht nur eben das Licht der Welt erblickt und dann gleich wieder zu Grabe getragen wird. Deshalb erzeugen Sie eine positive Stimmung für Ihr Buch im Verlag und halten es lebendig.

Jedes Verlagsprogramm kennt Schwerpunkttitel, für die der Verlag mehr Einsatz zeigt. Auch wenn manche Verlage dies gegenüber dem Buchhandel nicht mehr so herausstellen: Einsatz und finanzielle Bereitstellung für die einzelnen Titel sind unterschiedlich gewichtet. Sollten Sie ein noch weithin unbekannter Autor sein, so fallen Sie zumeist nicht unter die besonders geförderten Titel, und Ihre zusätzlichen Bemühungen innerhalb und außerhalb des Verlags sind von besonderer Bedeutung. Sie müssen mithelfen, das Rad in Schwung zu bringen. Und als bereits bekannter Autor müssen Sie sich anstrengen, dieses Rad in Schwung zu halten.

Der Tag danach

Wenn Sie Ihr erstes gedrucktes Exemplar berühren, wird Sie Stolz erfüllen. Ein Buch kann man so griffig in der Hand halten, es strahlt für Sie einen großen Reiz aus. Und da beim Büchermachen eine ganze Menge schiefgehen kann, wird die zumeist nicht ganz leichte Geburt Sie um so mehr mit Glück erfüllen, wenn es nun endlich geschafft ist. Geben Sie sich an diesem Tag Ihrer Freude hin, und krempeln Sie am nächsten Tag die Ärmel auf.

Ein sinnliches Erlebnis

Sie erinnern sich Ihrer Rolle als Motor für Ihr Buch. Ihr Verlag hat Leute, die Ihr Produkt ansehnlich machen, und er hat einen Vertrieb. Aber der Verkaufsmotor ist der Autor, durch ihn wird ein Buch lebendig und bleibt es auch. Wer die Hände in den Schoß legt, riskiert eine Totgeburt, und die Freude wird nicht lange über den ersten Tag hinaus anhalten.

Zunächst vor der Haustür

Sie haben in den vergangenen Monaten intensiv Ausschau gehalten, was Sie alles für Ihr Buch tun können. Einige Ideen haben Sie vielleicht schon mit dem Verlag besprochen, einige andere werden sich erst jetzt nach Erscheinen realisieren lassen.

Buchhändler und Presse vor Ort

Wenn Sie immer in einer Buchhandlung kaufen, so kennen Sie möglicherweise den Buchhändler auch etwas näher. Vielleicht hat er Interesse, sein Schaufenster verstärkt mit Ihrem Werk zu dekorieren. Zugleich vereinbaren Sie einen Termin bei der Redaktion Ihrer Zeitung, damit diese einen Hintergrundbericht über Buch und Autor bringt. Und da macht sich natürlich ein Foto vom Schaufenster Ihrer Buchhandlung nicht schlecht, in dem Ihre Exemplare ausgestellt sind. Der Buchhändler wiederum wird um so leichter hierzu zu überreden sein, wenn Sie ihm von Ihrem beabsichtigten Besuch bei der Redaktion erzählen.

Dann prüfen Sie, ob Ihr Buchthema vielleicht einen

Kurs für die Volkshochschule abgeben könnte. Und wenn Sie Zeit und Lust haben, dann sind Sie im nächsten Semester Dozent. Auch dies ist Ihrer Zeitung vielleicht eine Meldung wert.

An die Privaten denken In Ihrer Region können Sie relativ leicht Bezug zu sich herstellen. So lassen sich Vorträge vor verschiedenen Vereinen oder Clubs arrangieren oder auch in größeren Betrieben. Sie können auch für eine Tombola Buchexemplare als Preise stiften; unter Umständen wird auch hierüber Ihre regionale Zeitung berichten. Denken Sie auch an Privatradios, die gerne einmal ein Interview machen (und die auch immer irgendwelche Preise benötigen). Bringen Sie sich, falls ein aktuelles Ereignis mit Ihrem Buchthema in Zusammenhang steht, als Interviewpartner ins Gespräch.

Auch das regionale Kabelfernsehen vermittelt gerne Stallgeruch: der Autor, der in der Nähe des Zuschauers wohnt, kann immer von Interesse sein. (Sie vergessen dann natürlich nicht Ihr Buch zum Hochhalten vor der Kamera. Kommerzielle Sender haben da nicht so große Scheu.) Beide Seiten werden von einem Interview profitieren.

Sie schauen sich am besten zunächst in Blickweite um, denn da werden Sie am ehesten Gehör finden. Diesen spezifischen Blick kann Ihr Verlag nicht haben. Dort wird die Presseabteilung versuchen, die größeren Zeitungen, Zeitschriften und Hörfunkprogramme aufmerksam zu machen.

Regional ist gut, überregional ist besser

Wenn Sie nicht gerade einen Roman über Ihre Heimat geschrieben haben oder ein Sachbuch, das sich nur mit einem bestimmten regionalen Aspekt auseinandersetzt, wird der Schwerpunkt Ihrer weiteren Bemühungen auf überregionaler Ebene liegen.

Sie werden Ihre Aktivitäten in den meisten Fällen dann mit den zuständigen Abteilungen Ihres Verlages besprechen, vor allem der Presseabteilung und der Verkaufsförderung bzw. der Vertriebsabteilung. Sehen Sie zum Beispiel in Ihrer Person und Ihrem Thema einen interessanten Aspekt für eine Talk-Show, so werden Sie sich darüber abstimmen. Ihr direkter Vorstoß bei der TV-Redaktion könnte zum Erfolg führen – zusammen mit den Tips der Presseabteilung Ihres Verlags. Außerdem sollten unbedingt unerwünschte Doppelkontakte bei den Redaktionen von Presse, Funk und Fernsehen vermieden werden.

Keine Doppelkontakte

Lesereisen

Wenn Sie im Schaufenster Ihrer Buchhandlung einen Hinweis finden, daß am Soundsovielten des Monats der Autor X aus seinem gerade erschienenen Werk vorliest, sind Sie vielleicht interessiert und gehen hin. Nach Abschluß der Lesung und anschließender Diskussion erstehen Sie möglicherweise ein Exemplar des Werkes, aus dem vorgelesen wurde. So eine Dichterlesung – für Sachbücher eignet sie sich aber auch – ist wie eine Weinprobe: sie regt an, von dem Stoff mehr zu bekommen. Das ist Literatur zum Anfassen, denn so einen Schriftsteller live zu erleben ist doch eine ganz andere Sache. Sie als Kunde der Buchhandlung haben vielleicht eine anregende Stunde verbracht und freuen sich auf die Lektüre des Buches, der Buchhändler hat ein mehr oder weniger großes Geschäft gemacht, und der Autor hat vielleicht ein paar Leser gefunden, die ihm über dieses eine Werk hinaus die Treue halten. Darüber hinaus mag der Buchhändler die Redaktion der örtlichen Presse überzeugt haben, den Lokalreporter zu schicken, so daß sich der Autor am nächsten Tag mit Foto und Bericht in der Zeitung wiederfindet. Solche Lesereisen könnten auch Sie als Autor bei Ihrem Verlag anregen. Falls Ihr Gesprächspartner im Verlag darin Sinn sieht, wird er sie organisieren. Ihre Reise wird Sie dann eventuell in die entlegensten Winkel der Republik führen. Ein aufgeschlosseneres Publikum werden Sie dort vorfinden, wo das kulturelle Angebot nicht so groß ist.

Gehen Sie jedoch davon aus, daß Sie nicht die Massen zu Ihren Lesungen locken können. Sie sind ja noch ein nicht so bekannter Autor. Der wollen Sie erst noch werden, und diese Lesereise mag dabei helfen.

Langsam, aber stetig Auch wenn ein Honorar für den Nachmittag oder den Abend bei der Lesung herauskommen mag: Der Aufwand, den Sie betreiben müssen, ist schon enorm, und wenn Sie dann in einer entlegenen Kleinstadt, deren Namen Sie bisher nicht einmal kannten, drei ältlichen Zuhörern bei gegenseitigem Hustenreiz ein Kapitel vorlesen, wird vor Ihrem geistigen Auge immer der Begriff *Ochsentour* auftauchen.

Dennoch werden Sie durch diese Gespräche mit Lesern und Buchhändlern hinzulernen. Ihr eigentliches Ziel ist es, eine Lesergemeinde aufzubauen und beim Buchhandel einen Namen zu bekommen. Auch wenn Sie die manchmal schwache Resonanz zweifeln läßt: schreiben Sie diese kleinen Zwischenschritte Ihrem Konto zugute, denn sie bringen Sie langsam, aber stetig voran.

Kurse, Seminare

Ist die Lesereise zumeist etwas für den belletristischen Autor, so zielt diese Überschrift auf den Autor von Sachbüchern, insbesondere von Ratgebern.

Wenn Sie zu Ihrem Thema Vorträge, Veranstaltungen, Seminare oder Kurse abhalten können, werden Sie eine wachsende Schar von Lesern finden. Ihre Zuhörer bzw. Kursteilnehmer sind hoch motiviert und werden nicht nur Ihr Buch erwerben, sie werden auch Mundpropaganda für Ihr Buch machen. Autor und Kurs- oder Seminarteilnehmer sind am gleichen Thema interessiert, und den Informationsvorsprung, den Sie Ihren Zuhörern verschafft haben, werden diese weitergeben.

Vielleicht denken Sie zunächst gar nicht an die Möglichkeit, Ihr Buchthema auch vor Publikum vorzutragen. Aber ob Sie nun über Porzellanmalerei einen Ratgeber geschrieben haben und darüber einen Kurs in Ihrer örtlichen Volkshochschule anbieten oder ob Sie aufgrund einer Reise in die Regenwälder Brasiliens ein aufrüttelndes Sachbuch über die Bedrohung der Urbevölkerung verfaßt haben und hierzu Diavorträge halten: tragen Sie Ihr Buchthema an den Leser heran. **Lesegemeinde schaffen**

Haben Sie zu einem bestimmten thematischen Gebiet ein Buch geschrieben, werden Sie möglicherweise weitere Werke hierzu verfassen. Jede von Ihnen investierte Anstrengung, einen Namen zu bekommen, wird dann mehrfach zu Buche schlagen.

Im Gegensatz zu dem Teufelskreislauf, der vielen Büchern droht – wenig Nachfrage, also nur wenig Werbung, also bald noch weniger Nachfrage und überhaupt keine Aktivitäten des Verlages mehr –, drehen Sie das Rad in die andere Richtung: Ihr Buch wird von Kunden im Buchhandel, wenn auch nicht in großen Stückzahlen, so doch immer wieder verlangt, und Sie bauen sich einen Namen auf. So wird Ihr nächstes Buchprojekt vom Sortiment gleich viel besser vorbestellt, dadurch verkauft es sich auch besser, und Sie bekommen bei Ihren Vorträgen oder Seminaren mehr Zuhörer, die wiederum Bücher kaufen usw.

Halten Sie das Seil gespannt

Ihr Verlag wird viel für Sie tun, wenn sich Ihr Buch gut verkauft, und Sie werden sehen, daß dort Profis am Werk sind, die das Buchgeschäft verstehen. Nur sind Sie leider ein Neuling oder zumindest noch nicht der Bestsellerautor, der Sie werden wollen, und Ihr Buch wird keinen leichten Start haben. Positive Überraschungen gibt es glücklicherweise, und aus dem unbekannten Autor kann über Nacht ein Starautor werden, den der Verlag hofiert.

Motor und Treibstoff zugleich Auf diese nicht so große Chance verlassen Sie sich aber nicht, Sie ziehen am Verkaufsseil kräftig mit. Nur durch Ihre Person wird aus Ihnen als Autor etwas, und wenn Sie das Seil nicht durchhängen lassen, so wird der Verlag Sie unterstützen. Doch vergessen Sie nie, daß Sie der Motor sind und auch den Treibstoff mitliefern müssen. Der Verlag poliert und verpackt Ihr Produkt gut und schickt es an die richtigen Stellen; aber wehe, es fehlt die Dynamik, dann steckt die Karre bald im Dreck, und Sie bekommen sie nicht mehr herausgezogen.

Nur der Anfang ist schwer

Hat sich aufgrund Ihrer Aktivitäten und der des Verlages das Buch recht gut verkauft, so laufen Sie mit Ihrem nächsten Buchprojekt eventuell offene Türen ein.

Erkennbar bleiben Alle bisher genannten Hinweise für Ihre Buchplanung haben dennoch die gleiche Gültigkeit, und Sie tun gut daran, genauso wie bei Ihrem ersten Buch vorzugehen.

Hat die Zusammenarbeit mit Ihrem Verlag geklappt, so sollten Sie Ihr nächstes Projekt auch diesem Verlag anbieten. Sie werden jetzt wesentlich leichter Gehör finden, denn nun sind Sie nicht mehr in der Rolle desjenigen, der an die Tür klopft; vielmehr wird der Verlag bemüht sein, Sie als Autor zu behalten – immer unter der Voraussetzung, daß sich Ihr erstes Buch gut verkauft hat. Auch setzt sich Ihr Name im Buchhandel besser durch, wenn Sie mit einem Verlag in Verbindung gebracht werden.

Dennoch kann es Situationen geben, in denen ein Verlagswechsel angebracht ist. Hierüber erfahren Sie noch mehr. Grundregel sollte jedoch sein: Wechseln Sie die Pferde möglichst selten.

Ihr nächstes Buchprojekt sollte sich von Buchtyp, Form und Darstellungsweise nicht so weit von Ihrem ersten Projekt entfernen. Sicherlich haben Sie Erfahrungen gewonnen und werden sich verbessern; doch auch hier gilt wieder, daß Sie im Buchhandel für eine bestimmte Richtung von Buch angesehen werden sollten. Bei der Fülle von Neuerscheinungen wird Sie der Buchhändler sonst nicht einordnen können. Und was er nicht einordnen kann, wird er seinen Kunden nicht empfehlen können.

Ihre den Verkauf begleitenden Aktivitäten dienen ja dazu, Sie – wenn auch in kleinen Schritten – beim Publikum und beim Buchhändler bekannt zu machen. Auf diesem kleinen Sockel bauen Sie für Ihr nächstes Buch auf. Sie sollten zwischen dem Erscheinen von Buch Nr. 1 und Buch Nr. 2 mindestens ein Jahr Abstand lassen. Ihre Leser benötigen zwar hoffentlich nicht ein Jahr, um Ihr Werk zu lesen, doch kaufen leider nicht alle Ihre Leser gleich am ersten Erscheinungstag. Der Buchhandel wird also längere Zeit

Nicht zu kurzfristig

benötigen, um die vorbestellten Exemplare abverkaufen zu können. Kommt nun der Vertreter Ihres Verlages bereits mit dem neuen Titel in die Buchhandlung, wird der Buchhändler wenig geneigt sein, von diesem Autor schon ein neues Buch auf Lager zu nehmen.

Sind die vorbestellten Exemplare jedoch abgeflossen und hat der Buchhändler wegen der Nachfrage sogar nachbestellt, so wird Ihr Autorenname in seinem Ohr ganz anders klingen. Er wird Ihr nächstes Buch gut ordern.

Ein anderes Argument gegen einen zu schnellen Erscheinungsrhythmus ist auch nicht von der Hand zu weisen: Wer jedes halbe Jahr mit einem Buch herauskommt, gilt als Schnellschreiber, der möglicherweise nicht mit der größtmöglichen Sorgfalt gearbeitet hat. Dies gilt insbesondere für Sachbücher. Schriftsteller hingegen, die Unterhaltungsromane, ob Thriller, Krimi oder Familienromane, verfassen und diese als Original-Taschenbuch veröffentlichen, können unter besten Voraussetzungen mit einem halbjährigen Rhythmus den Wünschen der Leser und damit denen des Buchhandels eventuell besser entgegenkommen. Erscheinen Ihre Unterhaltungsromane als Hardcover, so wird Ihr Verlag in der Regel auch auf mindestens einem Jahr Abstand zwischen den Neuerscheinungen bestehen.

Dranbleiben Sie halten Ihren Motor immer auf Touren und das Seil zum Leser und damit zum Verlag und zum Buchhändler gespannt. Je nach der Art Ihrer Werke und dem Verkaufsfluß planen Sie Ihr nächstes Projekt. Einerseits dürfen Sie den Motor nicht überhitzen, andererseits darf er nicht zu sehr abkühlen, damit die Bindung von Leser und Buchhandel zu Ihrem Autorennamen nicht abreißt.

So plant man einen Bestseller

Erfolg kommt nicht von ungefähr

Einen Bestseller zu schreiben ist natürlich der heimliche Wunsch eines jeden Autors; einen Bestseller im Programm zu haben ist das Anliegen eines jeden Verlages. Bücher werden geschrieben, damit sie gelesen werden, also müssen sie auch gut verkauft werden. Es sei denn, Sie haben sich als Autor von vornherein entschlossen, nur für einen kleinen Kreis zu schreiben.

Über die Mechanismen des Buchmarktes haben Sie nun bereits einiges erfahren, und wenn Sie alle Zutaten gut proportioniert vermischen, müßte dann nicht am Ende auch ein Bestseller herauskommen? Möglich ist es, wahrscheinlich ist es jedoch nicht! Bei einer Vielzahl von Themen ist auszuschließen, daß daraus ein Bestseller wird, weil das breite Publikum für dieses Buch nicht zu interessieren ist. Andererseits gibt es Bücher, die tatsächlich das Potential hätten, ein Bestseller zu werden. Ob sie es jedoch werden, ist die zweite Frage, und ohne Übertreibung kann man behaupten, daß es eine Vielzahl von Büchern gibt, die das Zeug hätten, auf der Bestsellerliste zu landen, daß aber nur eine wirklich kleine Zahl den Sprung schafft.

Sie würden sich über einen Bestseller natürlich sehr freuen, doch sollte Ihr Ziel zunächst nur der bestmögliche Verkauf sein. Das schließt, wenn Thema, Titel

Wenige schaffen es

und Buchform es hergeben, die Chance für einen Bestseller mit ein, aber die Enttäuschung aus, wenn es nun doch keiner wird.

Sie haben sich bei der Planung Ihres Buches und beim Schreiben Ihres Manuskriptes vielleicht von der Hoffnung auf den ganz großen Erfolg antreiben lassen. Das schadet auch nichts, im Gegenteil, es hat Ihnen Kraft gegeben, sich mit Ihrem Projekt gegen Ihre inneren Widerstände, gegen Müdigkeit und Lustlosigkeit und gegen Ihre Umwelt durchzusetzen. Doch sobald Sie das Manuskript beendet haben, setzen Sie Ihre Kräfte für den Aufbau Ihres Autorennamens ein und verabschieden sich von Ihren Träumen. Die Enttäuschung wäre nämlich vorprogrammiert, und sie würde Sie lähmen, wo Sie doch Ihre Energie brauchen, um Ihr Buch beim Verkauf zu unterstützen. Sie freuen sich über die kleinen Erfolge, die Zwischenschritte.

Macht der Verlag mit? Wann liest man schon über die Mißerfolge von Büchern? Dabei könnten darüber viel mehr Romane geschrieben werden als über die Erfolge. Der Mißerfolg ist leider eher die Regel und der Bestseller die glänzende Ausnahme. Über die erfolgreichen Autoren kann man jedoch in den Illustrierten nachlesen und findet sie bei den Talk-Shows im Fernsehen. Viele stellen sich nun vor, daß so ein Bestseller vom Himmel fällt. Auch das kann es geben, ist aber wiederum die glänzende Ausnahme. Denn: Bestseller werden nicht geboren, Bestseller werden in der Regel gemacht!

Das *Machen* eines Bestsellers beginnt zunächst beim Autor und schließt die Punkte ein, die Sie bisher in diesem Ratgeber vorgefunden haben. Die Voraussetzung ist, daß das Produkt Buch stimmt, sonst kann es nicht zu den Verkaufshöhen der Bestsellerlisten aufsteigen. Wenn Sie nun alles beachtet haben, so wird Ihre Chance größer sein, daß Ihr Buch das Potential zu einem Bestseller hat. Insofern haben Sie Ihren Teil zum Machen eines Bestsellers beigetragen. Doch leider wird der wichtige zweite Teil fehlen: der Verlag macht wahrscheinlich nicht mit.

Sie sind ein Neuling, Sie sind das noch ziemlich unbekannte Wesen auf dem Buchmarkt, Ihre Chancen lassen sich schwer ausrechnen, auch wenn Ihr Werk das Potential zu einem Bestseller hätte. Der Verlag wird das Risiko scheuen, zu großen Aufwand für Ihr Buch zu treiben. Er wird nicht mit einer großen Werbesumme an den Start gehen und wird nicht soviel Arbeitskraft in den Verkauf stecken. Deshalb ist Ihr Engagement ja so wichtig, Ihr Buch im Verlag und nach Erscheinen selbst zu promoten.

Hat sich Ihr erstes Buch nun gut verkauft, so ist die Chance für einen Bestseller durch den Einsatz des Verlages beim zweiten oder dritten Anlauf schon größer. Sie haben sich inzwischen im Sortiment einen Namen gemacht, und der Verlag kann das Risiko viel besser abschätzen. Ist Ihr Buchplan sehr vielversprechend – vielleicht hat sogar der Verlag die richtige Themenidee beigesteuert –, so kann nun von Beginn an zwischen Ihnen und dem Verlag der Bestseller geplant, also gemacht werden.

Die Chancen steigen

Gehen Sie jedoch bitte nicht davon aus, daß dies die Regel wäre und daß Ihr Verlag Sie schon beim zweiten Buch mit einem großen Werbeschwung auf den Olymp befördern wird. Sie können zwanzig Bücher schreiben, und nichts passiert, was wohl eher zutreffen könnte. Dennoch steigt für Sie die Wahrscheinlichkeit, je professioneller Sie werden. Und aus den Mechanismen, wie nun ein Bestseller gemacht wird, lernen Sie, sich auf diesen Fall einzustellen – und ihn zu forcieren, falls dies Ihre Buchpläne hergeben und falls dies Ihre Absicht ist.

»Was sich gut verkauft, ist auch gut«

Was tut der Verlag zunächst, um einen Bestseller zu planen? Er stellt eine Menge Geld zur Verfügung. Er investiert in Ihr Buch, er will die Goldmine, die Ihr Buch in den Augen der Verlagsmitarbeiter darstellt, ausbeuten. Beim Wort »ausbeuten« bleiben Sie ganz gelassen, denn Sie verdienen ja mit, Sie haben den Verlag sogar nach Kräften angeregt, eine Goldmine in Ihrem Buchprojekt zu sehen.

Verkäuflichkeit Die Höhe des Etats für Ihr Buch wird davon abhängen, wie man die Verkaufschancen Ihres Werkes einschätzt. Es wird irgendwo einen Punkt geben, an dem jede investierte Werbemark keinen großen Verkaufseffekt mehr erzielt. Wahrscheinlich, weil Sie bisher noch kein Bestsellerautor sind, wird man auch nicht Haus und Hof auf Ihr Projekt setzen. Es wird sich vielmehr um einen Anstoß handeln, einem aussichtsreichen Werk den nötigen Aufschwung zu geben, damit es eventuell auf die Bestsellerliste kommt. Ist der Titel erst einmal auf der Liste, so setzt eine Art von Automatismus ein. Denn was auf der Bestsellerliste steht, hat zumindest den Glorienschein der guten Verkäuflichkeit, und darum dreht sich alles im Verlagsgeschäft. Es gilt die einfache Formel: Wenn sich was gut verkauft, dann muß es auch gut sein.

Sich selbst ins Licht setzen Der Einsatz des Verlages hängt von Ihrem aussichtsreichen Buchplan ab – und wie gut Sie ihn und sich verkaufen. Sie sind und bleiben Ihr eigener PR- und Verkaufsmotor, dem Verlag und dem Buchhandel und Ihrer Lesergemeinde gegenüber. Dies soll nicht beinhalten, nur ein Schaumschläger zu sein; denn mit so wenig Fundament würde die Buchkarriere doch bald im Sande verlaufen. Es schließt aber Ihr überzeugtes Engagement für Ihre Thematik oder Ihre Art des Schreibens auch nicht aus. Nur wer sein Buch gut vertritt, wird beim Verlag auch etwas »lostreten«. Das Buchgeschäft sieht sehr fein aus und wird auch von netten Menschen betrieben, gehört aber in die Familie des Showbusiness so wie unser einst so blauer Planet zur Milchstraße. Und bekanntlich ist kein Geschäft härter als das Showgeschäft. Wer sich nicht ins rechte Licht setzt, muß warten, bis ihn der Scheinwerfer des Glücks streift – und das kann lange dauern. Vornehme Zurückhaltung ist unangebracht.

Als ich im Verlagsgeschäft anfing, hätte ich den Vergleich zwischen Buch und Seife entsetzt zurückgewiesen. Heute bin ich einsichtiger geworden, denn so riesengroß ist der Unterschied nicht, zumindest was die Vermarktung angeht. Und es gilt im übertragenen Sinne auch für das Buch: was gut riecht, verkauft sich besser. Auf die Erwartungen, auf die Hoffnungen, böse Zungen mögen sagen, auf die Illusionen kommt es entscheidend mit an. Unter dieser Voraussetzung schreiben die meisten Autoren auch ihr Manuskript, ein Vorwurf an den Verlag, ähnlich zu reagieren, ist also fehl am Platz. Sie nutzen diese Schwäche vielmehr für sich, um das Wasser der Verlagsmühle auf Ihr Buch zu leiten.

Wasser auf Ihre Mühlen

Vielleicht wird es ja ein Bestseller, auch gerade wieder durch Ihre Mitarbeit. Denn der Etat für Ihr Buch muß sinnvoll geplant werden – in Anzeigen für die Buchhändler, vielleicht in Publikumswerbung, in Leseexemplaren für den Buchhandel. Die beste Werbung, die aussichtsreichsten Aktivitäten des Verlages wird es immer dann geben, wenn alles genau auf den Inhalt

Ihres Buches und auf die Zielgruppe, also Ihren Leser, abgestimmt ist – und auf Ihre Person, denn Sie sind das Aushängeschild Ihres Produktes Buch.
Es wird also genau wie bei Ihren Aktivitäten, die ich im Kapitel *Der Autor ist der Motor* angesprochen habe, wiederum auf Ihren Einsatz ankommen. Legen Sie nicht die Hände in den Schoß, weil Sie meinen, im Fahrstuhl zum Bestseller zu sitzen.

»Was sich schlecht verkauft, kann nicht gut sein«
Vielleicht sind Ihnen diese ganzen Aktivitäten nicht geheuer, und Sie hassen es, sich in Szene setzen zu müssen. Sie wollen Ihr Buch schreiben und erwarten, daß es der Verlag auch verkauft. Nun aber laufend die Trommel für Ihr Buch rühren zu müssen? Wenn Sie das Gefühl haben, dafür nicht geschaffen zu sein, und diese Kunst beherrscht ja auch nicht jeder, so lassen Sie lieber die Finger davon und suchen sich das heraus, was Sie gerne zur Unterstützung des Abverkaufs Ihres Buches tun wollen.

Manchmal kommt es anders — Einen kleinen Trost gibt es, denn Übereifer kann auch ins Gegenteil umschlagen. Habe ich mein Buchprojekt aus falscher Einschätzung zu hochgespielt und habe ich den Verlag mit meiner Euphorie mitgerissen, besteht die Gefahr eines *Flops*. Und zwar ist die Bauchlandung um so schmerzhafter, je höher das Buchprojekt eingeschätzt worden war. Da wird es fast literarisch, denn ausschlaggebend für einen richtigen Flop ist die Fallhöhe. Je höher ich und der Verlag das Buch gejubelt haben, um so ernüchternder die Wirkung des Flops. Und wie der Erfolg viele Väter hat, so hat die Niederlage zunächst keinen – bis man sich auf einen geeinigt hat. Man wird dem falschen Titel und dem Schutzumschlag die Schuld geben, man wird in jedem Fall aber den Autor schief ansehen, denn an dem Buch kann irgend etwas nicht stimmen. Der Verlag hat sich solche Mühe gegeben, es gut zu plazieren, und nun dieser Mißerfolg. Außer dem Lektor hat vielleicht niemand im Verlag das Buch gelesen, aber was sich schlecht verkauft, kann nicht gut sein. Ergebnis: kein gutes Buch, kein guter Autor. Was aber, objektiv gesehen, gar nicht stimmen muß.

Die Marktmechanismen sind – ich möchte sagen, zum Glück – nicht vollkommen überschaubar. Nicht alles ist restlos planbar. So gibt es positive Überraschungen, auch für einen Autor mit seinem Erstling, was ja den großen Reiz des Buchmarktes ausmacht, und es gibt trotz aller kenntnisreichen Planung auch die Bauchlandung.

Hat es nun trotz der Vorschußlorbeeren und des hohen Werbeetats keinen Verkaufserfolg gegeben, so wird dem Autor möglicherweise beim nächsten Projekt die kalte Schulter gezeigt. Der Verlag hat die Lust an weiteren Buchprojekten mit diesem Autor verloren. Jetzt ist es für den Autor notwendig, den Verlag zu wechseln. Ein anderer Verlag hat vielleicht nur die große Werbung mitbekommen, aber nicht das ganze Ausmaß des Reinfalls.

Und da der Prophet im eigenen Lande nun nichts mehr gilt, so wird er vielleicht mit offenen Armen im nächsten aufgenommen. Das Buchgeschäft lebt vom Prinzip Hoffnung, und mit neuem Schwung mag der nächste Anlauf schon viel besser aussehen – eine positive Überraschung ist immer möglich.

Rennstall wechseln

Ein Wechsel kann Wunder wirken

Grundsätzlich ist es richtig, den Verlag möglichst nicht zu wechseln. Der Buchhändler verbindet Ihren Namen mit Ihrem Verlag und Ihrer Thematik. Diese Identifikation ist sehr wichtig. Andererseits kann sich Ihr Verlag an ein mittleres, also kein schlechtes, aber auch kein gutes Verkaufsergebnis Ihrer Werke gewöhnt haben. Ein Signal zum Verlagswechsel? Möglicherweise gibt die Thematik nicht mehr her, gleich, bei welchem Verlag Sie im Programm wären und wieviel der Verlag für Ihr Buch tun würde. Dann bleiben Sie besser bei Ihrem angestammten Verlag.

Mit neuem Schwung Haben Sie jedoch das Gefühl, aus Ihren Buchprojekten könnte man wesentlich mehr im Verkauf herausholen, als es Ihr Verlag bisher zuwege bringt, und ist er auch trotz wiederholter Ansprache nicht zu bewegen, mehr dafür zu tun, so sollten Sie Ihre Fühler doch einmal in andere Richtungen ausstrecken.

Mit Ihrem Exposé Sie bieten dann bei einem anderen Verlag, der für Ihr Buchprojekt in Frage kommt, genau nach der in diesem Buch beschriebenen Vorgehensweise Ihr Projekt an. Das Exposé reichern Sie allerdings noch um eine Auflistung Ihrer bisher erschienenen Bücher (und Medienkontakte) an. Falls Sie gute Rezensionen von angesehenen Zeitungen haben, legen Sie diese mit dazu.

Positive Ziele herausstellen Ihr Angebot müßte jetzt für den neuen Verlag reizvoll sein, falls Ihr neues Thema attraktiv ist. Man wird Ihnen wahrscheinlich die Frage stellen, warum Sie den Verlag wechseln. Sie werden darauf nicht zur Antwort geben, daß sich Ihre Bücher dort schlecht verkauft haben. Ihre Antwort wird sein: »Meine Bücher haben sich gut verkauft, aber ich bin der Ansicht, daß sie sich besser verkaufen könnten. Vor allem sehe ich in dem neuen Projekt sehr gute Chancen. Mit meinem alten Verlag bin ich unzufrieden und suche einen besseren Start für das neue Projekt.«

Zeigt sich der neue Verlag interessiert, so versuchen Sie, ein gutes Garantiehonorar auszuhandeln. Hatten Sie bisher schon ein Garantiehonorar erhalten, so sollte die Summe jetzt höher liegen. Sie wollen sich ja verbessern. Zwar ist das Garantiehonorar nicht das Maß aller Dinge, es ist aber ein Indiz für die Anstrengungen, die der Verlag mit Ihrem Projekt unternehmen will. Und darum geht es Ihnen ja!

Sie handeln nun den Vertrag mit Ihrem neuen Verlag aus, und wenn Ihnen Bedenken hinsichtlich des Verlagswechsels kommen, so können Sie sich noch einmal ein paar Tage Bedenkzeit ausbitten. Diese Zeit können Sie nutzen, um Ihren alten Verlag mit der neuen Situation zu konfrontieren. Das Garantiehonorar, das man Ihnen geboten hat, wird möglicherweise recht belebend auf Ihren alten Verlag wirken. Es kann Ihnen passieren, daß Sie jetzt von Ihrem alten Verlag ein gleichlautendes oder sogar besseres Angebot bekommen.

Einen letzten Versuch?

Kein Verlag sieht es gerne, daß ihm ein anderer Verlag einen Autor abkauft. Es gibt zwar eine Reihe von Verlagen mit guten Namen, doch sind alle Verlage ohne ihre Autoren gar nichts. Und die Gefahr ist vorstellbar, daß nun plötzlich der an der Verlagsbrust großgezogene Autor bei einem anderen Verlag groß herauskommt. Das von dem anderen Verlag angebotene hohe Garantiehonorar signalisiert dies. Jetzt wird man plötzlich den Schatz im eigenen Haus entdecken, den man vorher nicht gesehen hat. Es kann natürlich auch bei der kalten Schulter bleiben, weil man die hohen Erwartungen nicht in Ihrem Projekt sieht, und möglicherweise paßt Ihr neuer Buchplan auch nicht mehr in die Programmlandschaft Ihres angestammten Verlages.

Sie wechseln das Genre

Neue Programmheimat Dies könnte ein anderer Grund sein, den Verlag zu wechseln – mit oder ohne Bestsellerambitionen: Sie wollen Ihre bisherige Thematik ändern, weil Sie sich ausgeschrieben haben oder einfach keine Lust mehr zur bisherigen Literaturgattung verspüren oder sich in ein nach Ihrer Ansicht ganz großartiges Thema verliebten, für das Ihr bisheriger Verlag aber kein Programmumfeld bietet.

Sie spielen mit hohem Einsatz

Ohne Netz Bringt das *Pushen* Ihres Buchprojekts innerhalb Ihres Verlages möglicherweise schon Gefahren mit sich, weil es nicht halten kann, was Sie suggerierten, so ist der Sprung mit großen Ambitionen von Ihrem alten Verlag zu einem neuen mit noch größeren Gefahren verbunden. Denn sollte Ihr Buch dort ein Flop werden, so werden Sie jetzt zunächst ohne Verlagsheimat dastehen.

Ihr alter Verlag mag einen Flop noch wegstecken; denn dem einen Mißerfolg stehen ja die bisherigen positiven Ergebnisse gegenüber, und man wird mit Ihnen beim nächsten Buchprojekt gemeinsam die früheren Fehler berücksichtigen. Ihr neuer Verlag jedoch, der Sie vielleicht recht teuer eingekauft hat, wird Sie im Falle eines Flops gleich als Mißgriff charakterisieren, und Sie stehen vor der Aufgabe, sich für Ihr nächstes Projekt wiederum einen neuen Verlag zu suchen, was für Ihre schriftstellerische Karriere von Nachteil wäre.

Bei Ihrem alten Verlag werden Sie auch nicht wieder anklopfen mögen; eine Ablehnung wäre vermutlich zu wahrscheinlich. Allerdings kommt es häufiger vor, als man denken mag, daß abgewanderte Autoren plötzlich wieder im Programm des alten Verlages auftauchen. Das hat so etwas vom Gleichnis mit dem verlorenen Sohn an sich, und es ist eigentlich auch eine Familiengeschichte. Im Verlagsgeschäft geht es recht familiär zu, man gehört zu einer großen Familie und gönnt – wie im richtigen Familienleben – dem lieben Verwandten nicht viel. Dazu sind die Konkurrenzsituation und der Überlebensdruck zu groß.

Nur wer hoch spielt

Wer allerdings hoch hinauswill, der muß hoch spielen und das Risiko einer Bauchlandung eingehen. Letztlich ist das Risiko für den Autor doch nicht so groß, denn einen Flop zu landen ist immer noch besser, als gar nicht aus dem Keller herauszukommen. Auch wenn sich nicht alle Erwartungen erfüllen, so wird unter dem Strich für Sie zumindest finanziell mehr herausschauen. Denn trotz eines Flops gibt es aufgrund des großen Verlagseinsatzes wahrscheinlich Nebenrechtsabschlüsse wie Taschenbuch- und Buchclubausgaben.

Mir sind sogar Autoren begegnet, die sich durch einen Flop nach dem anderen hinaufgeschaukelt haben, bis sie endlich einen wirklichen Erfolg vorweisen konnten. Denn es gilt – wie im Showgeschäft sonst auch –, daß derjenige, der überhaupt nicht auffällt, schlechter dran ist als das Enfant terrible.

Lieber Stein auf Stein?

Aus Mißerfolg etwas zu machen ist aber nicht jedem gegeben, und die Regel sollte sein, sich ein Fundament zu schaffen und von hier aus zum Bestsellerflug zu starten.

Das ganz große Geld

Die Methoden für das ganz große Geschäft mit den Rechten an einem Buchprojekt sind in den USA ausgekocht worden. Auch wenn Sie im Moment davon nur träumen können, daß man sich um Sie später ebenfalls so reißen wird, sind die Mechanismen doch für Sie aufschlußreich. Deutsche Verlage spielen das Spiel nämlich mit, und wenn Sie den großen Sprung nach vorn wagen wollen, so gilt das Spiel in verkleinertem Maßstab auch für Sie.

Buch-Monopoly Die USA verfügen über den größten Binnenmarkt, und bei Büchern wird das auch auf absehbare Zeit so bleiben. Verlage können also für ein Buchprojekt, das sie als potentiellen Bestseller ansehen, ganz andere Endverkaufszahlen kalkulieren und damit einen wesentlich höheren Werbeeinsatz. Hinzu kommt – und dies spielt eine wesentliche Rolle –, daß Amerikaner durch Werbefeldzüge auch wirklich zu begeistern sind. Wenn man erst einmal eine Welle angeschoben hat, dann kann sie eine derartige Eigendynamik bekommen, daß alles von ihr mitgerissen wird. Das Buch muß dann jeder haben.

Rechte-Auktion Der Autor eines solchen Buches ist natürlich so populär, daß sein Agent beim nächsten Projekt für das Garantiehonorar unvorstellbar hohe Summen verlangen kann. Der Verlag, der den Zuschlag erhält, ist dann wiederum gezwungen, erneut eine große Kampagne für das Buch auf die Beine zu stellen, um das Geld wieder hereinzubekommen.

Die Verkaufswogen schlagen bis zu den deutschen Verlagen durch, und die Agenturen, die die deutschen Rechte an diesem Buch anbieten, veranstalten eine regelrechte Auktion, bei der der meistbietende Verlag den Zuschlag erhält. Auch hier bewegen sich dann die Garantiesummen weit im sechsstelligen Bereich.

Allerdings, und dies muß dazu gesagt werden, schreiben die amerikanischen Schriftsteller großartig, und zwar exakt für den breiten Markt. Anders könnte das Spiel mit den großen Summen auch gar nicht aufgehen.

Aus den USA kommen die besten Thrillerspezialisten, die besten Horrorautoren, die besten Science-fiction-Schriftsteller, phantastische Sachbuchautoren usw. Die Amerikaner haben vor Medien keine Scheu, sie wissen damit umzugehen, sie sind offensichtlich weniger kompliziert und können unterhaltend schreiben. Sie schreiben für den Markt, für den Leser, nicht für sich oder den gehässigen Kollegen.

Damit spannt sich der Bogen an den Ausgangspunkt dieses Buches: Werfen Sie Ihre Ängste und Ihre Bildung über Bord, schreiben Sie für Ihren Leser, von dem Sie sich ein klares Bild gemacht haben. Unterhalten Sie ihn, führen Sie ihn durch die Höhen und Tiefen und legen Sie ihm keinen roten Teppich aus, auf dem er vor Langeweile unweigerlich einschlafen würde. Andererseits komplizieren Sie Ihr Buch auch nicht, so daß der gutmütigste Leser wegläuft. Und Sie orientieren sich am Buchmarkt: besser sein als das, was es schon gibt.

Der Durchbruch

Falls Ihnen der große Durchbruch gelingt, werden auch Sie (oder Ihr Agent) mit den hohen Garantiesummen hantieren. Der Mechanismus ist einfach und wie alle unkomplizierten Dinge sehr wirkungsvoll.

Von Verlagsseite aus gesehen, erscheint einem natürlich das wertvoller, was man nur unter großen Mühen

Sie stehen im Mittelpunkt

und indem man die Konkurrenz überbot, bekommen hat. Und dann ist aufgrund der hohen Garantiesumme, der Investition, die der Verlag geleistet hat, der Druck da, das Geld auch wieder einzuspielen.
Der Verlag wird also eine Werbekampagne starten, und Sie werden ihn nach Kräften unterstützen. Alles das, was Sie bisher schon für Ihre Bücher getan haben und worin Sie jetzt schon geübt sind, wird in größerem Maßstab auf Sie zukommen. Eine Autorenlesung wird nicht mehr zur Ochsentour vor drei Zuhörern, der Saal wird jetzt gerammelt voll sein. Der Veranstalter hat zuvor in der örtlichen Zeitung Annoncen aufgegeben und Plakate geklebt. Sie werden zu Rundfunkinterviews gebeten, Illustrierte bringen Backgroundgeschichten vom großen Autor – alle Welt dreht sich plötzlich um Sie. Sie sind dort, wo Sie sich in Ihren Träumen gesehen haben.
Nun hat bekanntlich jedes Ding zwei Seiten, und so wird sich der Bestsellerautor die eine Saison im Lichte der Scheinwerfer drehen können, er wird aber sehr darauf achten müssen, all die Mechanismen in Gang zu halten, die ihn zu diesem Erfolg gebracht haben. Die Konkurrenz ist groß. Der Abstieg aus der ersten Liga droht jederzeit.
Alles, was planbar ist, wird der Bestsellerautor für sein nächstes Projekt berücksichtigen. Zugleich wird er die *Vitalität* seiner Buchidee, eben die Lebenskraft, die seiner Buchidee innewohnt, auf den Punkt, eben den Leser bringen: Diese zielgerichtete Energie ist der beste Garant für den nächsten Erfolg.
Dies bedeutet: Bestseller kann man machen, doch müssen sie das Zeug zum Bestseller – eben die Kraft zum Erfolg – bereits in sich tragen. Der Versuch, aus einer schlaffen Idee, aus einem künstlichen Produkt

ohne Lebenskraft und nur mit Hilfe eines bekannten Autorennamens einen Bestseller zu machen, wird ein Flop werden.

Meine Hinweise können Ihnen die Erfolgsmechanismen erläutern, und sie sollen verhindern, daß aus Ihrer bestsellerverdächtigen Buchidee *kein* Bestseller wird. Die Vitalität, die Kraft, die Sie Ihrem Projekt mitgeben müssen, kann von außen jedoch nicht kommen.

Die Buchmesse

Nur mit festem Ziel

Es ist die mit Abstand größte Buchmesse der Welt, und sie hat eine Tradition von 500 Jahren. Etwa Anfang Oktober eines jeden Jahres beginnt der große Rummel und schlägt auch jedes Jahr wieder Wellen in den Medien.

Mal eben so, besser nicht Ich war mehr als fünfunddreißig Jahre hintereinander auf der *Frankfurter Buchmesse* und habe im Vorfeld oft von Autoren ein Bedauern gehört, daß sie noch nie auf der Messe gewesen seien und es auch in diesem Jahr nicht schaffen würden.

Für alle Autoren, die noch nicht auf der Messe waren und die es – aus welchen Gründen auch immer – nie schaffen werden, hier der Trost:

Seien Sie froh, Sie haben wahrscheinlich nicht viel versäumt!

Die *Frankfurter Buchmesse* ist nämlich in erster Linie eine Messe für die Vergabe von Lizenzen und für Buchhändler, die zum Messerabatt bestellen wollen. Also eine Fachmesse, zu der allerdings auch das Publikum Zutritt hat. Insgesamt natürlich eine Werbung für das Produkt Buch, aber für die Autoren zumeist eine Enttäuschung.

Sie werden nach Frankfurt mit dem guten Gefühl fahren, zum erlauchten Kreis der Schriftsteller zu gehören, und Sie werden deprimiert zurückkommen, weil

Sie unter so vielen Büchern Ihres kaum wiedergefunden haben.
Falls Ihr Werk in dem betreffenden Herbstprogramm erschienen ist, wird es Ihnen am Messestand Ihres Verlages möglicherweise ins Auge fallen; stammt es jedoch aus der Frühjahrsproduktion oder gar aus dem Jahr zuvor, so werden Sie wohl schon vergeblich nach einem deutlichen Signal suchen.
Viele Autoren haben mir ihre Enttäuschung eingestanden. Die Fülle der Bücher und das Gedränge waren erschlagend.

Termine absprechen

Es gibt ein paar gute Gründe, zur Messe nach Frankfurt zu fahren, und wenn Sie die haben, dann fahren Sie. Wenn Sie nur Ihr Buch ausgestellt sehen wollen, dann schauen Sie es sich besser zu Hause an und fahren anschließend für ein paar goldene Oktobertage in die Berge.
Auch für den Fall, daß Sie ohne vorherige Absprache bei Verlagen Ihr neues Buchprojekt anbieten wollen, entspannen Sie sich besser weitab vom Messerummel und versuchen nach der Messe Ihr Glück. Die Lektoren oder Verlagsleiter haben einen dichtgedrängten Terminkalender, auf dem zumeist alle halbe Stunde ein neuer Termin verzeichnet ist. Selbst wenn Sie einen kompetenten Gesprächspartner erwischen sollten, wird er Ihr wie einen Schatz nach Frankfurt geschlepptes Manuskript gar nicht haben wollen. »Schicken Sie es mir nach der Messe an den Verlag«, wird er sagen, denn er weiß nicht wohin mit dem Manuskript.
Anders ist es, wenn Sie vor der Messe Verlage für Ihr Projekt interessieren konnten und nun gezielt für Frankfurt Termine absprechen. Hier zeigt sich der Vorteil der Messe, mehrere Gesprächspartner ohne

großen Aufwand auf einen Rutsch aufsuchen zu können.

Wenn Ihr Verlag, bei dem Ihr Buch gerade erschienen ist, Sie nach Frankfurt an den Messestand einlädt, so werden Sie auch fahren. Wer sagt da schon nein! Sie sollten sich allerdings vorher Filme anschauen, denen Sie die Technik entnehmen, wie früher Backfische mit der Situation fertig geworden sind, bei ihrem ersten Tanzball nicht aufgefordert worden zu sein. Mit dieser inneren Stärke sollten Sie sich wappnen, indem Sie sich nicht zuviel von diesem Tag versprechen. Zwar wird sich der eine oder andere Verlagsmitarbeiter mit Ihnen unterhalten, doch das Publikum kennt Sie nicht, und Sie kommen sich ziemlich deplaziert vor.

Vorschläge anbringen Hat allerdings die Presseabteilung für Sie Interviews arrangiert – und darauf sollten Sie vor Ihrer Zusage drängen –, dann macht die ganze Aktion mehr Sinn. In jedem Fall machen Sie sich Gedanken, was Sie mit den einzelnen Abteilungschefs Ihres Verlages besprechen können, denn vielleicht finden Sie jetzt einmal Gelegenheit, ein paar Vorschläge an die richtige Adresse zu bringen.

Ganz anders sieht eine solche Messe natürlich für den Autor eines aktuellen Bestsellers aus. Für ihn ist Frankfurt der siebte Himmel, alles reißt sich um ihn. Frankfurt kann allerdings für den Bestsellerautor vom Jahr zuvor schon eine große Enttäuschung sein – das Buchgeschäft ist schnellebig.

Die Konkurrenz auf einen Blick

Ein einleuchtender Grund, um auf die Messe nach Frankfurt zu fahren, ist der gute Überblick über den Buchmarkt. Doch Vorsicht vor der Fülle, vor der deprimierenden Wirkung! Setzen Sie sich ganz bestimmte Ziele, indem Sie sich zuvor in Ihrer Buchhandlung durch Verlagsprospekte über die Verlage informieren, die genau die Bücher herausbringen, die Sie auch schreiben wollen.

In Frankfurt suchen Sie dann diese Messestände auf. Dadurch entgehen Sie der Gefahr, von der Fülle erdrückt zu werden. Sie konzentrieren sich auf das Segment des Buchmarktes, zu dem Sie in Konkurrenz treten wollen. **Sie haben sich vorbereitet**

Ihr Buchhändler wird nicht immer alle Bücher vorrätig haben, auch wollen Sie wahrscheinlich nicht alle kaufen. In Frankfurt können Sie sich am jeweiligen Stand die Bücher in die Hand drücken lassen. Sie werden zwar in der Kürze der Zeit keinen tiefen Einblick in Gliederung, Stil und Inhalt bekommen, doch die Aufmachung, der Umfang und der Klappentext geben Ihnen ein Gefühl für das Buch. Man muß es einmal in der Hand gehabt haben, um es einschätzen zu können! Diejenigen Bücher, die Ihnen am meisten zusagten, bestellen Sie sich dann später bei Ihrem Buchhändler, um sie zu Hause in Ruhe lesen zu können. **Einmal in der Hand halten**

Bei diesem gezielten Rundgang über die Messe bekommen Sie auch ein erstes Gefühl dafür, ob Sie eventuell in das betreffende Verlagsprogramm passen.

Haben Sie Ihre vorher gesteckten Ziele abgehakt, so können Sie sich anschließend treiben lassen. Nun wird diese Flut von ausgestellten Büchern Ihnen nicht mehr so viel anhaben, und vielleicht finden Sie noch einen Verlag, dem Sie Ihr Buchprojekt nach der Messe anbieten könnten.

Der Verlagsempfang

Während der Buchmesse pflegen die größeren Verlage einen Empfang zu geben. Sollten Sie im aktuellen Programm vertreten sein, so wird Ihnen der Verlag zu seinem Empfang wahrscheinlich eine Einladung schicken.

Kontakte knüpfen — Auf diesen Empfängen herrscht zumeist eine drückende Enge, und wenn Sie dort außer sich selbst niemanden kennen, werden Sie möglicherweise einen einsamen Abend verbringen. Unter diesen Voraussetzungen lohnt sich die Reise kaum.

Wenn Sie jedoch die Atmosphäre interessiert, so nehmen Sie sich den ganzen Tag Zeit für die Messe, setzen sich wie beschrieben Ihre Ziele, verabreden sich am Messestand mit Ihrem Lektor, haben vielleicht noch ein paar Anregungen für den Verkauf Ihres Werkes, die Sie auch mit den zuständigen Mitarbeitern des Verlages besprechen.

So haben Sie bereits einen ausgefüllten Tag hinter sich, wenn Sie zum Empfang gehen. Außerdem haben Sie jetzt die Chance, ein paar Gesichter wiederzuerkennen. Und da diese Leute meistens in Gesprächen mit anderen stehen, wird man Sie auch diesen vorstellen. So werden Sie manche neue Bekanntschaft machen, die für Ihren weiteren Werdegang als Schriftsteller interessant sein kann.

Auf diesen Empfängen trifft man nicht nur die Verlagsmitarbeiter und die Autoren des Verlages. Es sind außer Buchhändlern auch Mitarbeiter anderer Verlage eingeladen, und an einem solchen Abend hat schon so mancher Seiten-Sprung seinen Anfang genommen.

Haben Sie später bereits mehrere Bücher veröffentlicht, so werden Sie mehr Leute aus der Verlagsszene kennen, auch andere Autoren des Verlages. Diese beinahe familiäre Stimmung, bei der der neueste Klatsch ausgebreitet wird, kann ganz anregend wirken. Ein solcher Abend erfüllt in jedem Fall die eiserne Regel für jeden ambitionierten Autor: Präsent sein ist die halbe Miete.

Die Literaturagentur

Eine Menge Vorteile

In den USA gang und gäbe Sie haben sich auf dem Buchmarkt umgesehen und haben versucht, Ihr Buchprojekt auf Verkäuflichkeit abzuklopfen. Sie haben jetzt ein wenig über die Mechanismen der Produktion und des Verkaufs von Büchern erfahren und stehen nicht mehr am Rande eines großen und ungewissen Meeres. Sie können nun sehr gut Ihr Segel selbst setzen und Kurs auf Ihren Bucherfolg nehmen. Ist Ihr Buchprojekt erstklassig, paßt es also genau in den Markt hinein und wird es von Ihnen auch stilistisch sehr gut bewältigt, so werden Sie bei den Verlagen offene Türen finden.

Nun wird dieses optimale Buchvorhaben allerdings eher die Ausnahme sein, und Sie stehen als angehender Autor zwei Problemen gegenüber:

– *Sie können Ihre subjektive Brille nicht ablegen;*
– *Sie haben bisher keinen Kontakt zu Verlagen.*

Das Problem, das eigene Exposé oder das eigene Manuskript nur mit eigenen Augen sehen zu können, bleibt, auch wenn Sie hundert Bücher geschrieben haben. Allerdings bekommen Sie schon beim zweiten Buch einen kritischeren Blick, weil Sie inzwischen mehr Erfahrung gewonnen haben.

Bei Ihrem ersten Buchprojekt jedoch werden Sie zwischen Himmel und Hölle schwanken. Den einen Tag schweben Sie auf den höchsten Wolken, am nächsten Tag überfallen Sie Zweifel.

Ein neutraler Beobachter hingegen, der etwas vom Buchmarkt versteht, wird schnell erkennen, was das Buchprojekt für einen Stellenwert hat und wo die Mängel liegen.

Ihre (noch) mangelnde Professionalität ist zugleich ein Hindernis bei der Lösung von Problem Nummer zwei: den richtigen Kontakt zu Verlagen zu bekommen. **Der so wichtige Kontakt**

Beide Probleme können sich gegenseitig verstärken, und wegen der sich ändernden Aufgaben der Lektoren können Sie aus dieser Ecke immer weniger Hilfe erwarten. Aus dem Lektor, der mit dem Autor ein Buch bis zur Veröffentlichungsreife entwickelt hat, ist vielfach ein Produktmanager geworden, der zwar weiß, was er im Programm haben will, der aber keine Zeit mehr hat, dies mit neuen Autoren Schritt für Schritt zu besprechen. Er benötigt das bereits passende Buchprojekt für seine Programmschublade.

Die Mehrzahl der Autoren bietet, was nicht verwunderlich ist, nicht das optimale Projekt an. Die Folge: Das Exposé oder das Manuskript kommt kommentarlos zurück. Der Lektor mag zwar Ansatzpunkte sehen, scheut aber den zeitlichen Aufwand mit ungewissem Ausgang.

So bestimmen in den USA die Literaturagenturen den Kontakt zwischen Autor und Verlag. Der Literaturagent kennt den Buchmarkt, hält mit den Verlagen Kontakt und weiß daher, was die Verleger und Lektoren für ihre Programme suchen. Der Literaturagent trifft für die Verlage die Vorauswahl. Die Verlage erwarten, daß die von den Literaturagenturen vorgelegten Projekte gut vorbereitet sind und gute Chancen auf dem Buchmarkt haben.

Zwei Profimannschaften

Noch gibt es zuweilen bei Verlagen, die ein engagiertes Lektorat unterhalten, Widerstände gegen Literaturagenturen. Und es ist in der Tat so, daß eine gute Literaturagentur ja einen wesentlichen Teil der Aufgaben mit übernimmt, die früher der Lektor ausübte. Die Tendenz in den Verlagen geht jedoch eindeutig in Richtung auf die enge Verzahnung von Programm und Verkauf. Und wenn ich in diesem Buch so sehr auf den Buchmarkt und die Verkäuflichkeit von Buchprojekten hingewiesen habe, so aus diesem Grunde. Die Buchprojekte müssen in die Programme passen, und die Programme sind der Extrakt aus den Erkenntnissen, was sich verkauft, und vor allem auch, was sich nicht verkauft.

Bei uns in zunehmendem Maße Dies geht ganz ohne Zweifel gegen das individuelle Buchprojekt, das mit seinen Kanten und Ecken und seinem vielleicht eigenwilligen Autor nicht in die Programmschublade paßt. Die Pflege und die Betreuung des Schriftstellers bleiben auf der Strecke, die Kluft zwischen dem Autor im stillen Kämmerlein – auch wenn er mit Computer schreibt – und dem glattgeschliffenen Buchmarkt wird immer größer. Und dem Lektor bleibt aufgrund seiner sich ändernden Aufgabenstellung keine Zeit mehr, diese Kluft zu überbrükken.

Die Literaturagenturen könnten diese Lücke ausfüllen, und letztlich profitieren alle Beteiligten davon. Der Verlag spart Kosten, weil ein Teil seiner früheren Aufgaben nicht mehr anfällt. Der Autor bekommt durch die Literaturagentur die richtigen Hinweise für sein Buchprojekt, und außerdem wird ihm ein Verlag vermittelt. Die prozentuale Beteiligung der Literaturagentur am Honorar des Autors wiederum sollte durch die bessere Marktgängigkeit des Buches wettgemacht werden. Auch wird die Literaturagentur in der Regel einen besseren Vertrag aushandeln, als es der angehende Autor kann.

Interessant ist in diesem Zusammenhang, daß sich sogar Spitzenautoren zunehmend von Literaturagenten vertreten lassen. In diesem Fall wird es zwar auch um die Beratung bei der Planung des Buchprojekts gehen, im Vordergrund steht jedoch die optimale Vertragsgestaltung. Ein Literaturagent ist der Makler des Autors und kann seinen Wert besser und ohne Scham aushandeln. Zudem hat der Autor die Möglichkeit, aus dem Hintergrund zu agieren und das Verhandlungsergebnis zwischen Agentur und Verlag abzulehnen, um noch draufsatteln zu können. Stehen sich bei den Vertragsverhandlungen zwischen Autor und Verlag Laie und Profi gegenüber, so sind Agentur und Verlag zwei Profimannschaften. Aus diesem Grund hegen manche Verlage noch eine Abneigung gegen Agenturen. Sie glauben, leichteres Spiel mit den Autoren zu haben. Es kommt auch die Sorge hinzu, daß aufgrund der vielfältigen Verlagskontakte der Agentur der Autor schneller zu einem anderen Verlag abwandern könnte.

Auch Bestsellerautoren

Die Mehrzahl der Verlage hat jedoch erkannt, daß die Vorteile durch eine zwischengeschaltete Agentur in aller Regel größer sind. Der Verlag profitiert von der besseren Vorbereitung der Projekte, außerdem weiß der Agent eben sehr gut den Wert des Buchprojektes einzuschätzen – und dies gilt auch für die Begrenzung nach unten. Mancher Autor überschätzt sein Vorha-

Marktwert einschätzen

ben und die Möglichkeiten auf dem Buchmarkt. Er verlangt ein Garantiehonorar, das nach aller Erfahrung nicht eingespielt werden kann. Wenn der Verlag dies verweigert, wird er Übervorteilung wittern; rät der Agent jedoch von dieser Forderung ab, wird der Autor schneller überzeugt sein. Der Agent verdient ja mit, und es ist kaum anzunehmen, daß dieser freiwillig auf ein größeres Honorar verzichtet.

Auch die Sorge, der Agent verführe den Autor zum schnellen Verlagswechsel, ist unangebracht; denn der Agent wird dem Autor in aller Regel die Vorteile einer Verlagsheimat klarmachen. Allerdings kann es Situationen geben, die zum Verlagswechsel zwingen, und dann wird der Agent aufgrund seiner Kontakte schnell den neuen und besseren Verlag finden.

Also gleich zur Literaturagentur?

So beschrieben, scheint eine Literaturagentur eigentlich alle Probleme des angehenden Autors zu lösen. Nur Vorteile, wohin man sieht? Warum also erst selbst durch die Lektorate ziehen?

In möglichst frühem Stadium Wenn Sie sich für einen Literaturagenten entscheiden, ist es in der Tat besser, diesen Schritt möglichst früh zu vollziehen. Habe ich mein Manuskript jahrelang von Verlag zu Verlag geschickt, so wird auch eine Literaturagentur kaum mehr etwas machen können. Ein Verlag, der das Projekt zuvor abgelehnt hatte, wird es nun nicht nehmen, nur weil es über eine Agentur angeboten wird.

Die Arbeit einer Agentur sollte zunächst in der qualifizierten Buchplanung liegen. Es sollte also über den Agenten bzw. die Mitarbeiter der Agentur Buchmarkterfahrung in das Projekt einfließen. Der Agent hat ja aufgrund seines hoffentlich langjährigen Umgangs mit Verlagen und Buchprojekten eine Vorstellung, wie das Projekt auf den Buchmarkt passen könnte und wohin, also zu welchem Verlag.

Es leuchtet ein, diese optimale Planung vor dem Gang durch die Lektorate zu machen und nicht hinterher, wenn das Buchprojekt aufgrund der vielen Ablehnungen bereits einen Hautgout hat.

Welche Agentur ist die richtige?

Wenn Sie eine Agentur einschalten wollen, dann sollten Sie sich also möglichst schnell nach einem geeigneten Agenten umsehen. Das Prinzip aller Agenturen ist gleich: Was eine Agentur ins Angebot übernimmt, will sie auch möglichst schnell an einen Verlag verkaufen. Die Frage ist nur, ob es der Agentur gelingt, und wenn, in welchem Zeitraum und zu welchen Konditionen.

Um zunächst die letzte Frage zu beantworten, die die Autoren auch besonders interessiert: Die Wahrnehmungsverträge der Agenturen sehen zumeist einen Beteiligungssatz am Honorar des Autors von etwa 15 bis 25 Prozent vor. Es gibt Abweichungen nach oben und nach unten; die Bandbreite der prozentualen Beteiligung läßt sich zwischen 15 und 30 Prozent markieren. **Schnell muß nicht gut sein**

Der Beteiligungssatz der Agentur sollte Sie jedoch nicht in erster Linie interessieren. Viel entscheidender ist, wie gut die Agentur ist und dies vor allem im Hinblick auf Ihr Buchvorhaben. Die Agenturen stehen nämlich zunächst vor dem gleichen Problem wie Sie: Autoren ohne Namen haben auf dem Buchmarkt schlechtere Chancen als bekannte Autoren. Wenn Sie sich nun als Nobody bei einer Agentur unter Vertrag begeben, so hat die Agentur ebenfalls Startprobleme, die Sie auch hätten, wenn Sie einen Alleingang durch **Auf das Ergebnis kommt es an** die Lektorate unternähmen. Wo liegt dann der Vorteil für Sie?

Es kann sein, daß der Agent genau die passende Schublade in einem Verlag kennt, in die Ihr Manuskript gehört. Er weiß davon, weil er mit den Verlagen in ständiger Verbindung steht. Sie hätten es wahrscheinlich nicht gewußt. Es kann so durch eine Agentur zu einem Start-Ziel-Sieg kommen, zumindest was das schnelle Zustandekommen eines Verlagsvertrages betrifft.

In den meisten Fällen jedoch wird Ihr Buchprojekt der kreativen Zuarbeit der Agentur bedürfen, um zum einen die Chancen der Annahme durch einen Verlag zu erhöhen und zum anderen anschließend die Verkäuflichkeit auf dem Buchmarkt zu verbessern. Hier liegt der größte Vorteil für Sie!

Entscheidend ist somit: Was leistet Ihre Agentur, um Ihr Projekt zu optimieren, so daß unter dem Strich ein besseres Resultat herauskommt? So gesehen, ist nicht der Beteiligungssatz der Agentur das Kriterium; bei höherem prozentualem Satz kann im Endergebnis für Sie durchaus mehr herauskommen als bei einem niedrigeren. Allerdings können Sie auch nicht davon ausgehen, daß Ihnen der höhere Beteiligungssatz auch schon die bessere Mitarbeit der Agentur signalisiert.

Kreative Zuarbeit Lassen Sie sich deshalb erklären, wie die Agentur vorzugehen beabsichtigt, bevor Sie einen Wahrnehmungsvertrag bei einer Agentur unterschreiben. Das Versprechen, schnell den richtigen Verlag zu finden, kann ein voreiliges und zu schnelles Versprechen sein, von dem Sie möglicherweise nie etwas haben. Versuchen Sie herauszufinden, wie stark das kreative Engagement der Agentur ist, ob sie sich also in die Optimierung der Buchplanung einschaltet.

Die gute Arbeit einer Agentur wird in starkem Maße durch den Agenten bestimmt. Daß er sich auf dem Buchmarkt auskennt, ist eine Voraussetzung. Aber wie kommt er mit den Lektoren und Verlegern und mit den Autoren zurecht? Im Umgang mit Autoren und ihren Manuskripten, mit den Verlagen und ihren Büchern gibt es mehr Möglichkeiten, daß etwas schiefläuft, als Wolken am Himmel ziehen. Die ausgleichenden Fähigkeiten des Agenten sind gefragt, um im Konfliktfalle einen gerechten Kompromiß zu finden.

Offene Kritik

Wie Sie mit Ihrem Agenten zurechtkommen, werden Sie natürlich erst hinterher wissen. Eine genau messende Punkteskala kann ich Ihnen nicht an die Hand geben. Aber halten Sie von Beginn an Ihre Ohren gespitzt, ob die Agentur, mit der Sie einen Wahrnehmungsvertrag eingehen wollen, Mut zur kritischen Auseinandersetzung mit Ihnen hat, ob sie die eigenen Fähigkeiten in den leuchtendsten Farben malt oder ob auch selbstkritische Töne zu hören sind.

Agenturen können nicht zaubern, und je mehr man das hohe Lied von Ihrem Exposé oder Manuskript singt, um so zurückhaltender sollten Sie sein. Nach meiner Erfahrung nutzt nur die wirklich kritische Analyse. Und wenn Sie dieses Buch bis hierher gelesen haben, ahnen Sie, was nützliche Kritik oder Selbstdarstellung sein könnte.

Vor allem dann, wenn Sie schon ein fertiges Manuskript erstellt und dies eventuell auch schon bei einigen Verlagen vergeblich angeboten haben und nur nichtssagende Briefe zurückbekamen, wird Ihnen an einer offenen Beurteilung Ihres Werkes und der Vermarktungschancen gelegen sein. Sie wollen endlich einmal hören, woran es liegt, daß Sie bisher auf Ablehnung gestoßen sind.

Ich habe Manuskripte von Autoren auf dem Tisch gehabt, die jahrelang durch Lektorate gezogen sind und die entweder die Computer-Standard-Absagebriefe zurückbekommen haben oder – was in diesem Fall noch schlimmer ist – einen netten Brief mit Floskeln. Und dies bei Manuskripten, die nie und nimmer eine Chance auf dem Buchmarkt haben werden.

Gerade bei sehr persönlich gehaltenen Manuskripten, die aus einem inneren Beweggrund geschrieben wurden, wagt niemand die klare Formulierung. Jeder Lektor spürt die große Anspannung des Autors und scheut das kritische Urteil. Dabei wäre dem Autor so mehr geholfen, denn ein Ende mit Schmerzen wäre allemal besser als Schmerzen ohne Ende. So tritt der gegenteilige Effekt ein: Der Autor klammert sich an jedes halbwegs freundliche Wort und fällt dann bei der nächsten Absage erneut in Verzweiflung.

Armer Autor Verstärkt wird dieser schlimme Effekt durch die Lässigkeit mancher Verlage im Umgang mit den Manuskripten. Bei neunzig von hundert eingesandten Manuskripten oder Exposés könnte der Lektor sofort sehen, daß sie nichts taugen bzw. nicht ins Programm passen. Doch dann vergeht manchmal ein ganzes Jahr, bis der unpersönliche Standard-Absagebrief beim Autor eintrifft. Der hat sich in der Zwischenzeit in der Hoffnung gewiegt, daß der Verlag sein Anliegen aufs sorgfältigste prüft, weil er sich anders die lange Wartezeit gar nicht erklären kann.

Armer Autor, niemand sagt ihm, was los ist! Er wollte ein Buch schreiben, hat sich als Autor gesehen, seinen ganzen Alltag auf das Schreiben des Manuskriptes umgestellt, vielleicht seine Familie tyrannisiert, und nun läuft er durch eine Welt des watteweichen Nebels.

Wenn Sie diese Erfahrung schon gemacht haben oder sie vermeiden wollen und deshalb mit einer Literaturagentur zusammenarbeiten wollen, dann dringen Sie auf Klarheit, signalisieren Sie, daß Sie Kritik nicht nur nicht scheuen, daß Sie vielmehr darauf warten, um daraus zu lernen. Und werten Sie diese Kritikbereitschaft einer Agentur als ein Bemühen um den Autor, als ein gutes Vorzeichen für den gemeinsamen Erfolg. Sie müssen sich allerdings auch darauf einstellen, daß Sie von einer Agentur Absagebriefe ähnlichen Wortlauts erhalten, wie Sie es vielleicht schon von Verlagen gewöhnt sind.
Auch die Agenturen sind ausgelastet und werden sich nur mit denjenigen Buchplänen beschäftigen, in denen sie Chancen sehen.
Dies bedeutet nicht, daß Ihr Manuskript überhaupt keine Chancen auf dem Buchmarkt hat, denn die Agentur hat zwar mehr Möglichkeiten als ein Verlag mit seiner festen Programmstruktur, doch wird auch die Agentur nicht mit allen Verlagen zusammenarbeiten. Im Laufe der Zeit haben sich besondere Geschäftsverbindungen ergeben, und die Agentur wird unter diesem Raster Ihr Buchprojekt beleuchten.

Sie bleiben der Autor!
Je mehr Leute sich Ihr Werk ansehen, um so mehr Meinungen werden Sie zu hören bekommen. Dies deutet darauf hin, daß nicht jede Meinung die richtige sein muß. Sie müssen letztlich für Ihr Buchprojekt selbst den Kurs halten und auch Rückgrat zeigen, wenn die Kritik die Substanz Ihres Vorhabens aufzehrt. Sollte der Lektor des Verlages, mit dem Sie oder Ihr Agent einen Verlagsvertrag geschlossen haben, Ihr Manuskript redigieren, so ist dies der normale Vor-

gang. Sollte jedoch eine Agentur gegen Bezahlung eine radikale Überarbeitung anbieten, so müßten besondere Gründe vorliegen.

Zeigen Sie Rückgrat Sie hören sich gerne Kritik an und sind auch bereit, die Kritik in Ihren Buchplan oder in Ihr Manuskript einfließen zu lassen. Doch die Änderungen nehmen Sie selbst vor! Sie bleiben der Autor, und von dieser Regel sollten Sie wirklich nur in konkreten Ausnahmesituationen abweichen.

Ein redigiertes Manuskript müßte vor dem erneuten Angebot an Verlage ja auch erst wieder neu abgeschrieben werden. Zusammen mit den Redaktionskosten addiert sich dies zu einer erheblichen Summe. Und steht die dann noch im Verhältnis zu den verbesserten Chancen?

Buchideen kommen auch durch die Agentur

Einer Literaturagentur ergeht es nicht anders als den Verlagen: Die Buchprojekte, die ihr angeboten werden, passen – so wie sie sind – nur selten auf den Buchmarkt. Ein bereits fertiggestelltes Manuskript wird da natürlich ein schwieriger zu manövrierendes Schiff sein, um im Hafen einlaufen zu können, als ein erst im Exposé vorliegendes Projekt. Bei Ihrem Angebot an die Agentur gehen Sie also von den gleichen Voraussetzungen wie bei den Verlagen aus. Im Stadium der Planung kann der Agent besser seine Buchmarkterfahrung und seine Kreativität einbringen.

Erst warmlaufen Ist Ihr Agent gut, wird er mit Ihnen lieber noch ein paar Runden trainieren, bevor er sich dem Wettkampf stellt. Sie profitieren doppelt davon, denn einmal wird sich Ihr Buchprojekt qualitativ verbessern, zum anderen ist dem Agenten durch die eigenen kreativen Aufwendungen das Projekt mehr ans Herz gewachsen.

Der Agent wird also mit mehr Engagement den richtigen Verlag suchen.

Es kommt häufig vor, daß sich aus dem ursprünglichen Projekt ein ganz neues entwickelt, mit besseren Chancen auf dem Buchmarkt. Der Agent wird die in Ihnen schlummernden Talente zu seinem und Ihrem Vorteil wecken.

Das Geschäft mit den noch unbekannten Autoren ist für den Agenten eine mühselige Arbeit, die er nur leisten kann, falls der Autor ihm auch dann treu bleibt, wenn der Agent ihn aufgebaut hat. Auch hier ist eine Agentur ein Spiegelbild eines Verlages: Ohne Bestsellerautoren kann sie den Aufbau von neuen Autoren finanziell nicht bewältigen.

Längerfristig zusammenbleiben

In der Regel bleiben aber die Autoren bei ihren Agenten, denn so schnell wird kein Autor vergessen, daß es der Agent geschafft hat, ihn *durchzubringen*.

Ein kreativer Agent wird auch von sich aus neue Buchprojekte vorschlagen. Er hat sein Ohr am Markt und bekommt entsprechende Anregungen. Manchmal übermittelt er aufgrund seiner Gespräche mit den Verlagen auch deren Buchpläne, wenn es dem Verlag gerade für dieses Thema an einem Autor mangelt, den die Agentur jedoch an der Hand hat.

All dies wird der Autor nicht vergessen und wird mit der Agentur eine längerfristige Zusammenarbeit eingehen, auf die die Agentur auch wirtschaftlich angewiesen ist.

Was macht die Agentur nun alles?
Die Literaturagentur wird mit Ihnen Ihren Buchplan durchsprechen und Verbesserungen vorschlagen. Sie wird Ihnen sagen, was ins Exposé noch hinein muß und wie es äußerlich beschaffen sein sollte. Mögli-

cherweise wird sie es anschließend noch überarbeiten.

Sie wird inzwischen Kontakt mit den Verlagen halten und das Exposé anbieten.

Sie wird – anders als die Autoren – von ihren Gesprächspartnern in den Verlagen wahrscheinlich eine klare Antwort bekommen, warum das Projekt nicht geeignet ist. Scheuen die Lektoren aus verständlichen Gründen die Auseinandersetzung mit den Autoren, dem Agenten sagen sie zumeist offen, woran es hapert. Ihr Agent wird also nach mehreren Absagen und den inzwischen gewonnenen Eindrücken das Projekt mit Ihnen erneut durchsprechen, um eventuell eine Kurskorrektur anzubringen und neue Argumente aufzunehmen.

Die Agentur wird in Gesprächen oder telefonisch Ihr Buchprojekt dem Verlag erläutern und wird den Verlagsvertrag für Sie aushandeln. Sie wird Ihnen dann während der Schreibphase – oder schon vorher bei der Abfassung des oder der Probekapitel – mit Rat zur Seite stehen.

Die Agentur wird die Abrechnungen überwachen. Sie wird Sie bei den so wichtigen begleitenden PR-Maßnahmen beraten.

Mittlerrolle Schließlich wird Ihr Literaturagent eine vermittelnde Rolle zwischen Ihnen und dem Verlag einnehmen, wenn es Meinungsverschiedenheiten gibt – und die sind gar nicht so selten.

Die wichtigste dieser Funktionen wird für Sie die Verbesserung des Buchprojektes sein, nämlich die auf den Markt und die Verlage zugeschnittene *Buchplanung*. Die wird das Fundament der Zusammenarbeit sein, daraus erwachsen alle weiteren Tätigkeiten.

Die Grenzen einer Agentur

Eine Literaturagentur wird immer nur eine begrenzte Zahl von neuen Autoren aufnehmen können, denn die Aufbauarbeit ist sehr zeit- und damit kostenintensiv.

Und trotz des Namens *Literatur* wird sich gerade die anspruchsvolle Belletristik den Bemühungen einer Agentur entziehen. Gemeint ist hier nicht der großartig geschriebene zeitgeschichtliche Roman, der in dem Publikumsverlag erscheint, der für seine vielen Bestseller bekannt ist, gemeint ist das Werk des Autors, der mit seinem Werk einen kulturellen Anstoß gibt.

Argumente kann man vermitteln

Überspitzt ausgedrückt: Der potentielle spätere Nobelpreisträger wird mit seinem Erstling von einer Agentur wahrscheinlich nicht vermittelt werden können.

Der gesamte Literaturbetrieb, ob Belletristik oder Sachbuch, kann vom Literaturagenten gut an die Verlage verkauft werden, solange es sich darum dreht, Verkaufsargumente weiterzugeben. Und das leuchtet ein: Ein Mittler wird die Verkäuflichkeit ungeniert und überzeugender vorbringen können als der Schöpfer des Werkes selbst. Für alles, was in die Verlagsschublade paßt, ist der Agent großartig geeignet. Er weiß, welche Schubladen es gibt, wo sie stehen und wie sie zu füllen sind. Der gute Agent *denkt* in Schubladen; Sie nennen ein Projekt, und bei ihm leuchtet die entsprechende Verlagslampe auf.

Bei einem außergewöhnlichen Werk, also einem, das in keine Schublade paßt, wird der Funke zwischen Lektor und Autor jedoch direkt überspringen müssen. Eine Vermittlung durch Dritte wird nicht möglich sein. Der Autor wird durch sein Feuer, seine Imagination den Anstoß geben müssen: Ein Dritter kann es nicht.

Feuer muß man selbst entfachen

Sollte dieser Autor seinen Durchbruch selbst geschafft haben, so kann anschließend ein Agent für ihn durchaus wertvoll sein, um eine optimale Vertragsgestaltung zu erreichen.

Eine andere Grenze zieht die Rolle des Agenten: Er steht zwischen Autor und Verlag. Auch wenn der Literaturagent vom Autor bezahlt wird und der Agent bei einer finanziellen Auseinandersetzung mit einem Verlag bei einer günstigeren Regelung für den Autor profitieren würde, so wird er doch auf einer möglichst neutralen Maklerfunktion bestehen.

Der Agent wird eher auf ein Mehr an Honorar verzichten, als sich mit einem Verlag komplett zu überwerfen. Er wird für seinen Autor alle guten Argumente ins Feld führen, er wird ihn aber auch zu bremsen wissen, wenn sein gutes Verhältnis zu diesem Verlag auf dem Spiel steht.

Dies mag der Autor zwar im Einzelfall als ungerecht empfinden, weil er doch den Agenten durch sein Honorar mitbezahlt, letztlich profitiert aber die Mehrheit aller Agenturautoren von dem guten Kontakt zwischen Agent und Verlag.

Der Agent wird durch diese Rolle auch in der Lage sein, einen Vergleich zu finden, um teure und vor allem für den Autor nervenaufreibende Prozesse zu vermeiden.

Die Zukunft gehört den Agenturen Zukünftige Bestsellerautoren werden ohne einen kreativen und verhandlungstechnisch versierten Agenten kaum mehr auskommen. Der Buchmarkt verengt sich einerseits, andererseits können im Zusammenspiel mit den anderen Medien ganz neue, gewaltige internationale Erfolge erzielt werden.

Ohne einen Coach, ohne einen Therapeuten für schlechte Phasen, ohne kreative Zuarbeit und ge-

schicktes Taktieren wird der zukünftige Champion die Runden im Ring nicht überstehen. Dies alles muß der Agent oder – besser ausgedrückt – sein Buchplaner in einer Person für ihn sein.
Bei allen Vorteilen, die der Agent für ihn herauszuholen hat, sollte dieser nicht übersehen, immer auch mit der anderen Seite – den Verlagen – fair zu verhandeln. Zwar mag für die internationalen Agenturen der Exocet-Spruch *fire and forget* die Maxime sein, für einen Agenten, der deutsche Autoren in der Bundesrepublik betreut, würde ein solcher Schuß immer nach hinten losgehen. Wer seinen Autor überhöht verkauft, wird später die Quittung bekommen. Denn die guten Beziehungen zu den Verlagsleuten stehen auf dem Spiel, und nur diese gute Zusammenarbeit in Verbindung mit neuen Ideen garantiert große Erfolge.

Druckkostenzuschuß und Selbstverlag

Finanzspritze nur mit Gefühl

Sollte Ihr Buchprojekt trotz aller planerischen Sorgfalt nicht an den Verlag zu bringen sein, so spielen Sie vielleicht mit dem Gedanken, beim nächsten Anschreiben an einen Verlag gleich einen Druckkostenzuschuß mit anzubieten.

Das kostet ein Programmplatz Von dieser Vorgehensweise möchte ich abraten, denn bei den großen Verlagen wird nur ins Programm genommen, was hineinpaßt; sich einen Programmplatz abkaufen zu lassen wird in der Regel nicht mit dem Selbstverständnis des Verlages zu vereinbaren sein.

Durchschnittlich wird ein Buch in einem Spitzenverlag etwa Euro 300 000 Umsatz machen müssen. Bei einem mittleren Verlag wird es etwa die Hälfte sein. Nun macht Geld bekanntlich schwach, und es mag Ihnen vielleicht gelingen, zu diesen Summen ins Programm zu rutschen. Die Chancen stehen dennoch schlecht, mit diesem Handel glücklich zu werden.

Sie wollen ja nicht nur, daß der Verlagsname Ihren Buchrücken ziert, Sie wollen natürlich auch, daß sich das Buch gut verkauft. Die Vertreter und die Buchhändler werden dieses Buch jedoch als Fremdkörper im Programm erkennen, und so wird die Resonanz des Sortiments entsprechend schwach ausfallen.

Haben Sie vielleicht an Euro 10 000 oder Euro 20 000

als Druckkostenzuschuß gedacht, so wird für die Verlage diese Summe kein entscheidendes Kriterium sein, Ihr Buchprojekt ins Programm zu nehmen. Das verlegerische Risiko bleibt zu groß.

Bieten Sie den Druckkostenzuschuß auch schon beim ersten Kontakt an, so ist der Rückschluß des Lektors oder des Verlegers: »Hier ist jemand bereits durch viele Lektorate gezogen und hat keine Aufnahme gefunden. Jetzt versucht er es auf diese Art.« Man wird sich Ihrem Buchprojekt nun nicht mehr positiv nähern. **Nicht sofort anbieten**

Einen Druckkostenzuschuß anzubieten hat nur Zweck, wenn ein Verlag Interesse an Ihrem Projekt zeigt und es auch für das Programm im Prinzip passend findet, aber noch zögert. Dies wäre der Zeitpunkt, einen Druckkostenzuschuß ins Spiel zu bringen. Vielleicht gibt Ihre gebotene Summe den positiven Ausschlag. Gerade kleine oder mittlere Verlage mit einem beschränkten Programm werden durch Ihren Zuschuß die Sicherheit finden, Ihnen den Programmplatz zu geben. Sie werden bei dieser Vorgehensweise auch nie das Gefühl bekommen, die Veröffentlichung gekauft zu haben, und die Chancen, daß sich Ihr Buch auch recht gut verkauft, stehen günstig, denn der Verlag hatte ja von Beginn an Verkaufsmöglichkeiten in Ihrem Projekt gesehen.

Verlage mit Druckkostenbeteiligung

Es gibt einige wenige Verlage, die Bücher nur mit einer Druckkostenbeteiligung des Autors herstellen. Sie werden, wenn Sie sich einem solchen Angebot nähern, prüfen müssen, ob Ihre sogenannte Beteiligung nicht mehr ist, als es der Name zu sagen scheint. Vielfach werden Sie nämlich die gesamten Herstellungskosten tragen.

Die entscheidende Frage stellen

Wenn Sie dafür ein recht attraktiv aufgemachtes Buch erhalten und dies auch Ihre Absicht war, so ist dagegen nichts einzuwenden. Sie sollten sich zuvor in jedem Fall einen Musterband schicken lassen. Und Sie sollten sich über die Vertriebsmöglichkeiten des Verlages erkundigen. Entscheidend ist ja, ob Ihr Buch auch unter die Leute kommt. Sie haben sich inzwischen vielleicht von der Vorstellung getrennt, zu einem großen Autorenhonorar zu gelangen. Sie wollen jedoch, daß Ihr Buch von möglichst vielen gelesen wird.

Stellt sich heraus, daß Sie die gesamten Kosten – und noch ein bißchen mehr – für die Herstellung Ihres Buches tragen, so liegt die Vermutung nahe, daß der Verlag nicht unbedingt auch noch ein Verkaufsinteresse hat. Nur der Verlag, der in Ihr Buch investiert, muß versuchen, die Kosten wieder hereinzuholen und darüber hinaus möglichst Gewinn zu machen. Sie und der Verlag haben das gleiche Interesse: Das Buch soll sich verkaufen.

Sie können selbst sehr gut aus Ihrem Manuskript ein Buch werden lassen. Wenden Sie sich an eine Druckerei, die Sie beraten wird. Natürlich werden Sie sich um Lektorat, Korrektorat und die Satzgestaltung kümmern müssen. Wenn Sie sich zuvor gut informieren und dadurch Fehler vermeiden, werden Sie schließlich ein vergleichbar gut aufgemachtes Buch in Ihren Händen halten. Und preiswerter wird die Herstellung auch sein. Wenn Sie das Buch nur für Bekannte und Verwandte haben herstellen lassen, so ist dies ein Weg ohne zu hohe Kosten.

Wollen Sie sich aber gar nicht so sehr in die Materie des Büchermachens vertiefen und wollen Sie die gedruckte Auflage auch nur in Ihrer näheren Umge-

bung an die Frau oder an den Mann bringen, so kann ein solcher Verlag, der für Sie die Herstellung des Buches übernimmt, aber selbst eigentlich keine Vertriebsaktivitäten entfaltet, dennoch interessant sein. Sie zahlen etwas mehr, dafür bekommen Sie dann ein fertiges Buch.
Gegen ein solches Geschäft ist – wie gesagt – nichts einzuwenden, wenn Sie sich vorher darüber im klaren sind, daß Sie es sind, der die Auflage vertreibt. Sie schließen somit eine wahrscheinliche Enttäuschung aus.
Für Bücher, die nicht bebildert sind, eignet sich besonders gut das Book-on-demand-Verfahren, falls Sie nur mit kleinen Stückzahlen – und dies vor allem über einen längeren Zeitraum gestreut – rechnen können. Dieses Buch-auf-Anforderung wird jedesmal einzeln gedruckt. Was sich sehr teuer anhört, bietet dem Autor jedoch eine recht preiswerte Lösung. Sie werden mit etwa Euro 1 000 Grundkosten ein Buch von 250 Seiten zu etwa Euro 10 pro Stück erhalten und können es dann z. B. für Euro 20 endverkaufen oder für jeden anderen Preis, den Sie festsetzen.
Sie haben keine Lagerkosten und Ihr Buch ist zudem noch über jede Buchhandlung bestellbar, denn vor allem die großen Barsortimente bieten diesen Dienst an und führen dann auch Ihren Titel im Verzeichnis lieferbarer Bücher. Wenden Sie sich zum Beispiel an Libri in Hamburg.
Dieses Verfahren bietet sich auch an, wenn Sie die Rechte an Ihrem Werk zurückerhalten haben, es aber bei keinem Verlag mehr unterbringen können; so erhalten Sie es am Leben. Versprechen Sie sich aber keinen großen Vertrieb. Nur dann, wenn Sie selbst Werbung machen können, wird das Buch bestellt werden.

Im Selbstverlag

Haben Sie sich jedoch dazu entschlossen, Ihr Buch selbst herzustellen, und wollen Sie die gedruckte Auflage nur an Freunde und Verwandte verschenken, so haben Sie keine steuerlichen Probleme. Sie werden allerdings auch Ihre Einkommensteuer nicht um die Kosten für die Herstellung mindern können. Ihr Streben ist von Beginn an nicht auf einen Gewinn angelegt, was dadurch deutlich wird, daß Sie keinen Preis für Ihr Buch verlangen.

Auf Gewinn ausgerichtet? Das Ziel eines Verlegers im Selbstverlag ist es nun, das eigene Werk herzustellen und zu verkaufen. Hierzu werden Sie einen Gewerbeschein beim Gewerbeamt beantragen. Sie werden am besten einen Gewerbeschein für eine *Versandbuchhandlung* beantragen, dann können Sie auch an Privatpersonen Bücher verkaufen. Beantragen Sie Ihren Schein für eine *Verlagsbuchhandlung*, so können Sie eigentlich nur an das Sortiment abgeben. Allerdings wird diese Unterscheidung heute nicht mehr so eng gesehen.

Betreiben Sie Ihren Verlag als Einzelfirma, so benötigen Sie keine Eintragung. Sie haften jedoch für Ihre Schulden auch mit Ihrem Privatvermögen, was Sie nur ausschließen können, wenn Sie eine Ein-Personen-GmbH gründen. Hierzu wiederum benötigen Sie ein Startkapital als Einlage. Nehmen Sie auch andere Personen in Ihre GmbH auf, so werden Sie einen Gesellschaftsvertrag aufsetzen müssen.

GmbH hat Folgen Nur wenn Sie mit dem Gedanken spielen, vielleicht später auch einmal Bücher anderer Autoren zu verlegen, wird es sich lohnen, eine GmbH oder ähnliches zu gründen. Wollen Sie nur Ihr eigenes Werk verlegen,

so wäre das Geschütz für das Ziel, das Sie treffen wollen, zu groß.
Für den Fall, daß Sie Geldgeber benötigen, die abgesichert sein wollen, wird sich wahrscheinlich eine solche Rechtsform nicht umgehen lassen. Zu berücksichtigen ist allerdings auch, daß Sie dann bilanzieren müssen und steuerlich eine andere Stellung einnehmen.
Wenn Selbstverlag, so werden Sie mit einem Gewerbeschein und vielleicht einer Eintragung ins Handelsregister am besten bedient sein.

Bücher müssen auch vertrieben werden
Bevor Sie sich mit Eifer an die Herstellung Ihres Buches machen, sollten Sie eine Idee davon haben, wie Sie Ihr fertiges Produkt dann auch vertreiben.
Das Herstellen selbst ist kein so großes Problem. Dies könnten Sie ja auch durch einen Verlag für Privatdrucke machen lassen. Aber wie unter die Leute bringen? Wenn Sie aus Ihrem Roman mit viel Mühe und Kosten ein schönes Buch gemacht haben und nun 2000 Exemplare in Ihrem Arbeitszimmer den Weg versperren, werden Sie kein glücklicher Autor sein. Im Gegenteil, Sie sind nun noch ein unglücklicher Verleger dazu. Denn der Riesenstapel wird nicht kleiner werden und wird Sie immer an den größten Mißerfolg Ihres Lebens erinnern.
Ihren Roman sollten Sie in keinem Fall in einem Selbstverlag herausbringen, zumindest nicht mit Gewinnabsicht, weil Sie keine klare Zielgruppe ansprechen können. In erster Linie wird sich ein Selbstverlag für spezielle Ratgeber anbieten. Wenn Sie ein Buch über Pferdezucht schreiben, so können Sie über die entsprechenden Organisationen an Ihre interessierten Leser kommen.

Eine inter- Besonders gut eignet sich ein Selbstverlag, wenn Sie
essante Regionalliteratur veröffentlichen wollen. Ein Selbst-
Zielgruppe verlag ist in diesem Fall oft sogar der einzige Ausweg,
weil es keinen entsprechenden Verlag gibt. Ob Sie nun
ein Sachbuch über die Geschichte eines bestimmten
Gebietes, einen Wanderführer, ein Kochbuch mit Spe-
zialitäten der Region im Selbstverlag veröffentlichen
wollen: Sie werden mit einem überschaubaren Werbeetat auf ein interessiertes Publikum stoßen. Zudem
kennen Sie sich in dieser Region aus, wissen, wen Sie
ansprechen können, damit Ihr Buch bekannt wird.

So werden die regionalen Zeitungen über Ihr Buch
berichten, und Sie können gleichzeitig Anzeigen zu
einem relativ geringen Preis schalten. Ihre Vorträge
werden besucht sein, und Sie werden Gedenktage
oder örtliche Feiern zum Anlaß nehmen, an Ihr Buch
zu erinnern.

Während ich sonst von einem Roman im Selbstverlag
abrate, könnte ein gut recherchierter historischer
Roman, der eine bestimmte Region in seiner ge-
schichtlichen Wirklichkeit lebendig werden läßt, auch
noch recht gute Chancen des Vertriebs haben.

Bei allen regionalen Themen werden Sie auch die
Buchhandlungen vor Ort zu Bestellungen bewegen
können. Sie können die Buchhändler selbst ansprechen, vielleicht macht der eine oder andere Sortimenter sogar ein Schaufenster mit Ihrem Werk. Sie gewinnen damit den entscheidenden Vertriebspartner für
Ihren Selbstverlag.

Über den Bei nicht regional gebundenen Werken wird es schwie-
Buchhan- rig werden, den klassischen Vertriebsweg *Buchhandel*
del wird es ansprechen zu können. Wenn dies in genügendem
schwierig Maße möglich wäre, so hätte sich ein Verlag gefunden,
der Ihr Projekt in sein Programm übernommen hätte.

Und ein Verlag verfügt über einen Vertreterstamm, der dem Buchhändler Ihr Buch anbietet. Sie werden als Einzelkämpfer kaum etwas ausrichten können.

Mehr Gewinn durch Selbstverlag?
Zumeist wird sich ein Autor für einen Selbstverlag entscheiden, weil keiner der bestehenden Verlage sein Buchprojekt ins Programm übernehmen wollte. Deshalb haftet dem Selbstverlag auch das Etikett des Außenseiters an.

Aber ob der Verlag nun *Selbstverlag* oder *Optimist-Verlag* heißen mag: ich finde, daß man die Initiative des Autors bewundern sollte. **Genau kalkulieren**

In dem Beispiel für Regionalliteratur sind Sie gezwungen, selbst verlegerisch tätig zu werden, weil es bisher keinen Verlag vor Ort gibt. Vielleicht macht Ihnen die Sache Spaß, und Sie schreiben weitere Bücher über diese Region, dann werden sich die Erfahrungen noch mehr auszahlen. Möglich ist auch, daß andere Autoren auf Ihren Verlag zukommen werden. Haben Sie sich von Beginn an einen entsprechenden Verlagsnamen auf die Fahnen geheftet, wird bald Nachfrage nach Ihrem verlegerischen Know-how sein.

Stellen Sie sich nun den Fall vor, daß Ihr Buchprojekt von den Verlagen zwar mit Kußhand genommen werden würde, Sie aber aus wirtschaftlichen Gesichtspunkten einen eigenen Verlag ins Auge fassen.

Selbst wenn Sie ein noch so brillanter Belletristikautor wären, ob Sie nun Romane oder Gedichte, Erzählungen, Science-fiction oder Krimis schreiben: Sie sollten die Hände davon lassen. Der Grund ist simpel: Man kann sich selbst schlecht verkaufen, zumindest gilt dies für die Belletristik. **Nicht mit Belletristik**

Anders könnte es aussehen, wenn Sie einen zielgenau- **Mit einem Ratgeber?**

en Ratgeber veröffentlichen wollen. Sie wissen, wen Sie ansprechen müssen. Ihre Zielgruppe ist klar umrissen, und Sie wissen, wo und wie Sie sie erreichen können.
In diesem Fall wäre die Überlegung nicht abwegig, die Sache selbst in die Hand zu nehmen. Bei einem großen Verlag mit einem starken Vertrieb besteht die Gefahr, daß Ihr Buch über die Saison hinaus keine weitere Pflege erfährt. Das Buch wird zwar nicht schlecht laufen, und der Verlag wird zufrieden sein. Sie wissen jedoch, daß es sich viel besser verkaufen könnte, wenn der Verlag entsprechend für das Buch werben würde.
In einem kleinen Verlag wiederum ist vielleicht der Vertrieb nicht stark genug, jedenfalls sehen Sie keinen zu großen Unterschied zu einem Selbstverlag. Warum dann nicht 100 Prozent einnehmen anstatt höchstens 10 Prozent? Sie rechnen sich jedes Jahr einen Absatz von vielleicht dreitausend Exemplaren aus, multiplizieren diese Zahl mit dem ins Auge gefaßten Verkaufspreis und sehen sich auf der Straße der Sieger. Ihr verlegerischer Versuch kann durchaus ein Erfolg werden, aber finanziell in einem ganz anderen Rahmen. Sie werden sich wundern, welche Kosten Herstellung, Vertrieb und Werbung verursachen.

Mit viel Arbeit den Erlös verdoppeln?
Der Vertriebsweg Buchhandel würde von den 100 Prozent 40 bis 45 Prozent wegnehmen; die werden Sie nämlich dem Buchhändler als Rabatt einräumen müssen. Die Schwierigkeit ist jedoch, überhaupt in die Buchhandlungen zu kommen. Falls Sie nicht selbst von Buchhandlung zu Buchhandlung reisen wollen, was zeitlich und finanziell kaum zu schaffen ist (und

die großen Buchhandlungen werden erst gar keinen Termin mit Ihnen machen), werden Sie sich einem Vertreterstab für Kleinverleger anschließen. Da Sie den Vertretern ca. 10 Prozent vom Nettoumsatz zahlen werden, nehmen Sie in Ihre Rechnung weitere 5 Prozent auf, so daß Sie bisher für den Vertrieb über den Buchhandel 50 Prozent Ihres Endverkaufspreises abgeben müssen.

Wahrscheinlich wollen Sie die einige tausend Exemplare, die Sie haben drucken lassen, nicht in Ihrem Wohnzimmer lagern. Sie werden sich also einer Verlagsauslieferung anschließen, die auch die Rechnungen für Sie schreibt. Zählen Sie weitere 5 Prozent hinzu, und Sie sind bei 55 Prozent.

Viele müssen mitverdienen

Für Werbung wollen Sie natürlich etwas tun, und zwar mehr, als ein Verlag für Sie getan hätte, denn gerade dies war Ihr Hauptargument, selbst verlegerisch tätig zu werden. Sie nehmen deshalb 15 Prozent in Ihre Kalkulation auf. Jetzt sind Sie bei 70 Prozent.

Und Ihr Autorenhonorar? Das hätten Sie doch bei einem anderen Verlag auch bekommen: 10 Prozent rechnen Sie hinzu. Es bleiben übrig: 20 Prozent. Das wäre insgesamt immerhin das Dreifache Ihres Autorenhonorars. Leider habe ich noch einen wichtigen Posten vergessen: Ihr Manuskript muß redigiert und korrigiert, es muß gesetzt und gedruckt und gebunden werden. Einen schönen vierfarbigen Schutzumschlag gönnen Sie Ihrem Buch auch, um es attraktiv erscheinen zu lassen.

Vergessen Sie Ihr Honorar nicht

Sie werden mit den verbliebenen 20 Prozent nur hinkommen, wenn Sie entsprechend viele Exemplare drucken lassen, weil sich dann der Herstellungspreis pro Exemplar erheblich vermindert. Dafür erhöhen sich Ihre Kapitalbindung und das finanzielle Risiko.

Sie rechnen umgekehrt In der Praxis werden Sie natürlich nicht das Pferd von hinten aufzäumen, wie ich es jetzt in dieser Rechnung gemacht habe. Sie werden zunächst den Herstellungspreis für Ihr Buch ermitteln und dann den Endverkaufspreis festsetzen. Da Sie alle Kosten kennen, nehmen Sie einen Endverkaufspreis, der für Sie noch einen Gewinn abwirft. Tun Sie das nicht, so kann es Ihnen passieren, daß Sie für jedes verkaufte Buch mehr bezahlen, als Sie einnehmen.

Sie ahnen jedoch schon die Grenze: Wird das Buch in der Kalkulation zu teuer, wird es Ihre Zielgruppe womöglich überhaupt nicht kaufen, womit die ganze Operation sinnlos geworden wäre.

Auch wenn Ihre zusätzliche Arbeitszeit unberücksichtigt bleibt, weil Ihnen die verlegerische Arbeit Spaß macht, kann man weitere Kosten für Telefon, Papier und Porto nicht übersehen. Sie werden Ihr Honorar von 10 Prozent, das Sie als Autor eines Verlags bekommen hätten, so nicht verdoppeln können.

Direkt-Mailing Allerdings haben Sie noch weitere Vertriebsmöglichkeiten, und die waren es, die Sie zu diesem Schritt in den Selbstverlag bewogen hatten. Sie erreichen Ihre klar auszumachende Zielgruppe auch auf direktem Wege. Mit Ihrem Werbeeinsatz sprechen Sie Ihre Leser unmittelbar an. Sie liefern dann die Bücher direkt an Privatpersonen, vielleicht auch an Firmen oder Vereine – je nachdem, welches Thema Ihr Ratgeber hat. Nur bei einem Ratgeberthema, wenn auch im weiteren Sinne, ist dieser Weg vorstellbar.

Mit einem Roman oder einem Gedichtband werden Sie es kaum schaffen, Leser direkt zu gewinnen. Denn nur der Werbeeinsatz für eine festumrissene Zielgrup-

pe wird in der Kalkulation möglich sein, da Ihre Zielgruppe über Branchenzeitschriften und Vereinsmitteilungen zu erreichen ist und die Anzeigen preislich in einem guten Verhältnis zum erwarteten Umsatz stehen. Sie bekommen vielleicht auch die Adressen Ihrer Zielgruppe und machen dann mit einem Werbebrief auf Ihr Buch aufmerksam.
Dieser Vertriebsweg wird besseren Erlös bringen, da Sie nun etwa 50 Prozent für den Weg über den Buchhandel nicht in Ihre Kalkulation aufzunehmen brauchen. Allerdings ist Ihr Werbeeinsatz beträchtlich.
Dieses Direkt-Mailing hätte ein Publikumsverlag nicht machen können. Er setzt auf den Buchhandel, und der sieht es nicht gerne, wenn die potentiellen Leser unter Umgehung des Buchhandels angesprochen werden.
Spricht Ihr Buchprojekt also eine bestimmte und auch gut zu erreichende und gut motivierte Zielgruppe an, so kann sich unter Umständen die Veröffentlichung in einem Selbstverlag lohnen. Die Erfahrungen, die Sie auf diesem Weg sammeln, werden sich jedoch nur auszahlen, wenn Ihr Werk kein Saisontitel ist. Es muß sich über viele Jahre hindurch gut verkaufen können.

Sie wollen Ihr Buch in der Hand halten
Dieses Beispiel eines auf Gewinn angelegten Selbstverlages zeigt, wie schwierig es sein wird, aus den roten Zahlen herauszukommen. Nun ist die Motivation für einen Selbstverlag in aller Regel jedoch eine andere: Ich habe ein Manuskript verfaßt, das niemand haben will. Ich möchte jedoch, daß daraus ein Buch wird. Ich will es gedruckt und gebunden in der Hand halten. Das ist mein Ziel.

Zumindest keinen Verlust machen? Ich habe deshalb vor allem im Sinn, meine absoluten Kosten zu begrenzen.

Ich rechne mir erst gar keinen Gewinn aus, aber auch keinen Verlust, denn den gibt es in meiner Rechnung ebenfalls nicht: Das fertige Buch ist mir Befriedigung genug. Ich werde also eine kleine Auflage drucken, die mir pro Exemplar zwar einen sehr hohen Herstellungspreis beschert und damit meine Gewinnspanne auf ein Minimum schrumpfen läßt, dafür sind meine absoluten Kosten jedoch geringer.

Wer sich nicht zumindest einen Absatz von zweitausend Exemplaren ausrechnet, sollte so vorgehen. Er wird keinen marktgerechten Preis kalkulieren, und wer nur aus diesem Grund mehr druckt, als er verkaufen kann, hat einen größeren Verlust vorprogrammiert. Dann sich besser gleich für das Book-on-demand-Verfahren entscheiden.

Dies gilt für einen Vertriebsweg über Buchhandel und Direkt-Mailing mit hohem Werbeaufwand. Viel günstiger kann es aussehen, wenn Sie für eine hochspezialisierte Zielgruppe schreiben, die womöglich auch bereit ist, einen hohen Preis für Ihr Werk zu zahlen. Dann wird sich eine auf Gewinn angelegte Kalkulation auch schon für ein paar hundert Exemplare durchführen lassen.

Rechte und Pflichten

Verwertungsgesellschaft Wort

Als Schriftsteller haben Sie einen ungeheuren kreativen Freiraum, wobei nur die Erfordernisse des Buchmarkts Grenzen setzen. Andererseits sind Sie als Buchautor eingebunden in das soziale Netz, aber auch in die Steuergesetzgebung. So frei die Gedanken sein mögen, die Sie für ein Buchprojekt entwickeln, in dem Moment, wo Sie sie zu Papier bringen und durch einen Verlag verkaufen lassen, ist es um die Freiheit geschehen. Man muß leider sagen: Gedanken sind steuerfrei, auf Papier gedruckt jedoch nicht mehr.

Nur denken ist frei

Zunächst aber zu den erfreulichen Seiten des gedruckten Wortes. Wenn Sie einen Verlagsvertrag schließen, übergeben Sie Ihrem Verlag zusammen mit dem Hauptrecht, das Buch zu drucken und zu vertreiben, auch die Nebenrechte. Verkauft Ihr Verlag einen Pressevordruck, so werden Sie anteilsmäßig dafür ein Honorar bekommen. Wie werden aber nun die Beiträge bewertet, die im Hörfunk gesendet werden oder im Fernsehen, das Ausleihen von Büchern in den Bibliotheken, das sehr gerne praktizierte Kopieren aus Büchern? Überall wird auf Geschriebenes zurückgegriffen, wird das Wort in irgendeiner Art und Weise verwertet. Nun wäre für jeden einzelnen Autor der Aufwand natürlich riesengroß, um alle Worte zu zählen und um zu seinem Honorar zu kommen.

Mit Worten wird verdient

Dies erledigt die *VG Wort* für den Autor. Dorthin fließen die Gelder aus den o. g. Verwertungen, so zum Beispiel auch die Kopiergeräteabgabe. Die *VG Wort* schüttet diese Gelder wiederum an die Autoren aus.

Was müssen Sie tun? Sie müssen sich bei der *VG Wort* anmelden (siehe Adresse im Anhang) und Ihre erschienenen Titel melden. Diese Anmeldung kostet Sie überhaupt nichts, und es folgen auch keine weiteren Kosten, weil die Verwaltungskosten dieser Gesellschaft aus den eingenommenen Beträgen beglichen werden.

Da der Aufwand zu groß und zum Beispiel bei der Kopiergeräteabgabe eine exakte Aufschlüsselung gar nicht möglich wäre, werden die von Ihnen erschienenen Werke ins Verhältnis zu der Gesamtzahl der gemeldeten Titel gesetzt, und entsprechend werden die Gelder aufgeteilt.

Dabei müssen Sie nur Sachbücher etc. melden. Meldungen für belletristische Titel sind – mit Ausnahme der Sonderausschüttung »Bibliothekstantieme«, die alle fünf Jahre stattfindet – nicht vorgesehen. Aber ob Sachbuch oder Roman: Sie werden am besten Mitglied bei *VG Wort*.

Nähere Unterlagen erhalten Sie bei der *VG Wort*. Ihr Einsatz kostet Sie nicht mehr als ein paar Briefmarken. (Eine autorenfreundliche Einrichtung, die es auch in Österreich und in der Schweiz in ähnlicher Funktion gibt. Adressen siehe Anhang.)

Die Künstlersozialkasse

Ihr Beitritt zur *VG Wort* ist rein freiwilliger Natur; in der Künstlersozialkasse hingegen sind Sie, wenn Sie bestimmte Einnahmen aus künstlerischer Tätigkeit haben, pflichtversichert. Diese soziale Absicherung wurde eigens für Künstler, und dazu zählen auch Schriftsteller, geschaffen.

Die Künstlersozialkasse gleicht der Versicherung für Angestellte im Krankheitsfalle und im Rentenalter. Angestellte bekommen von ihrem Arbeitgeber die Hälfte der Pflichtbeiträge, die sie für die Kranken- und für die Rentenversicherung abgeben müssen, zugezahlt. Genau dieses Modell stand Pate bei der Idee der *KSK*. Wenn Sie in der *KSK* pflichtversichert sind, zahlt diese Kasse praktisch den Arbeitgeberanteil, den sie sich wiederum von den Vermarktern der Künstler holt. Bei den Schriftstellern sind es die Verlage, die für jedes an Autoren ausgezahlte Honorar zusätzlich einen Prozentsatz an die *KSK* abführen müssen. **Eine gute Einrichtung**

Lassen Sie sich von der Künstlersozialkasse, die der Landesversicherungsanstalt Oldenburg-Bremen angegliedert ist, Unterlagen schicken (Adresse siehe Anhang), damit Sie prüfen können, ob Sie Pflichtmitglied sind oder nicht. Bestreiten Sie Ihren Lebensunterhalt allein aus schriftstellerischer Tätigkeit oder zumindest zu einem nennenswerten Teil, so ist diese Einrichtung für Sie von Vorteil. Dieses Verhältnis zwischen Ihren Einkünften aus schriftstellerischer Tätigkeit und Ihren Einkünften aus anderer Tätigkeit bestimmt letztlich, ob Sie in der *KSK* versichert sind oder nicht. **Sind Sie Pflichtmitglied?**

Die *KSK* regelt die Beziehung zwischen sich und ihren Mitgliedern erstaunlich unbürokratisch, so daß Sie keine Angst vor einer Flut von Formularen haben müssen.

Einkommensteuer

Sind *VG Wort* und *KSK* für Sie wertvolle Einrichtungen, so ist zum Thema Steuer zunächst festzustellen, daß das Finanzamt Geld von Ihnen will und daß es Ihr Interesse ist, möglichst wenig abzuführen.

Sammeln Sie Quittungen
Sie zahlen desto mehr Steuern, je weniger Sie von der Steuer absetzen können. Sehen Sie deshalb alle Ihre Ausgaben, und zwar vom Tag Ihres ersten Gedankens an Ihr Buchprojekt, unter dem Gesichtspunkt einer möglichen Steuerminderung: Hat diese Bahnfahrt oder diese Autofahrt etwas mit meinem Buchplan zu tun? Dient sie der Recherche, oder kaufe ich Papier, das ich für das Schreiben meines Manuskriptes benötige?

Sammeln Sie alle Quittungen, die in diesem Zusammenhang stehen. Notieren Sie Ihre Telefonate, Ihre Portokosten; machen Sie sich Notizen dazu, zumal bei größeren Anschaffungen, damit Sie dem Finanzamt gegenüber Ihre Ausgaben in einen glaubwürdigen Zusammenhang mit Ihrer schriftstellerischen Tätigkeit bringen können.

Denken Sie an Ihr Arbeitszimmer
Haben Sie sich für Ihre Arbeit als Autor extra ein Arbeitszimmer eingerichtet, das nur von Ihnen zu diesem Zweck benutzt wird und das auch kein Durchgangszimmer ist, um in andere Räume zu gelangen? Lesen Sie in den einschlägigen Steuerratgebern nach, was alles unter dem Stichwort »Häusliches Arbeitszimmer« zu finden ist. Das Arbeitszimmer ist ein kostenintensiver Faktor, der Ihre Steuerabgabe erheblich mindern wird.

Alle Fahrten und Reisen mit den entsprechenden Quittungen für Verzehr oder die dafür einzusetzenden Pauschbeträge spielen für einen Schriftsteller, der für sein Buchprojekt ja erheblich recherchieren muß, ebenfalls eine große Rolle in ihrer Abzugsfähigkeit. Bedenken Sie jedoch immer, daß Sie den Zusammenhang zwischen Ausgabe und Tätigkeit begründen müssen. Einen Berg Quittungen sammeln und dem Finanzamt zu schicken wird kaum die gewünschte steuermindernde Wirkung erzielen. Bringen Sie alles in eine klare Struktur, die für das Finanzamt auch nachvollziehbar ist.

Glaubhaft machen

Und es gibt noch einen anderen Zusammenhang: Ausgaben und Einnahmen werden im Verhältnis zueinander gesehen. Wird ein angehender Autor ein Buchprojekt nach dem anderen planen und beim Finanzamt erhebliche Aufwendungen für seine schriftstellerische Tätigkeit geltend machen, so wird das Finanzamt bald die Bremse ziehen, wenn nicht irgendwann das fertige Produkt Buch und damit Honorareinnahmen in der Steuererklärung sichtbar werden.

Nun können zwischen Ihrer Buchplanung und dem ersten Honorareingang tatsächlich mehrere Jahre liegen. Sie werden Ihrer Steuererklärung deshalb zunächst das Exposé Ihres Buchprojektes beifügen und eventuell auch Angaben über den Umfang des Manuskriptes machen, falls Sie es schon vorliegen haben. Sie werden Kopien Ihrer Anschreiben an die Verlage und deren Antworten beiheften. Sie werden den endlich erzielten Verlagsvertrag, falls bis zu diesem Zeitpunkt noch keine Honorare eingegangen sind, als Beweis für Ihre erfolgreichen Bemühungen beifügen.

Wenn Sie Ihre schriftstellerische Tätigkeit ernsthaft angehen, Ihre Aussichten auch für weitere Bücher als günstig einstufen und mit steuermindernden Ausga-

Für Mehrwertsteuer optieren?

ben rechnen, so sollten Sie auch für die Mehrwertsteuer optieren. Sie melden sich zu diesem Zweck bei Ihrem zuständigen Finanzamt und unterrichten sich entsprechend.

Sie lassen sich dann in Zukunft zu Ihrem Honorar aus Ihren Büchern vom Verlag zusätzlich die Mehrwertsteuer auszahlen. Diese Mehrwertsteuer müssen Sie wieder an Ihr Finanzamt abführen, können jedoch nun die Mehrwertsteuer aus Ihren Ausgaben herausrechnen und diese von der vom Verlag erhaltenen Mehrwertsteuer abziehen.

Da die Mehrwertsteuer bei Büchern nur den geminderten Mehrwertsteuersatz, in Ihren Ausgaben zumeist aber der volle Mehrwertsteuersatz enthalten ist, wird sich die dann noch an das Finanzamt abzuführende Summe doch erheblich gekürzt haben. Sie haben insgesamt also mehr Honorar erhalten, und zwar den Mehrwertsteuerbetrag, der in Ihren Ausgaben enthalten ist.

Diese Umsatzsteuer-Voranmeldung müssen Sie sehr genau vornehmen, denn Ihr Finanzamt wird auf den Cent achten. Wer also nicht mit viel Honorar rechnet, die Ausgaben für die Erstellung seines Manuskriptes gering hält und überhaupt von Formularen und peinlich einzuhaltenden Steuerterminen verschont bleiben möchte, wird nicht für die Mehrwertsteuer optieren.

Nicht den Spaß vergessen Betrachten Sie das Schreiben von Büchern jedoch als ein Hobby, bei dem Sie sich entspannen, Ihre Gedanken fliegen lassen und sich nicht in die bürokratischen Niederungen des Alltags begeben wollen, so kümmern Sie sich am besten überhaupt nicht um die steuerlichen Aspekte. Sie schenken dem Finanzamt die paar Euro und lassen sich dafür nicht die Freude am

Schreiben durch das Sammeln von Quittungen nehmen. Sie sehen nicht alles durch die steuermindernde Brille und verschieben die Gedanken an das Finanzamt auf den Tag, an dem das große Geld aus Ihren Buchplanungen winkt.

Der Buchmarkt der nächsten Jahre

Kultur läßt sich nicht planen

Gilt für die meisten Bücher
In diesem Buch ist viel die Rede von Zielgruppen, von auf den Leser bezogener Buchplanung, von Kalkulation und Ladenverkaufspreisen.

Das Buch wird in diesem Ratgeber als Ware deklariert, und es besteht die Gefahr, daß sich der eine oder andere angehende Schriftsteller mit Grausen abwendet, weil er sich das Schreiben von Büchern so nicht vorgestellt hat.

Ich habe nur wiedergegeben, wie in den Verlagen gedacht wird, ja gedacht werden muß. Probiert worden ist schon manches, doch die Ernüchterung folgte auf dem Fuße. Der Buchmarkt hat das Buch nicht akzeptiert, und die Entscheidungen der Lektoren und Verleger beruhen somit zum großen Teil auf einem negativen Erfahrungsschatz.

Dieser Ratgeber dient dazu, dem Autor diese Erfahrungen ebenfalls zu vermitteln, damit er einen für ihn, den Verlag und den Buchhandel erfolgreichen Buchplan in Angriff nimmt. Dennoch, und dies ist sehr wichtig: Im statistischen Mittel werden diese Ratschläge zu einem besseren Erfolg führen und treffen somit auf die breite Masse der Bücher zu; es werden sich aber auch Mißerfolge nicht vermeiden lassen, denn ein wirklicher Erfolg hängt von so vielen Variablen ab, die nicht gesteuert werden können. So kann die entscheidende Buchbesprechung in einem großen Magazin vielleicht deshalb ausfallen, weil der Redakteur, der sich für dieses Thema besonders interessierte, gerade krank ist. Oder voller Optimismus sieht der Verlag einem Interview mit dem Autor im Fernsehen entgegen, und man hat auch den Buchhandel entsprechend motiviert; doch dann überschattet ein politisches Ereignis den Abend, und das Interview wird überhaupt nicht wahrgenommen. Auch kann ein Buch um ein paar Jahre zu früh erscheinen, und das Publikum ist noch nicht aufgeschlossen für das Thema. Es kann auch andersherum laufen: Ein Buchthema, für das der Autor jahrelang recherchiert hat, wird plötzlich von den Medien so stark aufgegriffen, daß sich niemand mehr ein Buch darüber kaufen mag, weil man mit Informationen bereits gesättigt ist.

Gegen den Strom schwimmen?

So, wie dieses Buch Ihnen helfen soll, sich stromlinienförmig dem Buchmarkt anzupassen, um mitschwimmen zu können, wird es andererseits nicht alle Unwägbarkeiten ausschalten können. Dies mag denjenigen ein Trost sein, die sich nicht den Gesetzen des Marktes beugen wollen. Mancher, der ein Buch schreibt, will ja gerade den engen Grenzen seiner täglichen Umwelt entkommen, er will eine Gegenwelt entwerfen. Und zum Glück gibt es neben dem breiten Strom des statistischen Durchschnitts auch immer wieder vollkommen unberechenbare Erfolge, und zwar große Erfolge.

Kultur läßt sich nicht nach Seitenzahl und Euro und Cent ausrechnen. Gerade das Außergewöhnliche, das bisher noch Bizarre schiebt plötzlich die kulturelle Entwicklung an, provoziert die Leser und erzeugt einen Bewußtseinssprung.

Nun kommt eine solche Entwicklung allerdings nur

scheinbar wie aus heiterem Himmel. In Wirklichkeit kristallisiert sich das kollektive Unbewußte nur in der Feder des einen Autors – heute sagt man besser, im Computer-Eingabegerät –, und der Autor läuft dann mit seinem Werk offene Türen ein, auch wenn der ganze Vorgang wie der Ausbruch eines Vulkans anmutet.

Positive Überraschungen sind selten Wer sein Werk als die Speerspitze einer solchen Entwicklung begreift, der sollte sich nicht von meinen Ratschlägen entmutigen lassen. Auf ein solches Werk treffen eben nicht die herkömmlichen Erfahrungen zu, und der Buchmarkt ist zum Glück noch immer von mehr unvorhergesehenen und nicht geplanten Erfolgen gekennzeichnet als andere Bereiche von Handel und Wandel.

Gegenüber der großen Zahl von Neuerscheinungen nehmen die Überraschungserfolge, die nach allen Erfahrungen eigentlich überhaupt keine Chance haben dürften, aber eine wirklich geringe Zahl ein. Wer auf einen solchen Erfolg setzt, wird nach der Wahrscheinlichkeit eine Niete ziehen. Und da die weitaus meisten Bücher ja nur unterhalten oder Informationen weitergeben, aber keinen Kultursprung auslösen wollen, muß deren Autor die Mechanismen des Buchmarktes, die Erfahrungswerte einhalten, muß mit dem normalen Handwerkszeug arbeiten, um sein Buchprojekt voraussichtlich erfolgreich plazieren zu können.

Mysterium Buch bleibt Indem ich versuche, den Schleier des Geheimnisses über Erfolg und Mißerfolg von Büchern zu lüften, habe ich Ihnen vielleicht etwas vom Mysterium *Buch* genommen. Doch wenn Sie dafür Ihr erstes druckfrisches Exemplar in den Händen halten, dann haben Sie keinen schlechten Tausch gemacht. Sie werden es voller Stolz betrachten, nach dem ersten Rausch aber die Dinge wieder in die Hand nehmen, um Ihr Buch auch zu einem Verkaufserfolg werden zu lassen. Sie verlassen sich nicht auf irgendeine geheimnisvolle Vorhersehung oder gar die Tätigkeit anderer. Sie selbst sind der Garant Ihres Erfolges, nur Sie können die Brücke zwischen sich und Ihren Lesern bauen.

Chancen und Hürden: der Buchmarkt

Zwischen einem Roman und einem Sachbuch, zwischen einem Krimi und einem Cartoon-Band liegen Welten, auch wenn alles zwischen zwei Buchdeckel gepreßt wird. Alle diese Früchte vom Baum der Literatur haben gemeinsam, daß sie auf dem Markt für Bücher verkauft werden. Dies bringt für alle Arten von Literatur gleiche oder ähnliche Grundbedingungen. Diese haben Sie im ersten Teil dieses Buches kennengelernt.

Ihr Buchprojekt, ob Ratgeber oder Roman, bieten Sie bei Verlagen an, und diese Verlage ähneln sich in der Struktur. Die Vorgehensweise bei Ihrem Angebot gleicht sich daher, egal, was für ein Buchvorhaben Sie anbieten. Auch darüber haben Sie im ersten Teil einiges erfahren.

Zu den einzelnen Verkaufsständen

Einleuchtend ist jedoch auch, daß Sie mit einem Roman auf einen spezifisch anderen Markt treffen als mit einem Jugendbuch. Was Sie bei jeder einzelnen Literaturform beachten sollten, wo die speziellen Chancen liegen, aber auch wo die Hürden stehen, dies soll Thema der nächsten Seiten sein.

Vielleicht warten Sie schon ungeduldig darauf, denn Sie interessiert möglicherweise nur, wie der Buchmarkt für Biographien aussieht oder was es zu bedenken gibt, wenn Sie ein Kinderbuch planen. Galt es zuerst, die Buchlandschaft und den Buchmarkt in seiner Gesamtheit kennenzulernen, um sich einen Überblick zu verschaffen, so will ich Sie jetzt zu den einzelnen Verkaufsständen führen.

Chancen und Hürden: Belletristik

Romane

Ein Kosmos voller Themen

Die Belletristik, insbesondere der Roman, ist das Herzstück der Literatur. Sachbuchautoren mögen Bestseller schreiben und ebenfalls große Popularität erreichen: An den Erfolgen eines berühmten Romanschriftstellers können sie sich nicht messen.

So wird der Literaturnobelpreis natürlich an einen Belletristen verliehen, schon weil es früher, als dieser Preis gestiftet wurde, die Form des Sachbuches noch gar nicht gab. Aber auch heute ist noch niemand auf die Idee gekommen, einen Sachbuchautor damit auszuzeichnen.

Ein Romanschriftsteller wird eine ganz andere Bindung zu seinen Lesern herstellen und diese zu ihm, als es normalerweise ein Sachbuchautor vermag. Dies ist nur allzu verständlich, denn bei einem Roman wird immer das Leben in allen seinen Facetten aufleuchten und damit mich als Leser berühren, während ein Sachbuch einen gewissen Aspekt herausgreift, auch wenn heute in zunehmendem Maße das Vernetztsein von jedem und allem eine Rolle spielt.

Belletristisches berührt mich im Kern, mein Lieblingsschriftsteller übernimmt eine seelsorgerische Funktion, selbst wenn es nur um scheinbar so Banales wie

Krimis oder Familiengeschichten geht. Kommt ein neues Buch von diesem Autor heraus, schon kaufe ich es. Er vermittelt in einer sich so schnell ändernden Welt ein Stück Geborgenheit, auch wenn ich bei ihm vielleicht nur Entspannung suche. Allein schon das Kaufen und das Nachhausebringen eines Buches, sagen wir von *Agatha Christie*, das ich bisher noch nicht gelesen habe, strahlen Beruhigung mit einem Schuß prickelnder Vorfreude aus.

Der Buchmarkt für Sachbuchautoren ändert sich schneller; denn irgendwann gibt es zu einem bestimmten Thema nichts mehr zu sagen, wobei es allerdings Spitzenautoren gibt, die mit ihrer Kompetenz und ihrer ansprechenden Schreibe immer wieder interessante Themen aufgreifen können. Einem Romanschriftsteller hingegen steht der Kosmos offen, ihm werden die Geschichten nie ausgehen. Und ist er erst einmal im Markt eingeführt, so werden seine Leser ihm treu bleiben.

Für den angehenden Romanschriftsteller bedeutet dies jedoch, daß er auf einen besetzten Markt trifft, der von den bereits bekannten Autoren bedient wird. Die vorhandene Autor-Leser-Bindung verwehrt neuen Autoren den leichten Zugang. Wer bisher den Autor X seit Jahren liest, der schwenkt nicht plötzlich auf den bisher unbekannten Autor Y um. Dies weiß der Buchhändler, der dem Vertreter das Buch des neuen Autors des M-Verlages nicht abkauft. Diese schlechte Erfahrung mußte nun der M-Verlag machen, und wenn Sie dort Ihr Romanprojekt anbieten, wird er keinen Mut mehr haben, neue Autoren ins Programm zu nehmen. Es sei denn, Sie sind besser, Sie bieten mehr. Leuchtet bei einem Sachbuchautor der Hinweis, sich die Konkurrenzbücher genau anzuse-

Ein dichter Markt

hen, sofort ein, so gilt beim Romanautor der Zwang, besser oder zumindest anders sein zu müssen. Nun ist das Schreiben eines Romans ein höchst kreativer Vorgang und hat in erster Linie etwas mit der Person des Autors zu tun. Und die Romane sind so verschieden, wie die Menschen es eben sind. Wie kann man da den Rat befolgen, besser zu sein? Mir ist klar, dies sagt sich einfach dahin, doch gibt es gute Möglichkeiten, den schöpferischen Vorgang in eine aussichtsreichere Richtung zu lenken.

Die Schublade finden Wenn Sie nicht gerade die ganz große Literatur im Auge haben, die ich hier nicht meine und die sich diesen Ratschlägen entzieht, so schauen Sie zunächst nach vergleichbaren Büchern. Damit haben Sie schon die *Verlagsschublade* gefunden. Auch wenn Ihr Buch später nicht mehr in diese Schublade hineinpassen sollte, weil sie schon von dem Konkurrenzautor ausgefüllt wird, so haben Sie doch bei Ihrem Angebot an andere Verlage Hinweise auf den gutgehenden Autor X, den Sie mit Ihrem Werk übertreffen.

Der Aufhänger Gerade in Reihe produzierte Romane, ob nun heiterer Roman oder Krimi, haben immer wiederkehrende Aufhänger, die der Leser auch zur Identifikation braucht. Dennoch kommen diese Aufhänger auch einmal in die Jahre, sind nicht mehr so treffend, nicht so attraktiv. Versuchen Sie für Ihren Roman ein zeitgemäßes, vielleicht schon ein kleines Stückchen in die Zukunft weisendes geistiges Layout zu entwerfen. Dieser bessere Aufhänger ist gerade für einen angehenden Autor von vielleicht entscheidender Bedeutung, denn hier kann er gegen das Argument, daß nur bekannte Autoren sich besser verkaufen, antreten. Wenn der Verlag den Vertretern mit auf die Reise gibt, daß dieser neue Autor Y besser sei als X, dann weiß der Vertreter, daß er beim Buchhändler damit nicht weit kommen wird. Denn der Buchhändler wird mit diesem Vergleich kaum seine Kunden zum Kauf bewegen können und wollen. Gibt es aber einen pfiffigen Aufhänger, eine gute Rahmengeschichte, ja vielleicht sogar die Ausleuchtung eines aktuellen Themas in Romanform, so hat der Buchhändler eine greifbare und plastische Vorstellung von diesem Buch des neuen Autors. Daß es gut geschrieben ist, wird er voraussetzen müssen.

Mit dem besseren, dem aktuellen Aufhänger haben Sie dann schon den nächsten Schritt in die berühmte richtige Richtung gemacht: Sie haben sich dem Leser thematisch genähert, denn Ihr Spiel läuft auf einem nahe gelegenen Platz, und Ihr Leser kann mitspielen. So haben Sie eine gute Voraussetzung geschaffen für Ihre *Leseransprache*.

Diese Nabelschnur zwischen Autor und Leser ist ein entscheidender Faktor, den Buchmarkt betreten zu können und die Leser bei der Stange zu halten. Wenn Sie Ihren Leser führen, wird er Ihnen bis ans Ende der Welt folgen. Langweilen Sie ihn jedoch, so wird er es Ihnen nie verzeihen. Pausen müssen Sie ihm gönnen, ja gerade das wiederkehrende Strickmuster schafft die Nähe zum Autor, bringt Standfestigkeit in die Turbulenzen. Sie beachten die Gesetze zwischen Spannung und Entspannung, denn das eine kann ohne das andere nicht existieren. Näheres haben Sie schon im Kapitel *Das Manuskript* erfahren.

Auf den Umfang achten

Wenn Sie Ihre Nase in vergleichbare Literatur stecken, dann achten Sie bitte auch sehr auf die Anzahl der Seiten, wovon wiederum der Preis abhängen wird. Suchen Sie für Ihr Buch die gute und sichere Mitte auf, denn der *Umfang Ihres Manuskriptes* wird zwar keinen positiven Ausschlag für eine Annahme geben, aber einen negativen, wenn Ihr Manuskript entweder zu dünn oder zu dick geplant ist.

Wie können Sie den Umfang berechnen, denn in dem einen Buch steht mehr auf der Seite als im anderen? Zählen Sie die Anschläge einer Zeile, auch die Leertasten, multiplizieren Sie diese Anschläge mit der Anzahl der Zeilen pro Seite und multiplizieren Sie das Ganze dann mit der Gesamtzahl der Seiten. Dieses Ergebnis wiederum teilen Sie durch 1 800, denn dies ist die durchschnittliche Anschlagseite Ihres Manuskriptes. Sie erhalten im Ergebnis dann den gewünschten Umfang für Ihr Manuskript.

Über den Daumen gepeilt, kann man sagen, daß man für einen Unterhaltungsroman, Frauen-, Familien-, Krimi-, Thrillerroman von etwa 300 Schreibmaschinenseiten (1 800 Anschläge) ausgeht. Haben Sie einen historischen Roman im Sinn, so sollten Sie etwa 100 Seiten mehr rechnen. Genau orientieren Sie sich jedoch in dem betreffenden Programmsektor.

Das Haus der Belletristik hat viele Zimmer

Unter dem Stichwort *Schriftsteller* hat man sich bis vor noch nicht allzu langer Zeit jemanden vorgestellt, der Romane schreibt. Als Prototyp galt Hemingway, ein erfolgreicher Mann, der wußte, wieviel Dollar er für jedes geschriebene Wort erhielt. Mit der Bezeichnung »Schriftsteller« ist eine Hochachtung verbunden, einmal vor dem Sozialprestige, das den Beruf des Schriftstellers auszeichnet, und vor dem finanziellen Erfolg natürlich auch.

Der große Gegenwartsroman

Inzwischen ist die Bezeichnung *Autor* viel gebräuchlicher geworden, zugleich leuchtet die Palette des Literaturbetriebes wesentlich bunter. Geblieben ist, daß der Romanschriftsteller, der den gegenwartsbezogenen Problemroman ins Auge faßt (oder eine Erzählung), einen sehr schweren Weg antritt, denn die Erfolge eines Hemingway waren schon immer rar und sind eher noch rarer geworden. Es scheint beinahe so, als ob unsere Zeit sich dem Zugriff eines Romanciers bisher entzog.

Diese Art der Literatur, das muß ich offen gestehen, eignet sich für meine Ratschläge auch nicht besonders. Es sind einsame Entwürfe, die nicht am Reißbrett entstehen. Es mag sein, daß in einem Gespräch vielleicht das auslösende Stichwort fällt und sich plötzlich die Speerspitze eines solchen Romanprojekts formt. Nicht beeinflußbar ist aber der große Magmastrom, der sich über Jahre hinweg bilden muß, bevor er zum Ausbruch kommt. Der wirklich große Gegenwartsroman wird aber kommen, er wird den Traum des Zusammenwachsens der europäischen Seele aufgreifen, ein Traum, der in greifbare Nähe gerückt ist. Wer sich berufen fühlt, den großen zeitgeschichtlichen Roman zu schreiben, formt sein Selbstverständnis besser nicht aus Mosaiksteinen von erfolgreichen Schriftstellern. Das Bild vom armen Poeten trifft besser zu, denn es deutet an, daß der Weg lang und steinig ist.

Nicht am Reißbrett

Gedichte

Beim Wörtchen Poet kommt auch gleich die Urkunst des Dichtens in den Sinn: das Gedicht. Natürlich lassen sich hier überhaupt keine Ratschläge geben; gegenüber der Fähigkeit, etwas so verdichten zu können, daß die Seele mitschwingt, muß jeder Tip banal klingen. Jeder, der Gedichte, ich sage einmal, textet, weiß, daß er ein Hobby betreibt und daraus keinen Schriftstellerberuf machen kann. Die Nachfrage nach Gedichten ist zu gering. Das Gedicht hätte zwar wie kein anderes schriftstellerisches Erzeugnis die Möglichkeit, in den knappen Pausen des Alltags, mal eben zwischendurch, konsumiert zu werden, aber zum Gedicht bedarf es der Stille, um erfühlt zu werden.

Die Stille fehlt Prüfen Sie, ob Ihre Gedichte sich zu einer bestimmten Thematik zusammenfassen lassen. Vielleicht sind es Gedichte, die sich als Geschenkbuch für einen Besuch im Krankenhaus eignen. Der Kranke, herausgerissen aus dem absorbierenden Mahlstrom des Alltags, ist viel aufgeschlossener für Worte, die die Seele berühren. Oftmals ist er auch zu schwach, längere Passagen lesen zu können. Ein Gedichtbändchen könnte Seelentrost für kranke Tage sein.

Ich kann an dieser Stelle nur den Rat geben, der auch für Kurzgeschichten gilt: Lassen Sie sich nicht auf Sammelbände ein, die die Autoren selbst bezahlen. Denn was nutzt es Ihnen, wenn Sie mit vielen anderen Autoren in einem Band erscheinen, den niemand kauft und dessen Produktionskosten von den Autoren selbst beglichen wurden.

Selbermachen Gerade bei einem Gedichtbändchen ist die Herstellung nicht teuer und auch relativ unkompliziert. Lassen Sie sich, wenn Sie bei Verlagen kaum Chancen sehen, doch einmal eine Kalkulation von einer Drukkerei machen. Lassen Sie jedoch keine größere Auflage drucken, als Sie an Bekannte und Freunde verschenken können, nur weil bei einer höheren Auflage die Kosten pro Exemplar niedriger werden.

Historischer Roman
Als Erstautor oder noch ziemlich unbekannter Autor haben Sie mit der Idee zu einem historischen Roman einen ersten Schritt zu einem möglichen Erfolg gemacht.

Wenn es Ihnen gelingt, eine frühere Epoche lebendig werden zu lassen, was Sie nur durch Ihre Kunst der Schilderung, aber vor allem auch wegen Ihrer gründlichen Recherchen können, so liefern Sie dem Buchhandel ein Verkaufsargument und machen dadurch das Manko des fehlenden Namens wett.

Das Bild einer Zeit

Biographischer Roman
Dies gilt auch für den biographischen Roman, der noch mehr Anforderungen an eine sorgfältige Recherche stellt. Beim biographischen Roman müssen sich zwei Talente treffen: die Sorgfalt eines Biographen und die erzählerische Fähigkeit eines Belletristen.

Während Sie sich beim historischen Roman eine interessante Epoche aussuchen und anhand Ihrer imaginären Figuren Zeit und Leute lebendig werden lassen, werden Sie bei Ihrem biographischen Romanprojekt vor allem Wert auf eine attraktive Persönlichkeit als Helden legen müssen. Denken Sie unbedingt daran, vorher den Buchmarkt genauestens nach Konkurrenzliteratur abzuklopfen, damit Sie keine Dublette produzieren.

Eine interessante Persönlichkeit

Beim historischen und auch beim biographischen Roman werden Sie mehr Umfang als üblich planen müssen, denn der Leser möchte Lesefutter, er will in eine andere Zeit entführt werden. Nur mal eben für ein paar Seiten mit dem Fahrstuhl in die Belle Époque oder zu den Römern wäre ihm zu kurz. In jedem Fall sollten Sie sich, wie im Kapitel über das Angebot an

Verlage ausgeführt, in einen Vertrag hineinschreiben, also über Ihr Exposé und nach und nach ein paar Probekapitel zum Vertrag kommen. So werden Sie auch die Umfangswünsche des Verlages kennenlernen, bevor Sie mit dem Manuskript fertig sind. Produzieren Sie keinen historischen Schinken von tausend Seiten im stillen Kämmerlein und klopfen dann erst bei den Verlagen an; er könnte Ihnen für den Rest Ihres Lebens den Appetit auf weitere schriftstellerische Tätigkeit verderben.

Heiteres

In den vielen Jahren meines Umgangs mit Autoren habe ich mich in viele Buchprojekte eingemischt; doch bei allem, was heiter oder witzig sein sollte, da hört der Spaß auf. Dies ist vielleicht die größte aller Künste, und sie ist vorhanden oder nicht. Jemandem zeigen zu wollen, wie es lustig wird, endet garantiert im Streit.

Wer's kann, hat's gut Wollen Sie Heiteres schreiben, und ich denke vor allem an den heiteren Frauen- und Familienroman, so sind die Aussichten ebenfalls nicht schlecht, auch für einen angehenden Autor. Sie treffen auf einen quirligen Markt und sollten zunächst Ihr Glück bei den Taschenbuchverlagen versuchen, die diese Literatur in der Allgemeinen Reihe führen.

Wenn Sie Talent haben, eine Geschichte nicht zu kompliziert, aber mit Aha-Effekt und einem lockeren Ausgang erzählen zu können, auch gerne mit Dialogen arbeiten und eine gute Leserinnenansprache finden, werden Sie vielleicht viele Bücher in Reihe schreiben. Denn erst einmal auf dem Markt eingeführt, werden Sie jedes Jahr ein oder gar zwei neue Manuskripte abliefern müssen.

Frauenroman

Bis vor wenigen Jahren sollte die Rubrik »Heiterer Roman« besonders Leserinnen ansprechen. Turbulente Familiengeschichten mit nettem Ausgang paßten in die Zeit, bevor die Frauenbewegung Dampf in Richtung Emanzipation machte. Der »Heitere Roman« griff den Hausfrauen- und Ehealltag auf, überzeichnete ihn und löste damit Spannungen.

Inzwischen hat sich – nach einer Phase frauenkämpferischer Romane – »Der Frauenroman« installiert. Geschrieben von Autorinnen, die ihre Heldinnen als recht selbstbewußt schildern, denen auch der Begriff Emanzipation nicht fremd ist, die sich auch entsprechend bewegen wollen, ihre eigenen Ansprüche dennoch mit einem Schuß Selbstironie betrachten können. Also ein Bewußtsein für den berechtigten Anspruch an ihren Partner und die Gesellschaft entwickelt haben, zugleich aber die tatsächlichen Möglichkeiten der Selbstverwirklichung am Ende der Story selbstkritisch einbeziehen.

Mit dem Florett

Diejenige Autorin, die ihre Schreibfeder geschickt wie ein Florett führt, ihre Heldinnen also Finten schlagen und nicht den offenen Schlagabtausch suchen läßt, die spritzig und ohne Langatmigkeit erzählt, findet im Frauenroman die richtige Schublade.

Krimis

Von den freundlichen Seiten des Lebens zum Mord mit Unterhaltungswert ist es nicht weit, und der Krimi schlägt noch immer viele Leser in den Bann. Für einen angehenden Autor sieht es so aus, als ob eine Laufbahn als Schriftsteller über einen Krimi-Einstieg am leichtesten wäre. Doch das Gegenteil ist der Fall. Der Kriminalroman bringt in besonders starkem

Eine harte Nuß

Maße eine Autor-Leser-Bindung zustande. Denken Sie an Edgar Wallace, an Agatha Christie, an George Simenon – den Krimi lese ich zum Entspannen, und ich will in eine Welt geführt werden, in der ich mich bei aller Spannung zurechtfinde. Dies garantiert mir mein Lieblings-Krimiautor. Inzwischen sind natürlich auch neue Autoren auf den Krimimarkt gekommen, die ebenfalls eine gute Leserbindung gefunden haben. Die Folge: Der Buchmarkt für Kriminalromane ist »dicht«, es werden kaum neue Autoren aufgenommen. Die schon im Programm befindlichen Autoren müssen weiter gepflegt werden, und die Entscheidung für einen neuen Autor bedeutet, Programmplätze für viele Jahre zu vergeben. Denn auch der neue Autor muß Stammautor werden, sonst lohnt es sich gar nicht, ihn auf dem Markt einzuführen.
Dieser Hürde sind noch zwei weitere vorangestellt: Das Fernsehen liefert laufend Krimis, was einem Ausdehnen des Krimi-Buchmarktes nicht gerade förderlich ist. Außerdem, und dies ist noch immer die größte Hürde, stehen die guten angelsächsischen Autoren dem deutschen Newcomer im Wege. Der Kriminalroman, der Detective-Roman, ist eine Domäne der Engländer und Amerikaner, und erst langsam sickern auch deutsche Autoren in den Markt, jedoch mit zunehmendem Erfolg.

Horror, Fantasy, Science-fiction
Was für den Kriminalroman gilt, ist leider auch Tatsache bei Horrorromanen, bei Fantasy und bei Sciencefiction: Der Buchmarkt wird von den angelsächsischen Autoren beherrscht. Es ist kein Wunder, daß ein fortschrittsgläubiges Volk wie die Amerikaner auch Weltmeister im Schreiben von Science-fiction-Stories ist.

Das Sachbuch wurde in den USA entwickelt, und es lag nahe, einer so dynamischen Gesellschaft einen Vorgriff in die Zukunft anzubieten: Science-fiction war geboren. Allerdings kam der Vorläufer von Science-fiction, der Zukunftsroman, aus der alten Welt, was auch nicht erstaunt, denn im vorigen Jahrhundert glaubte man in Europa ebenfalls an den Fortschritt, und es verging kein Tag ohne eine großartige Erfindung.

Am Beginn des 21. Jahrhunderts sind wir Europäer etwas zurückhaltender, was die Zukunftsaussichten einer durch Technik bestimmten Welt angeht; dennoch wird der Science-fiction-Roman viel gelesen. Er hat sehr treue Kunden. Wenn Sie gerne Science-fiction lesen, dann tun Sie das, aber verderben Sie sich nicht den Spaß, indem Sie selbst ein Manuskript in den Computer tippen wollen: Die Aussichten, einen Verlag zu finden, sind verschwindend gering. Eine Ausnahme mag dann gegeben sein, wenn Sie Professor der Physik oder der Chemie oder der Molekularbiologie sind und aufgrund Ihrer Vita Kompetenz vorweisen und neugierig machen.

Science-fiction hat treue Kunden

Fantasy-Bücher sind nach dem Erfolg von *Die unendliche Geschichte* wie Raketen in den Himmel geschossen; wie bei einem Silvesterfeuerwerk war der Rausch der Begeisterung allerdings auch bald wieder verflogen. Es ist abzusehen, daß sich in Zukunft wohl nur noch bereits eingeführte Autoren in dem einstigen Glanz von Fantasy sonnen können, für den angehenden Autor ist dies jedoch kein günstiges Spielfeld.

Frauen-Fantasy

Inzwischen hat sich die Begeisterung auf ein Mittelmaß eingestellt. In einer Zeit, in der alle bisherigen Werte an Ausstrahlungskraft verlieren und neue Lösungen noch nicht in Sicht sind, wird *Fantasy* allerdings ein Fenster zum Licht öffnen können. Wer sich hier versuchen will, wird mit nicht zu geringem Seitenumfang rechnen dürfen. Autorinnen, die den Weg einer Heldin beschreiben, werden gegenüber ihren männlichen Kollegen im Vorteil sein, denn die *Fantasy*-Welt wird eher Lösungen aus weiblicher Sicht bieten, um ein Gegenmodell zur Männerwelt zu entwerfen, die mit ihrem hierarchischen Gott und dem Slogan »Macht euch die Erde untertan« ein auslaufendes Modell geworden ist.

Englisches Schweres Geläuf findet, wer mit *Horror*-Stories auf-
Erbgut galoppieren möchte. Der makabre Reiz am Gruseln ist englisches Erbgut, das die Amerikaner mit ihrem Faible für Psychologisches so gut anzureichern wissen. Gegen die Großen der Horrorzunft anzutreten ist keine einfache Aufgabe und kann selbst schnell zum Horrorstück werden. Allerdings muß das nicht so bleiben, denn für alle drei Romanformen – Sciencefiction, Fantasy, Horror – wird ein kulturelles Europa vom Ural bis zum Atlantik, wie für andere Literaturzweige auch, neue Impulse bringen. Es wird eine Belebung geben, die den amerikanischen Einfluß zurückdrängt. Dies wird sich auch in der Buchkultur niederschlagen.

Thriller

Was unterscheidet einen Krimi eigentlich von einem Thriller? Nach meinem Gefühl wurden die Niederträchtigkeiten aus dem familiären Kreis in die Chefetagen von Wirtschaft und Politik verlegt.

Macht Der Krimi enthüllt die abgrundtiefe Seele meines
macht Nachbarn und läßt mich in gutem Licht erscheinen.
gemein Im Zuge des schwindenden Obrigkeitsdenkens war es nur logisch, auch einmal den Bossen auf die Finger zu schauen. Und dabei kam natürlich wesentlich mehr

Kitzel heraus, denn Gemeinheit *und* Macht liefern die besten Stoffe.

Mag manche dieser Geschichten zunächst als eine Art von Science-fiction-Krimi belacht worden sein, so stellte sich bald heraus, daß der Thriller nur aufgreift, was Wirklichkeit ist. Die ausgedachte Geschichte muß so nicht real sein, aber heute ist vorstellbar geworden, daß jede noch so große Gemeinheit Wirklichkeit werden könnte. Denn wurde früher das Intrigenspiel der Mächtigen nicht aufgedeckt, so weiß man heute, daß Macht nur so zu bekommen und zu behalten ist. Wo Macht ist, ist auch Gemeinheit. Der Thriller ist ein Enthüllungsbuch über die menschliche Seele wie auch der Krimi, nur daß er auf der obersten Sprosse der Hühnerleiter spielt.

Solange es geheime Mächte gibt, und davon werden wir uns so schnell nicht befreien, wird es auch eine Berechtigung für den Thriller geben.

Auch beim Thriller ist wieder eine Führungsrolle amerikanischer Autoren zu verzeichnen, was eine Folge der Situation des Landes ist: Mächtige Wirtschaftsbosse, ein mächtiger Geheimdienst, die Allüren einer Weltmacht bereiten den Boden für die Thriller-Stories vor. Allerdings haben die amerikanischen Autoren – schon aus Rücksicht auf ihre amerikanischen Leser – gerne das Böse auf der anderen Seite ausgemacht. Hier besteht für deutsche Autoren noch Nachholbedarf, den Ball einmal über den großen Teich zurückzuspielen. Macht und Demokratie sind Gegensätze, und Führungsmacht der Demokratien sein zu wollen ist ein noch größerer Widerspruch. Für den spannenden, gut recherchierten Thriller wird es in Zukunft auch Chancen geben. Sie können Ihren Buchplan für eine Taschenbuch-Originalausgabe in Angriff nehmen,

Viel Recherche

können aber auch gleich ein Hardcover anpeilen. Gegenüber einem Krimi werden Sie aber viel Arbeit in die Vorbereitung stecken müssen, denn wenn Sie Ihre Leser mit dem amerikanischen Präsidenten frühstücken lassen möchten, benötigen Sie mehr als die Beschreibung Ihres eigenen Frühstückstisches. Ein Thriller setzt harte Recherchearbeit voraus, es sei denn, Sie sind selbst Boß und können aus dem Nähkästchen plaudern.

Nach wie vor gilt jedoch, Thriller kommen meist aus den USA.

Erzählendes Jugendbuch

Wer sich das Jugendbuch als leichtere Einstiegsmöglichkeit in den Buchmarkt vorstellt, wird wahrscheinlich beides nicht schaffen – ein vernünftiges Jugendbuch zu schreiben und später dann Erwachsenenliteratur.

Knappe Preisgestaltung Das Jugendbuch erfordert vom Autor noch größere Konzentration auf den Buchmarkt als die Erwachsenenliteratur; denn der Jugendbuchmarkt ist kleiner und spezialisierter. Um einen Treffer landen zu können, müssen Sie sich die Programme der Jugendbuchverlage zuvor genau ansehen. Bei den großen Jugendbuchverlagen ist das Programm in Schubladen eingeteilt, und wenn Sie Ihr Buchprojekt nicht exakt für eine solche Schublade anbieten, werden Sie kein Glück haben.

Unter »Schublade« ist nicht das zu verstehen, was man so gerne mit seiner Schreibtischschublade macht, nämlich alles hineinwerfen, was sich so ansammelt. Es ist im Gegenteil die klare, zielgruppenorientierte Programmaufteilung: Mädchen und Pferde, Jungen und Abenteuer usw. – und dies auch noch alles nach Altersgruppen sortiert; denn was ein Elfjähriger liest, kann ein Achtjähriger noch nicht verstehen.

Hinzu kommt, daß Sie auch sehr auf den Umfang achten müssen; denn die Jugendbücher sind, wenn Sie in Reihen erscheinen, preislich fixiert. Die Bandbreite der Preisgestaltung ist beim Jugendbuch äußerst knapp bemessen.

Reihenplanung

Die großen Jugendbuchverlage konzipieren ihre Programmsegmente zumeist in Reihen. Der Jugendliche möchte wie der erwachsene Krimileser in dem ihm vertrauten Milieu bleiben. Die 7- bis 14jährigen sind sehr begeisterungsfähig, in dieser Phase ihrer Entwicklung aber äußerst konservativ gegenüber Veränderungen. So bleiben auch die jugendlichen Reihenhelden immer im gleichen Alter. Und haben die jugendlichen Leser erst einmal einen Autor in ihr Herz geschlossen, fordern sie immer neues Lesefutter. Da sich der Jugendbuchmarkt aufgrund reduzierter oder zumindest stagnierender Geburtenzahlen außerdem kaum ausdehnen kann, ist es für einen Newcomer schwer, Fuß zu fassen. Haben Sie jedoch mit einem Reihenkonzept Erfolg, dann werden Sie sehr viele Titel schreiben und für eventuelle andere Buchpläne kaum mehr Zeit haben.

Für einen Jugendbuchverlag ist die Reihenkonzeption natürlich attraktiv; denn wenn die Anfangsinvestition greift, so laufen viele Bücher hinterher. Für den Buchhandel hingegen besteht die Schwierigkeit der Lagerhaltung; denn wenn eine Reihe nicht mit mehreren Bänden für den Käufer sichtbar ist, verliert sie ihren charakteristischen Reiz.

Marketingkonzept herausfinden

Den Buchreihen sind also Grenzen gesetzt, weil der Buchhandel nur in bestimmtem Maße aufnahmefähig ist, und so gibt es, aber natürlich nicht nur aus diesem

Grund, auch viele, viele Einzeltitel. Für Sie als Marktbeobachter mag dies verwirrend sein, doch werden Sie auch hinter diesen Einzeltiteln ein Marketingkonzept entdecken. Wenn Sie also eine Buchidee haben, dann versuchen Sie erst ein vergleichbares Buch aufzutreiben und das Marketingkonzept herauszufinden: für welche Altersgruppe ist es geschrieben, für Jungen oder für Mädchen oder für beide, steht das Abenteuer im Vordergrund oder sind es Tiere, hat es einen historischen Aufhänger und, vor allem auch, wie ist es ausgestattet, welchen Umfang und welchen Preis hat es. Ihren Buchplan richten Sie nach der gefundenen Richtschnur aus und bieten Ihr Exposé dann bei diesem Verlag an. Klappt es nicht, schauen Sie, wie der nächste Verlag diese Zielgruppe anspricht, und ändern Ihr Exposé entsprechend.

Schreiben Sie nicht einfach ins Blaue hinein, sonst besteht die Gefahr, daß Ihr Manuskript in kein Programm paßt.

Für einen engagierten Jugendbuchautor bieten sich für einen Einstieg mit einem Einzeltitel durchaus gute Möglichkeiten, wenn Sie diese Hinweise beachten. Und haben Sie erst einen Fuß in der Tür, so ergeben sich neue Ideen, vielleicht auch einmal für eine komplette Reihe. In jedem Fall stoßen Sie auf ein dankbares Lesepublikum, und über die erste, in holprigem Deutsch geschriebene Leserreaktion, die aber so herzlich offen sein kann, werden Sie sich maßlos freuen.

Erstlesealter/ Hauptlesealter Beim Jugendbuch unterscheiden Sie zwei Altersgruppen: Das Erstlesealter umfaßt die 7- bis 9jährigen und das Hauptlesealter soll die 9- bis 14jährigen erreichen, wobei Mädchen zu größeren Leseratten werden und auch früher »schmökern« als Jungen. Ihre Hauptpersonen sollten Sie altersgemäß immer ganz im oberen

Spektrum ansiedeln. Ein Zwölfjähriger interessiert sich für einen zehnjährigen Helden »nicht die Bohne«; wohl aber umgekehrt.

Kinderbuch
Wer Bücher zum Vorlesen und zum Anschauen für Kinder bis zu sechs Jahren schreiben möchte, der sollte dies in Verbindung mit einem Grafiker machen. Das Kinderbuch lebt in erster Linie durch den visuellen Reiz. Natürlich spielt die Sprache eine wichtige Rolle, und die gute Idee für eine Geschichte ist auch wichtig; entscheidend ist jedoch die grafische Umsetzung. Und ein Kinderbuch lebt von der Farbe; dies wiederum führt zu einem hohen Ladenverkaufspreis, anders ist ein solches Buch nicht zu kalkulieren. Es leuchtet ein, daß jeder Kinderbuchverlag unter diesen Voraussetzungen nur dann ein neues Autor-Grafiker-Team auf dem Markt einführen kann, wenn dieses sich qualitativ von der Konkurrenz abhebt. Da für die Kinderbuchverlage schon Spitzengrafiker arbeiten, ist das Kinderbuch für Newcomer eine kaum zu nehmende Hürde; unüberwindlich ist sie allerdings auch nicht.

Visueller Reiz

Chancen und Hürden: das Sachbuch

Für jeden, der Lust am Schreiben hat und deshalb gerne Buchautor werden möchte, ist der Sachbuchmarkt mit seinen vielen Facetten ein aussichtsreiches Betätigungsfeld.

Sachbücher werden aus thematischen Gründen gekauft und nicht nur deshalb, weil der Autor einen bekannten Namen hat. Zwar haben alle bereits bekannten Sachbuchautoren einen viel leichteren Start

Gute Spielwiese

mit ihrem neuesten Buchprojekt, und die Antriebskette Verlag–Vertreter–Sortiment läuft meist gut geschmiert; doch lassen sich auch für einen noch unbekannten Autor thematische Verkaufsargumente durch den Verlag über den Vertreter ins Sortiment tragen.
Ein gutes Verkaufsargument ist der berufliche Background des Autors, wenn seine Vita ihn als Fachmann ausweist. Der Kunde in der Buchhandlung wird Vertrauen zum Autor fassen, auch wenn ihm der Name nichts sagt. Voraussetzung ist, daß ihn das Thema interessiert. Dies ist der Unterschied zum Werk eines bekannten Autors; von dem kauft sich der Kunde vielleicht auch dann ein Buch, selbst wenn er am Thema nicht so interessiert ist.
Für Sie als Newcomer bedeutet dies, Ihre Zielgruppe genau ins Auge zu fassen. Ihre Thematik muß zielgenau ausgerichtet sein, und so werden Sie über den Titel, den Untertitel und die Klappen- bzw. Rückseitentexte Ihren Leser ansprechen können.
Ist es also auch für einen Neuling relativ einfach, den Sachbuchmarkt zu betreten, so zieht die für einen Erfolg notwendige enge Verzahnung von Autor und Thema Grenzen. So kann ich mir vorstellen, daß ein Zahnarzt durchaus ein guter Romanschriftsteller sein kann, aber sein beruflicher Hintergrund bietet keinen Anreiz, wenn er nun ein Buch über Partnerschaftsbeziehung schreibt. Von einem Psychologen erwarte ich interessante Hinweise, aber nicht von einem Zahnarzt. Hingegen werde ich mir einen Ratgeber über »Neue Methoden der Zahnpflege« von einem Zahnarzt als Autor kaufen.
Ein Zahnarzt, der Hobbygärtner ist, kann natürlich auch Autor eines sehr reizvollen Gartenbuchs sein.

Der Autor muß sich nicht unbedingt durch seinen Beruf als Autor ausweisen; die Neigung zum Thema sollte jedoch schon deutlich werden, weil sonst dem Buchkäufer keine Vertrauensbrücke zum Autor gebaut wird. Die Nähe zum Thema ist also entscheidend.

Das aktuelle Sachbuch
Wenn Sie sich in einem Thema gut auskennen, zu dem es gerade eine interessante Entwicklung gibt, dann können Sie diesen aktuellen Aufhänger für ein Buchprojekt nutzen. Vielleicht wollten Sie schon immer einmal dieses Wissensgebiet einer breiten Öffentlichkeit darlegen.

Ein solches Buch muß schnell auf dem Markt erscheinen, denn wir leben in einer schnellebigen Zeit, und das eine Thema wird bald vom nächsten überlagert. Natürlich spielt das Ereignis eine Rolle, wie rasch das Buch auf den Markt kommen muß: Eine Katastrophe wie Tschernobyl erfordert ein schnelles Handeln, auch ein Klimareport sollte zwischen Manuskriptabgabe und Erscheinen keine zeitlichen Lücken aufweisen, da Daten und Beschlüsse sich ändern. Im Gegensatz zu einer Katastrophe jedoch, die bereits eingetreten ist und einen Schnellschuß erfordert, kann ein Buch über ein nicht in allernächster Zukunft zu erwartendes Ereignis den normalen Weg über die Vertreter ins Sortiment gehen.

Schnellschuß oder nicht?

Ein hochaktuelles Geschehen erfordert also einen *Schnellschuß*. Ein solcher Titel wird noch in das Verlagsprogramm gehievt, obwohl es bereits abgeschlossen ist und obwohl die Vorankündigungen schon an die Buchhändler hinausgegangen und die Vertreter womöglich schon auf Reise sind.

Ein *Schnellschuß* kann also nicht über die Vertreter ins Sortiment getragen werden; er wird aufgrund seines aktuellen Reizes vom Buchhändler bestellt werden. Allerdings wird der Verlag erhöhten Werbeaufwand machen müssen, damit der Titel auch bekannt wird. Denn ein solches Buch ist wie eine Sternschnuppe, es ist kurzlebig.

Vorarbeiten Für Sie als Autor hat diese kurze Produktionszeit Konsequenzen: Sie müssen schneller als schnell sein. Zudem ist mit Konkurrenz zu rechnen, und wer die Nase vorn hat, schnappt sich das größte Stück vom Kuchen. Aus diesem Grund sollten Sie als angehender Sachbuchautor zu Ihrem Lieblingsthema, zu dem Sie über kurz oder lang interessante Entwicklungen erwarten, bereits ein Rumpf-Manuskript anfertigen. Sie recherchieren den Hintergrund einer Thematik sorgfältig und leuchten ihn für den Leser aus. Zwischenzeitlich sammeln Sie weiterhin Daten und bringen Ihr Manuskript von Zeit zu Zeit auf den neuesten Stand. Ist das Ereignis nahe, so bieten Sie das Projekt mit einem auf die Aktualität zugeschnittenen Exposé bei den Verlagen an – und zwar gleich bei mehreren, denn Sie dürfen keine Zeit verlieren – und geben Ihrem Rumpf-Manuskript nun noch Arme, Beine und Kopf, so daß Sie Ihre Leser zum aktuellen Geschehen führen können.

Es ist erstaunlich, wie schnell Fernsehen und Presse auf den Tod eines Politikers reagieren können. Das Geheimnis liegt in der etwas pietätlosen Art und Weise, wie Journalisten nun einmal arbeiten: Der Nachruf wird schon lange vor dem Ableben der prominenten Persönlichkeit angefertigt. So ähnlich können Sie auch arbeiten.

Das Enthüllungsbuch
Eine besonders interessante Variante des aktuellen Sachbuchs ist ein »Enthüllungsbuch«. Wer eine heiße Spur zu einem Skandal entdeckt und die Möglichkeiten sieht, die Hintergründe aufzudecken, wird mit seinem Buch wahrscheinlich Erfolg haben. Falls es ein Thema ist, das die Medien aufgreifen, ist für genügend Publicity gesorgt.

Das Enthüllungsbuch ist ein wenig vergleichbar mit einem spannenden Thriller; der Autor, der einen Skandal aufdeckt, braucht sich im Gegensatz zu seinem belletristischen Kollegen jedoch kaum Gedanken um seinen unbekannten Autorennamen zu machen. Andererseits kann man sich die Skandale eben nicht ausdenken, sie müssen passiert sein, und die Fakten müssen mühsam zusammengetragen werden. Enthüllungsbücher werden zumeist von Journalisten geschrieben, weil diese eher auf eine Spur stoßen und Kontakte haben, um recherchieren zu können. Wer allerdings in seiner nächsten Nähe, vielleicht seinem beruflichen Umfeld, auf eine heiße Spur stößt, ist einem Journalisten gegenüber im Vorteil. Im Gegensatz zu einem Journalisten kennt er die Zusammenhänge und weiß genau, wo er ansetzen muß.

Nicht nur für Journalisten

Das politische Sachbuch
Wenn Politik zu Geschichte geworden ist, wird sie wieder interessant; in erster Linie faszinieren uns aber die politischen Trends von heute. Was jedoch zwischen heute und gestern liegt, hat nur wenig Reiz. Das politische Buch wird sich also ebenfalls an der Aktualität ausrichten und ein Stück in die Zukunft greifen müssen. Denken Sie an Wahlen: Vor dem Wahltag fiebert alles dem Ergebnis entgegen, Meinungen und

Umfragen beherrschen die Medien. Und nach dem Tag der Wahl? Schon Schnee vom letzten Jahr! Ein politisches Ereignis ist vorher interessant, danach verliert es schlagartig an Reiz. Ein politisches Buch muß also immer ein Stück voraus sein, zumindest darf es nicht von der Entwicklung eingeholt werden. Andererseits darf es sich nicht im Übermorgen verlieren, weil der Leser dem Autor dorthin noch nicht folgen wird.

Trends aufgreifen Politik wird immer noch von Personen gemacht, jedenfalls werden bestimmte politische Richtungen daran festgemacht. Haben Sie nun Neigung (oder das Gegenteil!) zu einer politischen Persönlichkeit und auch die Möglichkeit, recherchieren zu können, so könnten Sie ein richtungweisendes Buch über diesen Politiker vorbereiten oder vielleicht schon das Manuskript weitgehend fertigstellen. Sie sehen den Aufstieg des betreffenden Politikers und sind dann zum aktuellen Zeitpunkt mit Ihrem Buchprojekt zur Stelle.

Die Biographie
Zur Biographie über einen Politiker ist es dann kein großer Schritt mehr, und solche Biographien haben sehr gute Chancen auf dem Buchmarkt. Allerdings erfordert eine Biographie außer einer intensiven Recherchearbeit auch psychologisches Einfühlungsvermögen. Sie wollen die betreffende Person für Ihre Leser lebendig werden lassen, und zwar in der ganzen Bandbreite ihrer charakterlichen Eigenschaften. Dies bedeutet auch, die Hauptfigur aus der Nähe zu betrachten, vielleicht ein Interview zu bekommen, bei Wahlveranstaltungen die Dynamik, das Fluidum zu erfassen, vor allem in scheinbar unbeobachteten Momenten einen Blick auf das wahre Gesicht zu erhaschen.

Vom Glanz des Namens

Auch eine Biographie über einen prominenten Politiker ist der Aktualität unterworfen und bedeutet, trotz der Dichte des geplanten Buches zügig zu arbeiten. Biographien sind überhaupt ein interessantes Gebiet für den Sachbuchautor ohne Namen. Natürlich wird ein Prominenter, der über einen anderen Prominenten ein Buch schreibt, mehr Gehör finden; doch wenn Sie nicht gerade auf eine solche ungleiche Konkurrenz stoßen, werden Sie als Nobody von dem strahlenden Namen Ihres Helden mit erleuchtet. Anders ausgedrückt: In erster Linie wird die Person, über die Sie die Biographie geschrieben haben, das treffende Verkaufsargument sein, und erst dann kommt die Frage nach dem Autor.

Gibt's Konkurrenz?

Biographien können Sie über alle interessanten Personen des aktuellen Geschehens, der Zeitgeschichte, der Geschichte schreiben; natürlich auch über Stars von Fernsehen und Film. Doch schauen Sie sich zuvor genau auf dem Buchmarkt um, landen sie keine Dublette. Wenn Sie ein Sachbuch schreiben und zu dem Thema ist gerade zuvor ein Buch erschienen, so können Sie durch den Titel vielleicht noch einen anderen Aspekt hervorheben; doch bei einer Biograhie über eine bestimmte Person lassen sich keine Haken mehr schlagen. Sie werden voraussichtlich schon an der Lektoratshürde scheitern, wenn es bereits ein gutgehendes Werk gibt.

Lesefutter bieten

Bei Ihrem Buchhändler sollten Sie sich einmal andere Biographien ansehen und in welchem Umfang und in welcher Ausstattung diese Bücher herauskommen. Verlage, die Biographien im Programm führen, machen dies meist innerhalb einer eigenen Reihe. Diese Reihen sind zudem thematisch ausgerichtet oder beleuchten die Persönlichkeiten einer bestimmten

Zeit. So finden Sie schnell heraus, wohin Ihre Biographie gehört. Kaufen Sie sich ein paar Bände dieser Reihe, vergleichen Sie Stil, Aufbau und die Bebilderung, und planen Sie Ihre Biographie entsprechend für diese Reihe. Diesem Verlag bieten Sie Ihr Exposé an. Wenn Sie keine positive Reaktion erhalten, schreiben Sie Ihr Exposé für den nächsten Verlag entsprechend um, falls es gravierende Unterschiede gibt.

Planen Sie Ihre Biographie nicht zu kurz. Wenn Sie sonst Ihren Sachbuchplan möglichst nicht über 350 Seiten fassen sollten, so sollten Sie sich jetzt zwischen 400 und 500 Manuskriptseiten (gemeint ist immer die Normalseite zu 1 800 Anschlägen) einpendeln.

Über Schwächen liest man gern Überlegen Sie sich einmal, warum Biographien so gerne gelesen werden: Sicherlich spielt die Nähe zu großen Personen eine Rolle; der Leser, als kleines Rädchen im Getriebe der großen Welt, hat jetzt Anteil am Geschehen, auch wenn es schon lange Vergangenheit ist. Er steht sozusagen mit den Großen auf du und du. Daraus ergibt sich die eigentliche Aufgabe des Schriftstellers: Ziehen Sie Ihrem großen Helden das Hemd aus, zeigen Sie ihn, wie er in seinen schwachen Stunden aussieht, wie ihn Selbstzweifel plagen, wie er unentschlossen ist. Genau in dieser Situation befindet sich der Leser, befindet sich jeder von uns. Und wirken dann die großen Taten und Leistungen nicht um so erstaunlicher, die der Held Ihrer Biographie trotzdem vollbracht hat? Und der Leser sagt sich zu Recht: Der ist gar nicht anders als ich mit meinen Schwächen, vielleicht widerfährt mir auch noch Großes.

Wer eine Biographie schreibt, sollte einen guten Schuß Alltagspsychologie mitbringen, so wird er von groß auf klein transformieren können.

Wichtig ist natürlich bei einer Biographie, wenn es

nicht gerade um Filmstars geht, der Bildungsaspekt. Deswegen wird das Buch gekauft; die Schwäche der Helden macht es lesenswert. Den Buchrücken mit dem bekannten Namen habe ich gerne im Bücherregal stehen, damit kann ich mich schmücken. Im Kopf allerdings behalte ich die menschlichen Schwächen, weil die mir so nahe sind.

Autobiographien

»Schreibst du deine Memoiren?« heißt es etwas boshaft, wenn man jemanden zum Beispiel allzulange mit dem Abfassen eines Briefes beschäftigt sieht. Die eigenen Lebenserinnerungen zu verfassen, vielleicht auch nur Zwischenschritte, daran hat schon so mancher gedacht, und es liegt ja auch nahe. Nichts kennt man wohl so gut wie sein eigenes Leben, zumindest die äußerlichen Begebenheiten. Ob man auch immer die inneren Antriebe entschlüsselt hat, dürfte allerdings fraglich sein.

Wenn ich Ihnen auch geraten habe, sich bei Ihren Buchthemen zunächst in Ihrer Nähe umzuschauen, weil Sie die am besten kennen und einen leichten Zugang finden, so möchte ich Sie doch von sich selbst weglocken. Gehen Sie nicht das Wagnis einer Autobiographie ein! Sie haben minimale Chancen einer Veröffentlichung, und Sie werden bis zum Ende Ihres Lebens diese Niederlage nicht abschütteln können. Ist die Nichtannahme eines x-beliebigen Buchprojekts schon vom Autor schwer wegzustecken, so trifft dies bei einer Autobiographie im doppelten Sinne zu; denn nun fühlt der Autor zugleich eine Ablehnung seiner Person.

Ablehnungen schmerzen doppelt

Ich habe schon viele Autobiographien auf meinem Schreibtisch gehabt, und ich mußte sie alle ablehnen.

Gerade diese Ablehnungsbriefe fallen mir sehr schwer, zumal ich am abgegriffenen Manuskript erkennen kann, durch wie viele Hände es schon gegangen ist und wie viele enttäuschende Ablehnungen der Autor bereits erfahren mußte.

Gestehen muß ich auch, daß ich in diesen Manuskripten, obwohl schon auf den ersten Blick eine Ablehnung deutlich ist, gerne lese. Dies würde sicherlich auch anderen so ergehen, denn es ist faszinierend, einen Blick in ein anderes Leben zu werfen, durch das Schlüsselloch zu schauen. Da bietet sich subjektive Wahrheit, und was kann es mehr geben! Allerdings würde ich mir ein solches Buch nie kaufen. Ich lese im Manuskript nur, weil ich es auf den Schreibtisch bekommen habe. Der Kunde in der Buchhandlung würde ein solches Buch auch nicht kaufen; der Lektor muß ablehnen, weil es keine Verkaufschancen gibt.

Nur für die Familie? Also Hände weg vom Buchplan einer Autobiographie! Es sei denn, Sie erfüllen eine der drei Ausnahmen. Die erste trifft auf jeden potentiellen Autobiographen zu: Er schreibt seine »Memoiren« ganz einfach nur für sich selbst, um mit sich vielleicht ins reine zu kommen, sich etwas von der Seele zu schreiben. Er schreibt eventuell auch für seine Familie, um die Erinnerungen an eine bald vergessene Zeit lebendig zu halten. Dies wäre ein gutes Unterfangen ohne den Streß, sein Leben auf die Verlagswaage werfen zu müssen – mit der Gefahr, als zu leicht befunden zu werden. In den Kindern und Enkelkindern wird man interessierte Leser finden. Das Buch, das man selbst drucken läßt, wird ein Familienerbstück werden.

Haben Sie unter diesen Voraussetzungen ein autobiographisches Werk in Angriff genommen, ist es anschließend auf große Zustimmung gestoßen und drängt man Sie, das Werk zu veröffentlichen, so können Sie diesen Schritt nun immer noch vollziehen. Bedenken sollten Sie, daß Chancen einer Veröffentlichung dann gegeben sind, wenn Sie ein bestimmtes Milieu sehr dicht beschreiben können. Außergewöhnliche Ereignisse, die zum Beispiel mit dem letzten Weltkrieg zusammenhängen, haben allerdings wenig Chancen auf dem Buchmarkt. Diese außergewöhnlichen Erfahrungen waren zu kollektiv und damit schon nicht mehr außergewöhnlich. So schlimm es klingen mag: Es war das übliche Leid, und davon will wohl niemand mehr etwas hören.

Als Milieustudie?

Chancen auf dem Buchmarkt haben Sie dann, wenn Sie unter einem bestimmten Aspekt ein interessantes Leben hatten, z. B. als Bergsteiger. Dieser Aspekt könnte der Aufhänger sein und auch zu einer Zielgruppe führen. Hier wird aber schon die Grenze zwischen einer Milieustudie aus eigener Anschauung und der autobiographischen Beschreibung aus dem Blickwinkel des prominenten Zeitgenossen überschritten.

Dies ist die dritte Ausnahme und eine mit guten Aussichten: Sie gehören einer Gesellschaftsschicht an, die Geld und Macht hat, haben vielleicht sogar einen prominenten Namen und leisten sich den Spaß, frisch und frech hinter die eigene Maske und die der anderen zu schauen. Sie kennen die Riten und Mythen des Machterhalts, den Schein des Besseren, der bewahren soll, was so leicht zerrinnt, und Sie wollen nun – wie bei einer Biographie – das Menschliche zeigen.

Promi-Bonus?

Mit dieser Art von enthüllender Autobiographie haben Sie die besten Voraussetzungen, sich in die Nesseln zu setzen, zugleich aber einen Bucherfolg zu landen. Haben Sie nur Mut, auf die spitze Feder zu nehmen, was zu karikieren sich lohnt, und schonen Sie sich selbst dabei nicht.

Das regional angebundene Sachbuch

Falls Sie sich für eine Landschaft, deren Kultur und Geschichte besonders interessieren, so kann sich daraus ein reizvolles Buchthema ergeben. Diese Region muß nicht unbedingt zugleich Ihr Wohnsitz sein, die Neigung ist ausschlaggebend. Zudem gilt der Prophet ja nichts in seinem Lande; wenn sich jedoch einer von »draußen« der Sache annimmt, dann muß schon etwas dran sein.

Kulturelle Identität Wurden früher solche Sachbücher ein wenig mitleidig belächelt, so können Sachbücher über eine bestimmte Region heute durchaus gute Verkaufserfolge vorweisen. Dies hängt mit dem Ende der Fortschrittsgläubigkeit zusammen. Wo man zuvor an das immer Größere mit Begeisterung dachte und am liebsten kulturelle Eigenschaften, wie zum Beispiel die Mundart, zu verbergen suchte, hat ein Bewußtseinsprozeß eingesetzt: eine Suche nach Identität, nach Heimat, nicht verstanden in national engstirnigem Sinn, vielmehr als etwas Bewahrenswertes in einer Zeit, die die natürlichen Lebensgrundlagen weghobelt, bis keine erkennbare Identität mehr vorhanden ist.

Die Möglichkeiten, den Leser der Region auf ein solches Buch anzusprechen, sind aussichtsreich.

Falls Sie beabsichtigen, eine Autobiographie zu schreiben, und dabei Ihr Zugehörigkeitsgefühl zu einer bestimmten Landschaft oder Kultur mitentscheidend ist, könnten Sie – mit vorsichtiger Dosierung – auch persönliche Eindrücke in ein solches Sachbuch einflechten. Im Gegensatz zu den Chancen einer Autobiographie hätten Sie so bessere Möglichkeiten.

Sachbuchthemen der nächsten Jahre
Die mögliche Palette der Sachbuchthemen ist so bunt wie das Leben, mit einer Einschränkung, die in den letzten Jahren immer deutlicher geworden ist: gefordert ist ein direkter Bezug zum Leser. Sonnte sich das Sachbuch bei seiner Geburt noch im Glanze der Wissenschaften, die nur Gutes zu bringen schienen, und mußte sich jedes Mitglied der Gesellschaft nur auf seinen kleinen Teilbereich konzentrieren, so sind heute ein kritischer Ansatz und persönliches Engagement gefragt.

Es hat sich herausgestellt, daß wir in ein großes Netz eingebunden sind und daß wir selbstverantwortlich handeln müssen. Dies war natürlich schon immer die Wahrheit; sie ist aber unbequem, und solange wir sie verdrängen konnten, haben wir das getan. Heute gibt es nicht mehr den klassischen Konsumenten eines Sachbuchs, weil es generell keinen nur guten Verbraucher gibt. Wer konsumiert, nimmt ein Stück dieser Welt und lädt damit möglicherweise ein Stück Schuld auf sich. Wenn Sie heute ein Sachbuch planen, so werden Sie dabei immer Richtung Ratgeber tendieren. Sie werden den Leser in Ihr Thema einbeziehen müssen, sein eigenes Verhalten wird Teil des Inhalts. Ausnahme: Sachbücher mit geschichtlichem Inhalt. Aber auch da schiebt sich mehr die psychologische Bewertung der damals Handelnden in den Vordergrund, was wiederum Rückschlüsse auf unsere heutige Bewußtseinslage zuläßt.

Leser einbeziehen

Mutter Natur
Die Entwicklungsgeschichte der Menschheit geht einher mit der Ausbeutung der Natur. Was wir als Zivilisation bezeichnen, könnten spätere Generationen als

Dekadenz ansehen, die die Grundlagen des Lebens und Überlebens mißachtet. Uns dämmert heute, nicht aus Mitleid den anderen Kreaturen gegenüber, vielmehr aus Überlebensangst, daß wir sehr wohl die Natur brauchen, sie uns aber nicht.

Ende der Dekadenz Wir bekommen einen gänzlich anderen Blick, sehen Pflanzen, Tiere, Landschaften mit anderen Augen. Wir begreifen uns zunehmend als Teil des Ganzen, wir verabschieden uns von unserer hochnäsigen Sonderrolle, Primat zu sein. Und dies, weil uns der selbsterzeugte Dreck über den Kopf wächst.

Ob es nun UFOs gibt oder nicht, sie sind in jedem Fall anregend. Vielleicht haben Sie sich auch schon einmal vorgestellt, was ein solches hochentwickeltes Wesen von uns denken mag. Ich habe immer das ungute Gefühl, daß die grünen Männchen nur einen Ausflug machen, um sich einmal so richtig zu amüsieren. Es muß einfach erheiternd sein zu sehen, wie wir mit aller Macht versuchen, den Ast abzusägen, auf dem wir sitzen.

Alles in neuem Licht In den nächsten Jahren werden die Erkenntnisse über den Lebensbaum, auf dem wir sitzen, die große Rolle spielen. Bücher, die unsere Lebensgefährten, Pflanzen und Tiere, in neuem Licht sehen, werden weiterhin eine wichtige Rolle spielen. Dabei wird es vor allem um Zusammenhänge gehen, die wir bisher nicht gesehen haben. Unsere willkürliche Einteilung in Schädlinge und Nutztiere werden wir aufgeben müssen, und bei allem, was wir beobachten, wird unser eigenes Verhalten zur Debatte stehen.

Nicht herrschen, sondern anpassen heißt die Devise. Unter diesem Gesichtspunkt müssen alle bisher geschriebenen Bücher neu geschrieben werden. Kein Teilbereich unseres Lebens, unserer Kultur und der

Wissenschaften kann sich ausklammern. Diese Bewußtseinsänderung, die alles erfaßt, wird zu einem weiteren Aufschwung des Sachbuchs und der Ratgeber führen, wobei die Übergänge zwischen beiden, wie schon angedeutet, nicht mehr deutlich auszumachen sind.

Psychologie

Wichtigster Schlüssel zum neuen Bewußtsein wird die Erkenntnis über unser Naturell sein. Erst diese Erkenntnis, wer wir sind, wird uns von den Fesseln der Evolution befreien, immer größer und mächtiger werden zu müssen. Dieser Mechanismus spiegelt sich in allem wider, was wir fühlen, denken, sagen und tun. Nun hat dieser unendliche Ausdehnungsdrang in allen Kulturen Einschränkungen erfahren, doch immer mit Tabus, mit Verboten. Die Folge: ein außerhalb des Bewußtseins sich abspielender Prozeß zwischen Trieb und Hemmung, der zu unkontrollierten Entladungen auf Nebenplätzen führt. Wir können uns heute auch diese Nebenplätze nicht mehr leisten, wir müssen bewußtmachen, was uns treibt, um zu einem kontrollierten Umgang untereinander und mit der Natur zu kommen, was eigentlich dasselbe ist. **Tabus und Blockaden**

Was sich hier so allgemein anhört, wird in einer Vielzahl von Büchern seinen Niederschlag erfahren. Kein Bereich des Lebens, ob Erziehung, Partnerschaft, Beruf, wird von der psychologischen Durchdringung, von der Suche nach den Blockaden und der anschließenden Rückführung in die Persönlichkeit ausgespart bleiben.

Ein weites und interessantes Feld, nicht nur für Psychologen. Jeder, der durch eigenes Leiden ein Stück von sich selbst entdeckt, ist aufgeschlossen für das

Leiden der anderen, wird Zugang zum anderen finden, zu seinem Leser.

Suchtverhalten Als Beispiel möchte ich Ihnen Suchtverhalten nennen, das in allen Variationen auftritt und sich bisweilen gut zu tarnen weiß. Ob Lottospielen oder Sex, Politik oder Jogging – Sie finden keinen Winkel menschlicher Betätigung, um daraus nicht ein scheinbares Paradies zu machen.

Waren Sie von Ihrer Arbeit besessen, hatten Sie den Kontakt zu Ihrer Umwelt verloren, wurden krank und fanden erst durch den Leidensprozeß Zugang zum Warum? Sie könnten aus Ihrer Geschichte ein Sachbuch machen, indem Sie Ihre Erfahrungen mit den Erkenntnissen der Psychologen verbinden. Sie werden so vielen Mitmenschen, die sich in ähnlicher Situation befinden oder die es mit solchen Menschen zu tun haben, einen Anstoß geben.

Emanzipation im weitesten Sinne Mit dieser psychologischen Emanzipation werden sich alle Bereiche unseres Lebens auseinandersetzen müssen, ein weites Feld für schriftstellerische Betätigung. Die interessantesten Bücher werden nicht von Psychologen kommen, gefragt sind die subjektive Wahrhaftigkeit, das Vorerlebte und die Offenheit.

Vielleicht haben Sie sich schon einmal gefragt, warum heute so viele Skandale das Licht der Öffentlichkeit erblicken. Es läßt sich eben nicht mehr alles unter der Decke halten, der Schein verblaßt allenthalben, auch die persönlichen, die individuellen Skandale lassen sich nicht mehr hinter einer Maske verbergen. Wer den Mut hat, sich zu offenbaren, stößt heute nicht nur auf Verständnis, er wird sogar gefeiert werden.

Dies wird die Zukunft sein: Sich nicht in eine gesellschaftliche Rolle zwängen und dadurch keinen Zugang zu sich selbst finden, vielmehr das individuelle Schicksal akzeptieren und auf dieser Grundlage emanzipatorische Befreiungsschritte unternehmen. Ob Bücher nur für Frauen oder nur für Männer oder nur für Kinder, für den Umgang mit Berufskollegen, Geschäftspartnern: Es gibt noch so unendlich viel zu entblättern, durchleuchten Sie Ihr Verhalten und das Ihrer Mitmenschen, zeigen Sie mit dem Finger darauf – und machen Sie Vorschläge, wie es bessergehen könnte –, aber immer ohne erhobenen Zeigefinger.

Soziologie
Das Erkennen der eigenen Aggressionen als evolutionäre Triebfeder und die Bewußtwerdung als Mittel der Überwindung: Die Änderung der eigenen Persönlichkeitsstruktur wird immer einhergehen mit einer Änderung der Gesellschaft. Sie werden das eine kaum ohne das andere beschreiben können. Allerdings sollten Sie sich, wenn Sie nicht gerade Soziologe sind, auf Ihre Erfahrungen konzentrieren.
Wenn Sie den soziologischen Aspekt Ihres psychologischen Themas stärker in Ihr Buchprojekt einbinden wollen, werden Sie sich nicht nur auf die Erkenntnisse der Soziologie verlassen; Sie werden die Mitmenschen aufsuchen, mit ihnen reden, Interviews machen. Sie als Autor liefern Authentisches, Sie sind hautnah an der rasanten Entwicklung, Sie bieten Ihren Lesern menschliche Nähe, Sie treffen ihn auf gleicher Ebene.
Die Selbstverantwortung für das eigene Handeln führt auch zur Mitverantwortung für den anderen. Wir erkennen, daß jeder ein Teil des Ganzen ist und wir die Probleme nur gemeinsam lösen können. Sozialkritik und Solidarität mit den Schwachen – zwei wichtige Themenkomplexe, die stark vom persönlichen Engagement des einzelnen abhängen. Bücher zu

Authentisches anführen

diesen Themen werden sicherlich nicht nur geschrieben, um erfolgreicher Autor zu werden; doch gelten die in diesem Ratgeber beschriebenen Regeln des Buchmarktes auch für ein solches Buchprojekt.

Die anderen Wissenschaften

Sind Sie selbst Wissenschaftler oder beschäftigen Sie sich aus Neigung mit einem Wissensgebiet, so werden Sie mit Erfolg ein oder mehrere Sachbücher planen und in die Tat umsetzen – wenn Sie zwei Aspekte besonders hervorheben: die Umwelt- und die Sozialverträglichkeit. Heute müßten fast alle klassischen Sachbücher, die ein bestimmtes Wissensgebiet dem Laien verständlich machten und Bestsellererfolge waren, neu geschrieben werden. Nicht nur, weil sich die Disziplin weiterentwickelte, vor allem, weil in den früheren Büchern zumeist die Zusammenhänge zu Umwelt und Gesellschaft fehlen.

Interdisziplinär Hatte es Ihnen einer dieser Sachbucherfolge besonders angetan, so lesen Sie doch das betreffende Buch noch einmal. Vielleicht entdecken Sie einen anderen Ansatz, arbeiten sich in das Thema ein und schreiben es neu. Auch wenn natürlich noch immer in der Vita der wissenschaftliche Spezialausweis des Autors ein Pluspunkt beim Verkauf ist, muß heute jedes Thema interdisziplinär betrachtet werden, und da hat der Wissenschaftsjournalist zumeist den offeneren Blick.

Wirtschaft und Management

Firmen können sich oftmals deshalb nicht auf dem Markt behaupten, weil das Management versagte. Das sagt sich wiederum so einfach dahin, doch woran liegt es, daß das Management falsche oder gar keine

Beschlüsse faßte? Wenn Sie einmal Revue passieren lassen, wieviel Zeit in einer Firma für die Rundumverteidigung und für die Grabenkämpfe verlorengeht, welche Hinterhältigkeit und welches Duckmäusertum hierarchische Strukturen erzeugen können, dann haben Sie schon den Schlüssel für den Niedergang so mancher Firma gefunden.

Die Konferenzen werden durch den Ausbau der eigenen Stellung gekennzeichnet: erst den Trend abwarten, dann mitmischen. Es herrscht Angst vor, etwas Falsches zu sagen und dadurch den anderen Vorteile zu verschaffen. Es fehlt das kreative Miteinander, das sich nur in angstfreier Atmosphäre entwickeln kann. Bücher über effizientes Management unter den Bedingungen einer offenen Gesellschaft – wobei hier die Grenze zum Ratgeber sicherlich schon überschritten ist – werden in vielen Variationen Zukunft haben. Sie kennen Management und vor allem Mißmanagement aus Ihrem persönlichen Berufsumfeld, möglicherweise haben Ihnen diese Erfahrungen sogar die Hinwendung zur Schriftstellerei gewiesen. Warum also nicht Sachbücher über die Wurzeln des Mißmanagements schreiben?

Hierarchien abbauen

Genauso steht unsere Wirtschaftsweise auf dem Prüfstand. Hierin findet unsere Bewußtseinssituation konkreten Ausdruck. Bisher wird noch alles vom Größer- und Mächtigerwerden diktiert. Doch die Grenzen sind erreicht, die Ausrichtung auf Umwelt- und Sozialverträglichkeit wird die effektivere Art zu wirtschaften werden. Ein weites Betätigungsfeld für den angehenden Autor mit entsprechender Ausrichtung.

Zukunftsmodelle

Unsere Zeit schreit förmlich nach dem Entwurf von Zukunftsmodellen. Der große Wurf steht noch aus, und vielleicht werden wir uns – Erfahrung macht klug – lieber ständig anpassen, als irgendwelchen Ideologien hinterherzulaufen. Allerdings geht von einem Lichtschein am Horizont schon ein großer Reiz aus, auch wenn es nur intellektuelle Spielerei sein mag.

Die Welt 2000 Die Trümmer des 20. Jahrhunderts werden langsam zur Seite geräumt, und die Sicht wird weiter. Es wird viele Entwürfe für die neue Welt, für die Welt 2000 geben, es werden auch große Bucherfolge darunter sein.

Als noch unbekannter Autor sollten Sie jedoch zumindest einen interessanten beruflichen Hintergrund vorweisen können, bevor Sie sich auf das Glatteis eines solchen Projektes begeben. Ein Buch über »Gott und die Welt« müßte in der Person des Autors einen Verkaufsaufhänger mitliefern.

Wo kommen wir her?

Wir wissen nicht, wo wir hingehen, und wir wissen nicht, wo wir herkommen. Wenn wir es wüßten, wäre das Leben wahrscheinlich langweilig. Jedenfalls macht Spekulieren Spaß, denken Sie nur an die kleinen grünen Männchen in den UFOs. Ich lasse mich gerne von einer provokativen These für ein Buch lang entführen. Jenseits der ausgetretenen Wege einmal etwas Neues andenken – aber mit authentischem Hintergrund. Denken Sie an die Erfolge der Däniken-Bücher, die sich nie so gut verkauft hätten, wenn der Autor nicht kreuz und quer durch die Welt gereist wäre, um Beweise für seine These zu finden.

Nun wird sich nicht jedes spekulative Thema für eine interessante Weltreise eignen, doch Besuche in Museen, Interviews mit Fachwissenschaftlern und vor allem Bildmaterial machen aus einer zunächst dürren Hypothese ein anschauliches Buch. Sie lassen den Leser teilnehmen an Ihren Entdeckungen, ziehen einen Spannungsbogen.

Die Suche nach den Wurzeln

Geschichte muß natürlich nicht immer spekulativ sein, um den Leser zu fesseln. Auch wer sich im Rahmen der herkömmlichen Wissenschaften bewegt, jedoch aufgrund neuerer Erkenntnisse andere Aspekte geschichtlicher Epochen und Ereignisse beleuchtet, kann sich auf dem Weg zu einem Bucherfolg befinden. Vielleicht hat es gerade neue Ausgrabungen gegeben, die eine geschichtliche Epoche in einem anderen Licht erscheinen lassen. Ein solches Buchvorhaben wäre aussichtsreich. Die Suche nach unseren Wurzeln bewegt uns genauso wie die Frage nach unserer Zukunft.

Wo gehen wir hin?

Entwürfe für eine sich ändernde Gesellschaft werden gefragt, ebenso wie alle psychologischen Erkenntnisse. Wir suchen das Abenteuer nicht mehr außen im Kampf, wir haben uns auf den Weg in den inneren Dschungel gemacht. Dazu gehört auch das Infragestellen der bisherigen Religionen, die für uns die Antworten nach dem Woher und Wohin gegeben haben.

Kritik an Kirche und Religion wird zunehmen, gleichzeitig werden Bücher zu allen esoterischen Themen weitere Leserkreise erreichen. Mit der Loslösung aus der Gott-Vater-Kind-Religion und dem Abschied vom Dogma, sich die Erde untertan machen zu müssen, wird es zu einer neuen Religiosität kommen. Das Pa-

Eine neue Spiritualität

radies ist hier und jetzt, und für seinen Erhalt sind wir mitverantwortlich.

Bücher, die den Menschen nicht mehr als vereinzeltes Wesen sehen, vielmehr als Teil eines Kosmos und des ganzen Kosmos zugleich, werden die esoterische Szene beherrschen. Der Abschied vom Besitz, der bisher als Zeichen der Liebe Gottes gesehen wurde, hat begonnen, eine neue Spiritualität, die unser Verständnis und unser Gefühl für alle Lebewesen, ob Pflanze oder Tier, und auch für alle Materie durchdringen wird, nimmt den Platz ein.

Es bedarf keiner prophetischen Gabe, um vorherzusagen, daß viele dieser Bücher zu heimlichen Bestsellern und manche auch die Bestsellerliste erobern werden.

Chancen und Hürden: Ratgeber

Eine Grenzlinie zwischen Sachbuch und Ratgeber zu ziehen ist heute nicht mehr ganz einfach. Der Ratgeber drängt in Bereiche vor, die früher nur dem Sachbuch zuzuordnen waren. Umgekehrt bekommt das Sachbuch auch immer mehr Anteile eines Ratgebers. Kaufte man sich früher vor allem einen Ratgeber zu seinem Hobby, so gibt es heute Ratgeber zu allen Lebensbereichen. Auch wenn der Buchmarkt mit Ratgebern schon dicht besetzt ist, ist er doch immer noch aufnahmefähig, und die Verkaufszahlen sind überdurchschnittlich. Für einen Ratgeber, sofern er eine klare Zielansprache hat, muß nicht erst ein Bedarf geweckt werden wie für einen Roman. Es klingt wenig feinfühlig, ist aber Verkaufskalkül: Wer Rheuma hat, der ist an einem Ratgeber zu diesem Thema interessiert, wer eine krumme Nase hat, will gerne wissen, ob und wie der Schönheitschirurg sie gerademacht, wer gerne Forellen fängt, will wissen, wie man das anstellt.

Auch der angehende Autor findet mit einem Ratgeber einen guten Einstieg in den Buchmarkt. Es kommt dabei nicht in erster Linie auf den bekannten Namen an, es zählt der Inhalt: Brauchbare Tips für die Praxis und gegebenenfalls eine ansprechende Bebilderung und Aufmachung setzen sich durch.

Der Ratgeber wird auch weiterhin Saison haben, weil der Ratgeber aus dem bloßen Betrachter den beteiligten Leser macht. Aus dem nur intellektuellen Buchleser wird der selbstverantwortlich Handelnde. Ein Beispiel verdeutlicht dies: der enorme Boom der Gesundheitsbücher. Brachte man früher seinen kranken Körper zum Arzt wie sein Auto zur Reparatur und schluckte die verordneten Tabletten mit Begeisterung, so setzte mit der allgemeinen Kritik an den Wissenschaften auch ein Umdenken in bezug auf den eigenen Körper ein. Die Selbstheilungskräfte wurden wiederentdeckt, der Glaube an Pille-rein-und-Krankheit-raus schwand; man begann, sich für den eigenen Körper auch selbst verantwortlich zu fühlen. Dieser Prozeß ist noch lange nicht abgeschlossen, und er wird zunehmend alle Bereiche unseres Lebens erfassen. Damit zeichnet sich für Sie ein großes Spektrum an Ratgeberthemen ab.

Selbstverantwortung

Lebenshilfe

Unter diesem Begriff sammeln sich diese Ratgeber. Sie stehen unter dem Motto: Hilfe zur Selbsthilfe. Heraus aus der oft selbstverschuldeten Abhängigkeit von Institutionen oder Verstrickungen, begleitende Selbsthilfe bei Erkrankungen des Körpers und der Seele.

Den individuellen Lebensweg entdecken Mit der Erkenntnis, daß Krankheiten zum überwiegenden Teil seelischen Ursprungs sind, wurde schlagartig klar, daß der moderne Arzt mit seiner Fünf-Minuten-Sprechstunde und seinen Tabletten kaum der Retter in der Not sein könne. Die Auseinandersetzung mit sich selbst, mit dem individuellen Lebensweg, mit dem eigenen Verhalten gegenüber dem Partner, den Kindern, den Kollegen ist in den Vordergrund des Bemühens gerückt: mit positiver Einstellung Kraft zu neuem Umgang mit sich selbst und den anderen zu finden.

Ob Sie sich nun besonders für das berufliche Vorankommen, die Harmonie in der Partnerschaft, den Umgang mit Kindern, die religiös-seelische Entwicklung, die Vorbeugung gegen Krankheiten interessieren: Jedes Thema ist mit dem anderen verknüpft und wird immer auf die wahrhaftige innere Auseinandersetzung mit sich selbst hinauslaufen.

Diesen Weg in die Tiefen unserer Seele werden wir wahrscheinlich nie zu Ende gehen können. Es gilt, immer neue Einblicke auf die tägliche Praxis unseres Lebens zu übertragen. Wir stehen erst am Anfang, und gerade das Medium Buch ist wie kein anderes geeignet, die Bewußtseinsprozesse zu transformieren. Über das Buch sind Autor und Leser angenabelt, findet ein Übertragungsprozeß statt – sofern der Autor seine Leser zu packen versteht.

Keine Sprechblasen Der Lebenshilfe-Ratgeber ist nicht das unpersönliche Buch mit der Anleitung, dies zu tun, damit das herauskommt. Diese Hauruck-Methoden haben schon die Tablettenmedizin disqualifiziert. Es selbst vorleben und das Erleben auf den Leser zu übertragen, bei ihm etwas zum Mitschwingen zu bringen, wird der Schlüssel für ein ansprechendes Buch und damit für einen gerechtfertigten Bucherfolg werden.

So gesehen, sind Lebenshilfe-Ratgeber bestimmt keine Domäne allein für Psychologen, Soziologen und Pädagogen. Wissenschaft und Fallgeschichten ersetzen noch nicht das persönliche Engagement subjektiver Wahrhaftigkeit.

Der Akademiker wird dann gute Lebenshilfe-Ratgeber schreiben können, wenn er Bewußtseinsprozesse weitergeben kann. Aufgrund der besseren systematischen Einordnung mag er dann auch dem »Laien«-Autor überlegen sein. Entscheidend aber bleibt das Feuer der inneren Erkenntnis; Sprechblasen werden zukünftig nicht mehr genügen.

Hobby und Freizeit

Die Hilfe zur Selbsthilfe könnte man als die weichen Ratgeber bezeichnen, als Software für die Seele; die klassischen Ratgeber vom Angeln bis zu den Zierfischen, vom Auseinanderbauen eines Motorrades bis zum Zusammensetzen elektronischer Bauteile bringen hingegen die harte Information: Wenn du dies tust, dann wird das dabei herauskommen.

Allerdings wird ein gutes Hobbybuch auch durch das Engagement seines Autors mitbestimmt. Menschen, die sonst kaum zu begeistern sind, öffnen durch ihr Hobby ihre Seele, und warum sollten sie nicht durch einen ebenso begeisterten Autor auch so angesprochen werden. **Bilder**

Begeisterung ersetzt jedoch nicht das Entscheidende eines Hobby- und Freizeitratgebers auf dem dicht besetzten Markt: die Bebilderung. Falls Sie einen solchen Ratgeber in Angriff nehmen, kennen Sie wahrscheinlich schon einen Teil der Konkurrenzliteratur. Verschaffen Sie sich den vollkommenen Marktüberblick, und planen Sie ein Buchprojekt, das vom Inhalt, von der Bebilderung und dem möglichen Ladenverkaufspreis in eine Lücke stößt.

Falls Sie zu einem Hobbythema an hervorragendes Bildmaterial kommen, könnte dies für Sie ein Startsignal für einen entsprechenden Ratgeber-Buchplan sein. Die Abbildungen machen die Musik, und der Hobbyfan ist heute bereit, für ein ansprechendes Buch zu seinem Lieblingsthema auch einen sehr hohen Preis zu zahlen. Natürlich kommt ein solches Buch auch als Geschenk in Frage.

Immer neue Trends Die Freizeit wächst, und es entstehen immer neue Hobbys. Denken Sie nur an den Sport! Es gibt heute Sportarten, von denen man vor ein paar Jahren noch nichts wußte. Manche verschwinden allerdings auch wieder schnell von der Bildfläche, was aber so manches Buch nicht am Erfolg gehindert hat.

Auf dem Freizeit-Ratgebermarkt gilt es besonders, Trends aufzuspüren und die Nase vorn zu haben. Freizeit will abwechslungsreich erlebt werden, und daher wird es auch ein unruhiger Buchmarkt bleiben, der dadurch aber gerade neuen Autoren eine Chance bietet.

Garten und Kochen

Nur Spitzenprodukte Zu den schönsten Hobbys zählt es sicherlich, einen Garten zu haben, und das Sinnlich-Kreativste ist vielleicht das Kochen. Bücher zu beiden Themen zählen heute aufgrund ihrer Aufmachung zu den Spitzenprodukten des Buchmarktes. Lücken gibt es eigentlich keine mehr, die Kaufanreize laufen fast nur noch über die Ausstattung. Falls Sie doch noch eine Marktlücke sehen oder einen neuen Trend spüren, reagieren Sie blitzschnell, und wenden Sie sich an die führenden Verlage, die in der Frage der Bildbeschaffung enorme

Erfahrungen haben. Noch besser ist es, wenn Sie selbst die Bildbeschaffung machen können. Ihre Idee läuft dann nicht Gefahr, in fremde Töpfe zu wandern, da die Frage der Bebilderung im Vordergrund steht. Denken Sie bei Ihrem Kochbuch, aber auch bei Ihrem Gartenbuch an mögliche Sponsoren, die bei der Bildbeschaffung mithelfen könnten.

Lexika

Die immer komplizierter werdenden Strukturen des menschlichen Handelns haben auch ihren Niederschlag in Spezialexika gefunden. Kam man früher mit einem Universallexikon aus, so sind heute Lexika zu fast allen Gebieten gefragt. Zugleich stehen diese Bücher aufgrund unserer zunehmend vernetzten Sichtweise unter Erneuerungsdruck. Kein Spezialexikon kann sich heute nur auf das ureigenste Gebiet zurückziehen, es muß auch beachten, was links und rechts passiert.

Das Wissen wächst enorm

So gesehen, ist ein Lexikon heute durchaus nicht nur eine Fleißarbeit, es kann die Quintessenz eines vorangeschrittenen Bewußtseinsprozesses sein.

Beruf/Management/Wirtschaft

Der Entwicklungsdruck, unter den wir geraten sind, manifestiert sich besonders in der Berufswelt. Kam man früher mit dem einmal Erlernten halbwegs über die Runden und ins Rentenalter, so muß sich heute jeder laufend selbst nachschulen. Dabei sind es einmal technische Erneuerungen, die die Organisation unseres Arbeitslebens verändern, es eröffnen sich aber auch neue Märkte unter neuen Gesichtspunkten, viele einschränkende Verordnungen müssen berücksichtigt werden, und der Führungsstil wandelt sich in Rich-

Die innovativen Kräfte von unten

tung auf gemeinsame Mitverantwortung. Technik plus Bewußtsein – der Prozeß vom sanften Umgang mit der Natur und den Mitmenschen wird sich in kleinen und damit auch in vielen Buch-Schritten in Wirtschaft und Beruf durchsetzen. Ein weites Feld für Autoren, wobei nicht immer der betreffende Beruf Voraussetzung für einen gelungenen Ratgeber sein muß. Oftmals ist es gerade der Außenstehende, der den besseren Anstoß für ein Umdenken geben kann, weil er nicht involviert ist und schneller erkennt, wo der Schuh drückt.

In erster Linie sollten Sie jedoch Ihre eigene berufliche Tätigkeit durchleuchten, ob sie nicht eine Idee für einen Ratgeber liefert; denn hier sind Sie Fachmann, hier haben Sie einen Vertrauensvorschuß.

Mit den ins Riesenhafte angewachsenen Firmen hat sich zugleich die Unbeweglichkeit der Wirtschaftssaurier gezeigt. Zwar kann ein großes Unternehmen mehr Kapital für neue Entwicklungen bereitstellen, doch an der Nähe zum Kunden und an der Wendigkeit und oftmals auch an der Zuverlässigkeit fehlt es. Kleinere Einheiten sind überblickbar, und die Voraussetzungen zum selbstverantwortlichen Handeln sind besser. Der Weg aus dem Beruf in die Selbständigkeit wird zunehmend gesucht, weil es gute Aussichten für einen solchen Schritt gibt. Bücher hierzu stoßen auf hochmotivierte Leser. Haben Sie schon daran gedacht, Ihre beruflichen Kenntnisse weiterzureichen, vielleicht auch gerade im Hinblick auf berufliche Selbständigkeit? Dieses Buch, das Sic gerade lesen, ist auch ein solches Produkt.

Normvertrag für den Abschluß von Verlagsverträgen

Rahmenvertrag
(vom 19. Oktober 1978 in der ab 1. Januar 1984 gültigen Fassung)

Zwischen dem Verband deutscher Schriftsteller (VS) in der IG Druck und Papier und dem Börsenverein des Deutschen Buchhandels e. V. – Verleger-Ausschuß – ist folgendes vereinbart:

1. Die Vertragschließenden haben den diesem Rahmenvertrag beiliegenden **Normvertrag für den Abschluß von Verlagsverträgen** vereinbart. Die Vertragschließenden verpflichten sich, darauf hinzuwirken, daß ihre Mitglieder nicht ohne triftigen Grund zu Lasten des Autors von diesem Normvertrag abweichen.
2. Die Vertragschließenden sind sich darüber einig, daß einige Probleme sich einer generellen Regelung im Sinne eines Normvertrags entziehen. Dies gilt insbesondere für Options- und Konkurrenzausschlußklauseln, bei deren individueller Vereinbarung die schwierigen rechtlichen Zulässigkeitsvoraussetzungen besonders sorgfältig zu prüfen sind.
3. Dieser Vertrag wird in der Regel für folgende Werke und Bücher **nicht** gelten:
   a) Fach- und wissenschaftliche Werke im engeren Sinn, **wohl aber** für Sachbücher;
   b) Werke, deren Charakter wesentlich durch Illustrationen bestimmt wird; Briefausgaben und Buchausgaben nicht original für das Buch geschriebener Werke;
   c) Werke mit mehreren Rechtsinhabern, wie z. B. Anthologien, Bearbeitungen;
   d) Werke, bei denen der Autor nur Herausgeber ist;
   e) Werke im Sinne des § 47 Verlagsgesetz, für welche eine Publikationspflicht des Verlages nicht besteht, sowie Werke, für die üblicherweise ein Pauschalhonorar vereinbart wird.

4. Soweit es sich um Werke nach Ziffer 3 b) bis e) handelt, sollen die Verträge unter Berücksichtigung der besonderen Gegebenheiten des Einzelfalles so gestaltet werden, daß sie den Intentionen des Normvertrags entsprechen.
5. Die Vertragschließenden haben eine »Schlichtungs- und Schiedsstelle Buch« eingerichtet, die im Rahmen der vereinbarten Statuten über die vertragschließenden Verbände von jedem ihrer Mitglieder angerufen werden kann.
6. Die Vertragschließenden nehmen nunmehr Verhandlungen über die Vereinbarung von Regelhonoraren auf.
7. Dieser Vertrag tritt am 1.1.1984 in Kraft. Er ist auf unbestimmte Zeit geschlossen und kann – mit einer Frist von sechs Monaten zum Jahresende – erstmals zum 31.12.1985 gekündigt werden. Die Vertragschließenden erklären sich bereit, auch ohne Kündigung auf Verlangen einer Seite in Verhandlungen über Änderungen des Vertrages einzutreten.

Stuttgart und Frankfurt am Main,
den 14. Dezember 1983

Industriegewerkschaft   *Börsenverein*
Druck und Papier   *des Deutschen Buchhandels e. V.*
– Verband deutscher   *– Verleger-Ausschuß –*
Schriftsteller –

Verlagsvertrag
zwischen

(nachstehend: Autor)
und

(nachstehend: Verlag)

§ 1. Vertragsgegenstand
(1) Gegenstand dieses Vertrages ist das vorliegende/noch zu verfassende Werk des Autors unter dem Titel/Arbeitstitel:

(2) Der endgültige Titel wird in Abstimmung zwischen Autor und Verlag festgelegt, wobei der Autor dem Stichentscheid des Verlages zu widersprechen berechtigt ist, soweit sein Persönlichkeitsrecht verletzt würde.
(3) Der Autor versichert, daß er allein berechtigt ist, über das Urheberrecht an seinem Werk zu verfügen und daß er bisher keine den Rechtseinräumungen dieses Vertrages entgegenstehende Verfügung getroffen hat. Das gilt auch für die vom Autor gelieferten Bildvorlagen, deren Nutzungsrechte bei ihm liegen. Bietet er dem Verlag Bildvorlagen an, für die dies nicht zutrifft oder nicht sicher ist, so hat er den Verlag darüber und über alle ihm bekannten oder erkennbaren rechtlichen relevanten Fakten zu informieren.
(4) Der Autor ist verpflichtet, den Vertrag schriftlich auf im Werk enthaltene Darstellungen von Personen oder Ereignissen hinzuweisen, mit denen das Risiko einer Persönlichkeitsrechtsverletzung verbunden ist. Wird der Autor wegen solcher Verletzungen in Anspruch genommen, sichert ihm der Verlag seine Unterstützung zu, wie auch der Autor bei der Abwehr solcher Ansprüche gegen den Verlag mitwirkt.

§ 2. Rechtseinräumungen
(1) Der Autor überträgt dem Verlag räumlich unbeschränkt für die Dauer des gesetzlichen Urheberrechts das ausschließliche Recht zur Vervielfältigung und Verbreitung (Verlagsrecht) des Werkes für alle Ausgaben und Auflagen ohne Stückzahlbegrenzung, und zwar für alle Sprachen

oder:
für die deutsche Sprache.

(2) Der Autor räumt dem Verlag für die Dauer des Hauptrechts gemäß Absatz 1 außerdem folgende ausschließliche Nebenrechte – insgesamt oder einzeln – ein:

a) das Recht des ganzen oder teilweisen Vorabdrucks und Nachdrucks auch in Zeitungen und Zeitschriften;
b) das Recht der Übersetzung in eine andere Sprache oder Mundart;
c) das Recht zur Vergabe von Lizenzen für deutschsprachige Ausgaben in anderen Ländern sowie für Taschenbuch-, Volks-, Sonder-, Reprint-, Schul- oder Buchgemeinschaftsausgaben;
d) das Recht der Herausgabe von Mikrokopieausgaben;
e) das Recht zu sonstiger Vervielfältigung, insbesondere durch fotomechanische oder ähnliche Verfahren (z. B. Fotokopie);
f) das Recht zur Aufnahme auf Vorrichtungen zur wiederholbaren Wiedergabe mittels Bild- oder Tonträger sowie das Recht zu deren Vervielfältigung, Verbreitung und Wiedergabe;
g) das Recht zum Vortrag des Werks durch Dritte;
h) die am Werk oder seiner Bild- oder Tonträgerfixierung oder durch Lautsprecherübertragung oder Sendung entstehenden Wiedergabe- und Überspielungsrechte;
i) das Recht zur Vergabe von Lizenzen zur Ausübung der Nebenrechte a)–h).

(3) Darüber hinaus räumt der Autor dem Verlag für die Dauer des Hauptrechts gemäß Absatz 1 weitere ausschließliche Nebenrechte – insgesamt oder einzeln – ein:

a) das Recht zur Bearbeitung als Bühnenstück sowie das Recht der Aufführung des so bearbeiteten Werkes;
b) das Recht zur Verfilmung, einschließlich der Rechte zur Bearbeitung als Drehbuch und zur Vorführung des so hergestellten Films;
c) das Recht zur Bearbeitung und Verwertung des Werks im Fernsehfunk (Television), einschließlich Wiedergaberecht;
d) das Recht zur Bearbeitung und Verwertung des Werks

im Rundfunk, z. B. als Hörspiel, einschließlich Wiedergaberecht;
e) das Recht zur Vertonung des Werks;
f) das Recht zur Vergabe von Lizenzen zur Ausübung der Nebenrechte a)–e).

(4) Der Autor räumt dem Verlag schließlich für die Dauer des Hauptrechts gemäß Absatz 1 alle durch die Verwertungsgesellschaft Wort wahrgenommenen Rechte nach deren Satzung, Wahrnehmungsvertrag und Verteilungsplan zur gemeinsamen Einbringung ein. Bereits abgeschlossene Wahrnehmungsverträge bleiben davon unberührt.

(5) Für die Rechtseinräumungen der Absätze 2 bis 4 gelten folgende Beschränkungen:
a) Der Verlag darf das ihm nach Absatz 2 bis 4 eingeräumte Vergaberecht nicht ohne Zustimmung des Autors abtreten. Dieses gilt nicht gegenüber ausländischen Lizenznehmern für die Einräumung von Sublizenzen in ihrem Sprachgebiet sowie für die branchenübliche Sicherungsabtretung von Verfilmungsrechten zur Produktionsfinanzierung.
b) Das Recht zur Vergabe von Nebenrechten nach Absatz 2 bis 4 endet mit der Beendigung des Hauptrechts gemäß Absatz 1; der Bestand bereits abgeschlossener Lizenzverträge bleibt hiervon unberührt.
c) Ist der Verlag berechtigt, das Werk zu bearbeiten oder bearbeiten zu lassen, so hat er Beeinträchtigungen des Werkes zu unterlassen, die geistige und persönliche Rechte des Autors am Werk zu gefährden geeignet sind.
d) Bei Beiträgen zu Sammelwerken gilt die Ausschließlichkeit der Rechtseinräumungen nur auf die Dauer von ... Jahr(en) / Monat(en) seit Erscheinen des Sammelwerkes und/oder bis zu einer maximalen Stückzahl von ... Exemplaren.

§ 3. Vertragspflicht

(1) Der Verlag ist verpflichtet, das Werk zu vervielfältigen, zu verbreiten und dafür angemessen zu werben.

(2) Ausstattung, Buchumschlag, Auflagenhöhe, Auslieferungstermin, Ladenpreis und Werbemaßnahmen werden

vom Verlag nach pflichtgemäßem Ermessen unter Berücksichtigung des Vertragszwecks sowie der im Verlagsbuchhandel für Ausgaben dieser Art herrschenden Übung bestimmt.
Das Recht des Verlags zur Bestimmung des Ladenpreises nach pflichtgemäßem Ermessen schließt auch dessen spätere Herauf- oder Herabsetzung ein. Bei Herabsetzung des Ladenpreises wird der Autor vorher benachrichtigt.
(3) Als Erscheinungstermin ist vorgesehen:.....
(4) Das Werk soll zunächst als ..... -Ausgabe (z. B.: Hardcover, Paperback, Taschenbuch) erscheinen; nachträgliche Änderungen der Form der Erstausgabe bedürfen des Einvernehmens mit dem Autor.

§ 4. Absatzhonorar für Verlagsausgaben

(1) Der Autor erhält für jedes verkaufte und bezahlte Exemplar ein Honorar auf der Basis des um die darin enthaltene Mehrwertsteuer verminderten Ladenverkaufspreises (Nettoladenverkaufspreis).
oder:
Der Autor erhält für jedes verkaufte und bezahlte Exemplar ein Honorar auf der Basis des um die darin enthaltene Mehrwertsteuer verminderten Verlagsabgabenpreises (Nettoverlagsabgabepreis),
oder:
Der Autor erhält ein Honorar auf der Basis des mit der Verlagsausgabe des Werkes erzielten, um die Mehrwertsteuer verminderten Umsatzes (Nettoumsatzbeteiligung). Dabei hat der Autor Anspruch auf Ausweis der verkauften Exemplare einschließlich der Partie- und Portoersatzstücke, für die dann Absatz 5 nicht gilt.
(2) Das Honorar für die verschiedenen Arten von Ausgaben beträgt für

a) ...-Ausgaben ... % vom Preis gemäß Absatz 1.
   Es erhöht sich nach dem Absatz des Werkes
   von ... bis ... Exemplaren auf ... %;
   von ... bis ... Exemplaren auf ... %;
   ab ... Exemplaren auf
b) ...-Ausgaben ... % vom Preis gemäß Absatz 1.
   Es erhöht sich nach dem Absatz des Werkes

von ... bis ... Exemplaren auf ... %;
von ... bis ... Exemplaren auf ... %;
ab ... Exemplaren auf
c) ...-Ausgaben ... % vom Preis gemäß Absatz 1.
Es erhöht sich nach dem Absatz des Werkes
von ... bis ... Exemplaren auf ... %;
von ... bis ... Exemplaren auf ... %;
ab ... Exemplaren auf
d) Beim Verkauf von Rohbogen der Originalausgabe außerhalb von Nebenrechtseinräumungen gilt ein Honorarsatz von ... % vom Verlagsabgabepreis.

(3) Auf seine Honoraransprüche – einschließlich der Ansprüche aus § 5 – erhält der Autor einen Vorschuß in Höhe von DM ... Dieser Vorschuß ist fällig zu ... % bei Abschluß des Vertrages,
zu ... % bei Ablieferung des druckfertigen Manuskripts,
zu ... % bei Erscheinen des Werkes.

(4) Der Vorschuß gemäß Absatz 3 stellt ein garantiertes Mindesthonorar dar.

oder:

Vom Vorschuß nach Absatz 3 stellen DM ... ein garantiertes Mindesthonorar für dieses Werk dar.

oder:

Der Vorschuß nach Absatz 3 ist nicht zurückzuzahlen, aber mit allen Ansprüchen des Autors gegen den Verlag verrechenbar.

oder:

Der Vorschuß ist mit allen Ansprüchen des Autors aus diesem Vertrag verrechenbar.

oder:

Der Vorschuß nach Absatz 3 stellt kein garantiertes Mindesthonorar dar.

(5) Pflicht-, Prüf-, Werbe- und Besprechungsexemplare sind honorarfrei; darunter fallen nicht Partie- und Portoersatzstücke sowie solche Exemplare, die für Werbezwecke des Verlages, nicht aber des Buches, abgegeben werden.

(6) Ist der Autor mehrwertsteuerpflichtig, zahlt der Verlag die auf die Honorarbeträge anfallende gesetzliche Mehrwertsteuer zusätzlich.

(7) Honorarabrechnung und Zahlung erfolgen halbjährlich

zum 30. Juni und zum 31. Dezember innerhalb der auf den Stichtag folgenden drei Monate.
oder:
Honorarabrechnung und Zahlung erfolgen zum 31. Dezember jedes Jahres innerhalb der auf den Stichtag folgenden drei Monate. Der Verlag leistet dem Autor entsprechende Abschlagszahlungen, sobald er Guthaben von mehr als DM ... feststellt.

(8) Der Verlag ist verpflichtet, einem vom Autor beauftragten Wirtschaftsprüfer, Steuerberater oder vereidigten Buchsachverständigen zur Überprüfung der Honorarabrechnungen Einsicht in die Bücher und Unterlagen zu gewähren.
Die hierdurch anfallenden Kosten trägt der Verlag, wenn sich die Abrechnungen als fehlerhaft erweisen.

(9) Nach dem Tode des Autors bestehen die Verpflichtungen des Verlags nach Absatz 1 bis 8 gegenüber den durch Erbschein ausgewiesenen Erben, die bei einer Mehrzahl von Erben einen gemeinsamen Bevollmächtigten zu benennen haben.

§ 5. Nebenrechtsverwertung

(1) Der Verlag ist verpflichtet, sich intensiv um die Verwertung der ihm eingeräumten Nebenrechte innerhalb der für das jeweilige Nebenrecht unter Berücksichtigung von Art und Absatz der Originalausgabe angemessenen Frist zu bemühen und den Autor auf Verlangen zu informieren. Bei mehreren sich untereinander ausschließenden Verwertungsmöglichkeiten wird er die für den Autor materiell und ideell günstige wählen, auch wenn er selbst bei dieser Nebenrechtsverwertung konkurriert.

(2) Verletzt der Verlag seine Verpflichtungen gemäß Absatz 1, so kann der Autor die hiervon betroffenen Nebenrechte – auch einzeln – nach den Regeln des § 41 UrhG zurückrufen; der Bestand des Vertrages im übrigen wird hiervon nicht berührt. Der Autor hat die an ihn zurückgefallenen Nebenrechte, über deren Nutzung innerhalb von ... Monaten ab Rückgabe ein Abschluß nicht zustande kommt, dem Verlag wieder anzubieten, bevor er sie einem Dritten zur Nutzung oder Lizenzvergabe einräumt.

(3) Der aus der Verwertung der Nebenrechte erzielte Erlös

wird zwischen Autor und Verlag geteilt, und zwar erhält der Autor
... % bei den Nebenrechten des § 2 Absatz 2;
... % bei den Nebenrechten des § 2 Absatz 3.
(Bei der Berechnung des Erlöses wird davon ausgegangen, daß in der Regel etwaige aus der Inlandsverwertung anfallende Agenturprovisionen und ähnliche Nebenkosten allein auf den Verlagsanteil zu verrechnen, für Auslandsverwertung anfallende Nebenkosten vom Gesamterlös vor Aufteilung abzuziehen sind.)
Soweit Nebenrechte durch Verwertungsgesellschaften wahrgenommen werden, richten sich die Anteile von Verlag und Autor nach deren satzungsgemäßen Bestimmungen.
(4) Für Abrechnung und Fälligkeit gelten die Bestimmungen von § 4 Absatz 7, 8 und 9 entsprechend.

§ 6. Manuskriptablieferung
(1) Der Autor verpflichtet sich, dem Verlag das vollständige und vervielfältigungsfähige (nicht: maschinenlesbare) Manuskript mit Maschine geschrieben, einschließlich etwa vorgesehener und vom Autor zu beschaffender Bildvorlagen, bis spätestens .../binnen ... zu übergeben.
Wird diese(r) Termin/Frist nicht eingehalten, gilt als angemessene Nachfrist im Sinne des § 30 Verlagsgesetz ein Zeitraum von ... Monaten.
Der Autor behält eine Kopie des Manuskripts bei sich.
(2) Das Manuskript bleibt Eigentum des Autors und ist ihm vom Verlag nach Erscheinen des Werkes auf Verlangen zurückzugeben.

§ 7. Freiexemplare
(1) Der Autor erhält für seinen eigenen Bedarf ... Freiexemplare. Bei der Herstellung von mehr als ... Exemplaren erhält der Autor ... weitere Freiexemplare und bei der Herstellung von mehr als ... Exemplaren ... weitere Freiexemplare.
(2) Darüber hinaus kann der Autor Exemplare seines Werkes zu einem Höchstrabatt von ... % vom Ladenpreis vom Verlag beziehen.

(3) Sämtliche gemäß Absatz 1 oder 2 übernommenen Exemplare dürfen nicht weiterverkauft werden.

§ 8. Satz, Korrektur

(1) Die erste Korrektur des Satzes wird vom Verlag oder von der Druckerei vorgenommen. Der Verlag ist sodann verpflichtet, dem Autor in allen Teilen gut lesbare Abzüge zu übersenden, die der Autor unverzüglich honorarfrei korrigiert und mit dem Vermerk »druckfertig« versieht; durch diesen Vermerk werden auch etwaige Abweichungen vom Manuskript genehmigt.

Abzüge gelten auch dann als »druckfertig«, wenn sich der Autor nicht innerhalb angemessener Frist nach Erhalt zu ihnen erklärt hat.

(2) Nimmt der Autor Änderungen im fertigen Satz vor, so hat er die dadurch entstehenden Mehrkosten – berechnet nach dem Selbstkostenpreis des Verlages – insoweit zu tragen, als sie 10 % der Satzkosten übersteigen. Dies gilt nicht für Änderungen bei Sachbüchern, die durch Entwicklungen der Fakten nach Ablieferung des Manuskripts erforderlich geworden sind.

§ 9. Lieferbarkeit, veränderte Neuauflagen

(1) Wenn die Verlagsausgabe des Werkes vergriffen ist und nicht mehr angeboten und ausgeliefert wird, ist der Autor zu benachrichtigen. Der Autor ist dann berechtigt, den Verlag schriftlich aufzufordern, sich spätestens innerhalb von 3 Monaten nach Eingang der Aufforderung zu verpflichten, innerhalb einer Frist von ... Monat(en)/Jahr(en) nach Ablauf der Dreimonatsfrist eine ausreichende Anzahl weiterer Exemplare des Werkes herzustellen und zu verbreiten.

Geht der Verlag eine solche Verpflichtung nicht fristgerecht ein oder wird die Neuherstellungsfrist nicht gewahrt, ist der Autor berechtigt, durch schriftliche Erklärung von diesem Verlagsvertrag zurückzutreten. Bei Verschulden des Verlages kann er statt dessen Schadensersatz wegen Nichterfüllung verlangen.

Der Vertrag bleibt im Falle des Rückrufs zum Verkauf ihm danach (z. B. aus Remissionen) noch zufließender Restexemplare innerhalb einer Frist von ... berechtigt; er ist ver-

pflichtet, dem Autor die Anzahl dieser Exemplare anzugeben und ihm die Übernahme anzubieten.
(2) Der Autor ist berechtigt und, wenn es der Charakter des Werkes erfordert, auch verpflichtet, das Werk für weitere Auflagen zu überarbeiten; wesentliche Veränderungen von Art und Umfang des Werkes bedürfen der Zustimmung des Verlages. Ist der Autor zu der Bearbeitung nicht bereit oder nicht in der Lage oder liefert er die Überarbeitung nicht innerhalb einer angemessenen Frist nach Aufforderung durch den Verlag ab, so ist der Verlag zur Bestellung eines anderen Bearbeiters berechtigt. Wesentliche Änderungen des Charakters des Werkes bedürfen dann der Zustimmung des Autors.

§ 10. Verramschung, Makulierung
(1) Der Verlag kann das Werk verramschen, wenn der Verkauf in zwei aufeinanderfolgenden Kalenderjahren unter ... Exemplaren pro Jahr gelegen hat. Am Erlös ist der Autor in Höhe seines sich aus § 4 Absatz 2 ergebenden Grundhonorarprozentsatzes beteiligt.
(2) Erweist sich auch ein Absatz zum Ramschpreis als nicht durchführbar, kann der Verlag die Restauflage makulieren.
(3) Der Verlag ist verpflichtet, den Autor von einer beabsichtigten Verramschung bzw. Makulierung vorher zu informieren. Der Autor hat das Recht, durch einseitige Erklärung die noch vorhandene Restauflage bei beabsichtigter Verramschung zum Ramschpreis abzüglich des Prozentsatzes seiner Beteiligung und bei beabsichtigter Makulierung unentgeltlich – ganz oder teilweise – ab Lager zu übernehmen. Bei beabsichtigter Verramschung kann das Übernahmerecht nur bezüglich der gesamten noch vorhandenen Restauflage ausgeübt werden.
(4) Das Recht des Autors, im Falle der Verramschung oder Makulierung vom Vertrag zurückzutreten, richtet sich nach den §§ 32, 30 Verlagsgesetz.

§ 11. Rezensionen
Der Verlag wird bei ihm eingehende Rezensionen des Werkes innerhalb des ersten Jahres nach Ersterscheinen umge-

hend, danach in angemessenen Zeitabständen dem Autor zur Kenntnis bringen.

§ 12. Urheberbenennung, Copyright-Vermerk

(1) Der Verlag ist verpflichtet, den Autor auch ohne dessen ausdrückliche Anweisung in angemessener Weise als Urheber des Werkes auszuweisen.

(2) Der Verlag ist verpflichtet, bei der Veröffentlichung des Werkes den Copyright-Vermerk im Sinne des Welturheberrechtsabkommens anzubringen. Er hat das Recht, das amerikanische Copyright zu erwerben.

§ 13. Änderungen der Eigentums- und Programmstrukturen des Verlages

(1) Der Verlag ist verpflichtet, dem Autor anzuzeigen, wenn sich in seinen Eigentums- oder Beteiligungsverhältnissen eine wesentliche Veränderung ergibt.
Eine Veränderung ist wesentlich, wenn
a) der Verlag oder Verlagsteile veräußert werden;
b) sich in den Beteiligungsverhältnissen einer den Verlag betreibenden Gesellschaft gegenüber den Verhältnissen zum Zeitpunkt dieses Vertragsabschlusses Veränderungen um mindestens 25 % der Kapital- oder Stimmrechtsanteile ergeben haben.

Wird eine Beteiligung an der den Verlag betreibenden Gesellschaft von einer anderen Gesellschaft gehalten, gelten Veränderungen in deren Kapital- oder Stimmrechtsverhältnissen als solche des Verlages, wobei der Prozentsatz der Veränderungen entsprechend der Beteiligung dieser Gesellschaft an der Verlagsgesellschaft umzurechnen ist.

(2) Der Autor ist berechtigt, durch schriftliche Erklärung gegenüber dem Verlag von etwa bestehenden Optionen oder von Verlagsverträgen über Werke, deren Herstellung der Verlag noch nicht begonnen hat, zurückzutreten, wenn sich durch eine Veränderung gemäß Absatz 1 oder durch Änderung der über das Verlagsprogramm entscheidenden Verlagsleitung eine so grundsätzliche Veränderung des Verlagsprogramms in seiner Struktur und Tendenz ergibt, daß dem Autor nach der Art seines Werkes und unter Berücksichtigung des bei Abschluß dieses Vertrages bestehenden

Verlagsprogramms ein Festhalten am Vertrag nicht zugemutet werden kann.
(3) Das Rücktrittsrecht kann nur innerhalb eines Jahres nach Zugang der Anzeige des Verlages gemäß Absatz 1 ausgeübt werden.

§ 14. Schlußbestimmungen
(1) Soweit dieser Vertrag keine Regelung enthält, gelten die allgemeinen gesetzlichen Bestimmungen des Rechts der Bundesrepublik Deutschland.
Die Nichtigkeit oder Unwirksamkeit einzelner Bestimmungen dieses Vertrages berührt die Gültigkeit der übrigen Bestimmungen nicht. Die Parteien sind alsdann verpflichtet, die mangelhafte Bestimmung durch eine solche zu ersetzen, deren wirtschaftlicher und juristischer Sinn dem der mangelhaften Bestimmung möglichst nahekommt.
(2) Die Parteien erklären, Mitglieder bzw. Wahrnehmungsberechtigte folgender Verwertungsgesellschaften zu sein:

Der Autor:

Der Verlag:

_____ den _____

_____

(Autor)   (Verlag)

Zum Lesen und Nachschlagen empfohlen

Sandra Uschtrin
Handbuch für Autorinnen und Autoren
Adressen und Informationen aus dem deutschen Literatur- und Medienbetrieb

Erschienen im Uschtrin Verlag, Taxisstraße 15, 80637 München, oder zu beziehen in jeder Buchhandlung unter der ISBN-Nummer 3-932522-060.

Insbesondere Hinweise für Literaturpreise, für Drehbuchförderung, Autorenvereinigungen und viele Details rund um den Literatur- und Medienbetrieb findet die angehende AutorIn in diesem Standardwerk.

Wer als Autor gute Möglichkeiten der Selbstvermarktung im Eigenverlag sieht oder sich noch eingehender über die Mechanismen eines Verlages informieren will, der sollte sich in seiner Buchhandlung den Ratgeber von

Im Input-Verlag, Ralf Plenz, Blankeneser Landstraße 63 in 22587 Hamburg erscheinen Werke zum Verlagswesen. Schauen Sie auch unter www.Input-Verlag.de nach.

Adressen

Die Künstlersozialkasse

Landesversicherungsanstalt
Oldenburg
Künstlersozialkasse
Langeoogstraße 12
26384 Wilhelmshaven
Telefon: 0 44 21/30 80

Die Verwertungsgesellschaften in Deutschland, Österreich und der Schweiz

Verwertungsgesellschaft Wort
Goethestraße 49
80336 München
Telefon: 0 89/51 41 20

Literatur Mechana
Linke Wienzeile 18
A-1060 Wien 6
Telefon: (00 43)-
1-58 72 16 10

Schweizer Urheber-
rechtsgesellschaft
Universitätsstraße 94
CH-8033 Zürich
Telefon: (00 41)-
1-3 68 15 15

Sachregister

Abbildungen (siehe auch Bebilderung) 54, 74, 116, 143 f., 194, 332
Abdruckrecht für die Presse 124
Abgabe, sukzessive 196 f., 201
Ablehnung 104 f., 107 ff., 113, 148, 239, 255, 257, 315 f.
Ablehnungsschreiben 15 f., 20, 101 ff., 106
Ablieferungstermin 137
Absagebriefe 15 f., 100, 102, 258 f.
Absatzhonorar 114–118, 122–125, 134, 139 f., 158, 163, 340
Abzugsfähigkeit 283
Actionthriller 190
Agenten 254 f., 257, 260 ff., 264 f.
Agenturen 240, 253, 255, 257, 259, 264 f.
Altersgruppen 306
Angebot 16, 18 f., 26, 50, 53, 55, 61, 79, 84 f., 94, 96 f., 99, 102, 105, 108, 110, 114, 133, 152, 158 f., 224, 236 f., 255, 260, 267, 289, 292, 297
–, erneutes Angebot 108
–, schriftliches Angebot an den Verlag 47

Anschreiben 58, 92 f., 95, 100, 108, 266, 283
Arbeit, verlegerische 276
Arbeitstitel 79, 81–84, 92 f., 97, 210, 337
Argumente 16 f., 36, 45 ff., 51 f., 67, 101, 117, 262 ff.
Assoziationen 82 f.
Aufbau 23, 63, 77, 172, 180, 230, 261, 314
Auflage 26, 35, 41, 75, 120, 128, 130, 141, 154, 157, 163, 165 f., 268 ff., 278, 296
Aufmachung 247, 329, 332
Aufmerksamkeitswert 156
Ausfallhonorar 151 f.
Ausgaben und Einnahmen 283
Ausgaben, ausländische 162
steuermindernde Ausgaben 283
Außenlektor 201 f.
Außenseiter 72, 273
Ausstattung 74, 120, 135, 150, 165, 207, 213, 313, 332, 339
Autobiographie 8, 315–318
Autodidakten 33
Autoren, wissenschaftliche 191
Autorenhonorar 135, 268, 275
Autorenlesung 242

Autorennamen 42, 79, 92,
 228, 230, 243, 311
Autor-Grafiker-Team 307
Autorin 9, 35, 68f., 71, 78,
 299, 302, 348
Autorität 39, 71f.
Autor-Leser-Bindung 291,
 300

Bearbeitungsrechte 194
Bebilderung (siehe auch Abbildungen) 62, 73f., 143f.,
 207f., 314, 329, 331ff.
Bedarf 61, 328, 343
Belletristik 23, 29, 33, 37,
 63, 69, 86, 160, 263, 273,
 290, 294
Belletristik-Hardcover 160
Belletristik-Taschenbuch 160
Belletristikautoren 175
Beruf 34, 39ff., 71, 88, 106,
 294, 309, 321, 333f.
Beschaffenheit, nicht vertrags-
 gemäße 147
Bestseller 10f., 13, 34, 41,
 43f., 52, 80, 101, 109,
 159ff., 163f., 213, 215,
 229–234, 240, 242f., 263,
 290
Bestsellerautor 78, 91, 97,
 163, 226, 232, 242, 246,
 253, 261, 264
Bestsellerlisten 31, 41, 159,
 230
Beteiligungssatz 255f.
Bewußtseinsänderung 321
Bibliotheken 279
Bibliothekstantieme 280
Bildanteil 92
Bildbeschaffung 143, 332f.
Bildung 26, 188f., 241
Billiganbieter 166
Billigmärkte 165

Biographie 139, 152, 290,
 312ff., 317
Biographischer Roman 297
Buchbesprechung 157, 287
Buchclub 157f.
Buchclubausgabe 157f., 239
Buchclublizenz 163
Buchgemeinschaftsausgabe
 124f., 338
Buchhandel 11f., 46, 49, 60,
 64, 67, 91, 94, 115, 129,
 136, 138, 140, 146, 156–
 161, 165f., 208, 211, 217,
 220, 225, 227f., 232f.,
 272, 274f., 277f., 286f.,
 297, 305
Buchhändler 10, 25f., 45, 47,
 49f., 52, 60, 64, 69, 80,
 95, 105, 138, 161, 164,
 205, 221, 223f., 227f.,
 233, 236, 244, 247f., 266,
 272ff., 291, 293, 309f.,
 313
Buchhändlerwerbung 157,
 211
Buchidee 11, 19, 37, 39, 42,
 47, 52ff., 79, 98, 107, 109,
 169, 208, 213, 215, 242f.,
 260, 306
Buchkäufer 46, 64, 67, 309
Buchmarkt 10, 18f., 21–24,
 26f., 32, 34f., 37, 43–47,
 51, 54, 56, 58f., 68, 71,
 74f., 85, 108, 117, 125,
 127, 129, 131, 150f.,
 154ff., 163ff., 172, 186,
 213, 229, 231, 235, 241,
 246f., 250ff., 254–261,
 264, 279, 286–291, 293,
 297, 300, 304, 312f., 317,
 324, 328f., 332
Buchmesse 42, 99, 124, 244,
 248

Buchplan 12, 21, 26, 33, 36, 50–54, 63, 71, 75f., 94, 100, 106, 108, 121, 172, 213, 231f., 238, 260f., 282, 286, 303, 306, 316, 332
Buchplanung 84, 127, 151, 213, 226, 254, 256, 262, 283, 285f.
Buchpräsentation 219
Buchreihe 216, 305
Buchreport 160

Cartoon-Band 289
Cartoons 31
Comics 31, 143
Computer 26, 80, 139, 167ff., 181, 187f., 252, 258, 288, 301
Copyright-Vermerk 346

Deckblatt 79, 81, 83
Dialog 22, 86, 111, 183–188, 190, 195, 298
Direkt-Mailing 276ff.
Diskette 169
Doppelkontakte 223
Drehbuchautoren 29, 40
Drittelung 132
Druckerei 169, 207, 268, 344
Druckkostenzuschuß 266f.
Drucklegung 137

Eigentums- und Programmstrukturen des Verlags, Änderungen 346
Eigenverlag 348
Einband 80f., 208
Einkommensteuer 270, 282
Ein-Personen-GmbH 270
Endverkaufspreis 275f.
Enthüllungsbuch 303, 311
Erfolg 10, 12, 17f., 20, 22f., 31, 34, 42, 44, 48, 60, 69, 80, 84, 86, 89f., 95, 109, 119, 127f., 149, 158f., 172, 223, 229f., 234, 239, 242, 259, 274, 286, 288, 294, 297, 300f., 305, 308, 311, 324, 326, 332
Erfolgsmechanismen 243
Erlös 274, 277, 342, 345
Erscheinen des Buches 212, 218, 220
Erscheinungsrhythmus 228
Erstauflage 11, 25, 128f., 207
Erwachsenenliteratur 123, 125, 304
Erzählungen 273
Exposé 42f., 46ff., 53, 61–67, 69–76, 78f., 81–86, 92f., 97, 105, 107f., 110, 114, 132, 147, 170, 172f., 196, 205f., 209f., 236, 250f., 257f., 260ff., 283, 298, 306, 310, 314

Fachbücher 32, 77
Fachworte 191
Fahne 203, 273
Familiengeschichten 291, 299
Familienroman 78, 82, 190, 228, 298
Fantasy 53, 300ff.
Farbbildanteil 128, 165
Fernsehen 24, 42, 52, 87, 90, 128, 157, 206, 211f., 223, 230, 279, 287, 300, 310, 313
Fiction 37, 53, 91
Finanzamt 282–285
Flop 13, 44, 234, 238f., 243
Frankfurter Buchmesse 244
Frauenroman 31, 45f., 70, 299

353

Freiexemplare 141, 343
Freizeit-Ratgebermarkt 332
Fremdwörter 189
Funk 206, 211, 223
Fußnoten 194

Garantie 11, 13, 133f., 188
Garantiehonorar 12, 114, 126f., 130–136, 146–149, 152, 159, 163, 237, 240, 254
Garantiesumme 163, 241f.
Gartenbücher 74
Gedichte 32, 53, 69f., 273, 295
Gefühle 148, 174
Gegenwartsroman 295
Geldgeber 271
Geschenkbuch 70, 159, 296
Gesellschaftsvertrag 270
Gestaltung 47, 87, 183, 196, 208, 210
Gesundheitsbücher 329
Gewerbeschein 270f.
Gewinn 103, 270, 273, 276ff.
Gewinnspanne 278
Gliederung 61, 63, 76–79, 84, 86, 86, 92, 110, 172, 247
GmbH 270
Grafiker 143f., 307
Grammatik 204, 206
Grammatikfehler 204
Großabnehmer 139f.

Halbwertzeit 216
Handeln, selbstverantwortliches 90
Handelsregister, Eintragung ins 271
Hardcover 56, 115f., 120–123, 125, 129, 156, 158, 160ff., 228, 304, 340, 351
Hardcover-Listenplätze 160
Hardcover-Titel 134
Hardcover-Verlag 56, 133f.
Hardcover-Verträge 137
Hauptlesealter 306
Heiterer Roman 292, 299
Heiteres 298
Hersteller 164, 207f.
Herstellung 68, 207, 213, 268–271, 296, 343, 346
Herstellungskosten 207, 267
Hobby 21, 39, 198, 284, 296, 328, 331f.
Honorar 114–119, 121ff., 126, 129, 135, 140, 148f., 157f., 224, 253ff., 264, 275f., 279, 281, 283f., 340
Honorareinnahmen 283
Honorarforderung 121, 129
Honorarnebenrechte 114, 124f.
Hörfunk 157, 189, 279
Hörfunkprogramme 222
Horror 31, 300, 302
Horrorautoren 241
Horrorstück 302
Hurenkinder 204

Idee 10, 23, 34, 37, 39, 42, 47, 52f., 61ff., 104, 107f., 119, 121, 179, 195, 219, 242, 271, 281, 290, 297, 307, 333f.
Illustrierte 156, 230, 242
Imprint-Verlage 57
Inhalt 66f., 69, 76f., 81f., 86, 104, 126, 159, 172, 198, 200, 204f., 208, 233, 247, 319, 329
Inhaltsverzeichnis 53, 172

Interview 42, 91, 211, 222, 246, 287, 312, 323, 327

Journalisten 40, 310f.
Jugendbuch 18, 289, 304ff.
Jugendbuchmarkt 304f.
Jugendbuchreihe 199

Kabelfernsehen, regionales 222
Kalkulation 74, 118, 120, 123, 128, 134, 143, 157f., 163, 165, 207f., 275f., 277f., 286, 296
Kapitalbindung 130, 276
Kaufanreiz 118, 121, 209, 332
Käufer 25, 44, 64, 121, 124, 209, 305
Käuferin 46
Käuferschichten 157f., 166
Kaufhäuser 24, 164
Kinderbücher 123, 125, 143
Kinderbuchverlag 307
Klappentext 64, 67, 247
Kochbücher 74, 143
Kompromiß 137, 147ff., 257
Konkurrenz 23, 34f., 47, 51, 70, 75, 137, 152, 208, 242, 246f., 307, 310, 313
Konkurrenzanalyse 95
Konkurrenzautor 292
Konkurrenzbücher 36, 198, 291
Konkurrenzkampf 57, 117
Konkurrenzliteratur 35, 297, 331
Konkurrenzprodukt 68, 108, 153
Konkurrenzsituation 239
Konkurrenztitel 137, 197
Kontakt 62, 96, 196, 201, 206, 210, 219, 250f., 262, 264, 267, 322

Kopien 109, 169, 283
Kopieren 70, 279
Korrektor 204, 206
Korrektorat 206, 268
Korrekturen 168, 200
Krimi 28, 70, 83, 179, 228, 289, 292, 294, 299f., 302ff.
Krimileser 305
Kritik 15, 23, 41f., 47, 100, 105f., 111, 149, 196f., 257, 259f., 327, 329
Kunde 60, 64, 161, 223, 308, 316
Künstlersozialkasse 280f., 349
Kurse 224f.
Kurzgeschichten 53, 296

Ladenhüter 217
Lebenshilfe 329ff.
Lektor 34, 43, 49, 55f., 58–62, 64, 69, 73f., 77f., 83, 94, 96ff., 104, 106, 110–113, 135, 147, 153, 171, 173f., 196f., 200–207, 209, 213, 217ff., 235, 248, 251f., 258f., 263, 316
Lektorat 45, 50, 54, 57, 80, 84, 92, 96, 100, 103, 105, 147, 150, 168f., 203, 206f., 213, 252, 268
Lektorat, Wechsel im 150
Leseexemplare 156, 233
Leseprobe 61, 105f.
Lesereisen 223f.
Lesetournee 212
Leser 9f., 13, 20, 22, 24f., 28, 33, 38, 44f., 60, 62, 64–73, 75, 77, 82ff., 86f., 94, 106, 121, 123, 128, 157, 166, 171, 173–180, 183–191, 193, 195, 197ff.,

204, 206, 208 f., 223, 225, 227 f., 234, 241 f., 271, 276 f., 286 f., 290–293, 297, 299, 303 ff., 308, 310, 312, 314, 316, 318 f., 322, 327, 329 f., 334
Leser, Bezug zum 319
Leseransprache 61, 174, 231, 293
Lesergemeinde 224, 232
Leserinnen 9, 91, 299
Leserinnenansprache 298
Lexika 333
Liebesroman 31, 89
Lieferbarkeit 344
Literatur 21, 29 f., 32, 36, 53, 60, 95, 134, 189, 223, 263, 289 f., 292 f., 295, 298
Literaturagenten 253 f., 263
Literaturagentur 250, 252 ff., 259 ff., 263
Lizenz 119, 134, 159, 161 f.
Lizenzausgabe 122 f., 154, 159
Lizenzgeber 158 f.
Lizenzhonorar 122, 124, 157
Lizenznehmer 163, 339
Lizenzvergabe 124, 156 f., 163, 342
Longseller 159 ff.

Makulierung 345
Management 324 f., 333
Manuskript 14 ff., 20, 22 f., 26, 29, 34 f., 40–43, 45, 47 f., 53 f., 57–62, 65, 73, 75 f., 84 f., 87, 94, 106, 110 ff., 132, 137 f., 145–150, 167–175, 181 ff., 185, 187 f., 196–203, 206 f., 209, 215 f., 230, 233, 245, 250 f., 254, 256 f., 259 f., 268, 275, 277, 293 f., 298, 301, 306, 310, 312, 316, 343 f.
Manuskript, Beanstandungen am 202
Manuskript, satzreifes 200
Manuskriptabgabe 76, 133, 137 f., 147, 205, 309
Manuskripten, Beurteilung von 58
Manuskript, unverlangt eingesandtes 26, 57 f.
Manuskripterstellung 137, 198, 206
Manuskriptstadium 213
Marketing 80, 84, 210, 212
Marketingabteilung 112
Marketingchef 64
Marketingdaten 43, 98
Marketingkonzept 305 f.
Marketingleiter 213
Marketingsitzung 208
Marktanalyse 43, 98
Mehrwertsteuer 115, 140, 283 f., 340 f., 356
Meinungen 259, 311
Meinungsmacher 211
Meinungsverschiedenheiten 55, 262
Messe 244–247
Milieustudie 317
Mindestverkaufserwartung 134
Mitnahmeartikel 158
Modernes Antiquariat 164
Monolog 22, 86, 184
Motivation 20, 90, 183, 277
Motivieren 157, 210, 219
Multiplikationsfaktor 114 f.
Mundart 195, 318
Musterband 268

Nachfassen 16, 100 f.
Namen 34, 41, 51, 57, 79,

88–92, 95f., 161, 163, 209, 224f., 231, 236f., 255, 307, 313, 315, 329
Nebenmärkte 166
Nettoladenverkaufspreis 115f., 122f., 129, 340
Neuangebot 149
Neuauflagen, veränderte 344
Nichtablieferung 146
Non-Fiction 37, 91, 161
Normalseite 168, 314
Normvertrag 136, 142, 155, 335f.
Notebook 22
Novellen 32

Offenheit 17, 21, 90, 322
Original 100, 123
Originalausgabe 122f., 134, 154, 158f., 163, 341f.
Original-Hardcover-Ausgabe 159
Originalmanuskript 170
Original-Taschenbuch 162, 228
Originalverlag 122, 155, 157ff., 161, 163, 166

Pädagogen 331
Paginierung 356
Paketverträge 136
Paperback 120, 207, 340
Pauschalhonorar 118ff., 335
Pauschbeträge 282
Perfektion 23, 137, 205
Pflichten 279
Phantasie 43, 63, 108, 177
PR-Abteilung 214
PR-Maßnahmen 262
Präsentation 201, 212, 218f.
Preis 25, 115, 121, 144, 158, 163–166, 197f., 213,
269f., 272, 278, 290, 293, 306, 332, 340f.
Preisgestaltung 304f.
Preis-Leistungsverhältnis 207
Preis-Umfang-Verhältnis 198
Presse 84, 124, 157, 206, 210f., 213, 218f., 221, 223f., 310
Presseabteilung 156, 205, 211, 222f., 246
Pressearbeit 157
Pressechancen 156
Pressechef 220
Pressevorabdrucke 163
Pressevordruck 279
Privatradio 222
Probekapitel 47, 76, 85ff., 92f., 110f., 147, 167, 170, 172ff., 196, 262, 298
Problemroman 295
Produktionszeit 310
Produktmanager 56, 62, 251
Programmanager 58
Programmausrichtung 112
Programmkonferenz 112
Programmleitung 84, 150
Programmplaner 58, 67
Programmplatz 266f.
Programmrahmen 94
Programmstruktur, Änderung der 150
Pro-Kopf-Umsatz 24
Promi-Bonus 317
Pseudonym 34, 88–91
Psychologen 28, 37, 308, 321f., 331
Psychologie 28, 321
Publikum 70, 91, 157, 191, 225, 229, 244, 246, 272, 287
Publikumsverlag 41, 263, 277
Publikumswerbung 157, 210, 233

Quelle 191–195
Querlesen 57 ff.
Quittungen 282 f., 285

Rabatte 140
Raten 132 f., 149, 159
Ratgeber 28, 31, 33, 35 ff., 39, 53, 60, 69, 73 ff., 84, 87, 91, 108, 136, 160, 179, 190, 192, 195, 198 f., 225, 230, 271, 273 f., 276, 286, 298, 308, 319, 321, 324 f., 328 f., 331, 334, 348
Ratgeberautor 110
Reaktion, positive 85, 110, 314
Recherche 88, 139, 184, 282, 297, 303
Rechte 55, 114, 120, 124, 154 f., 166, 193, 240, 269, 279, 338 f.
Rechtschreibfehler 204
Rechtschreibung 206
Rechtseinräumungen 337, 339
Rechtsstreit 66, 148
Redaktionsschluß 137
Regionalliteratur 195, 272 f.
Register 199, 204 f.
Registeranstrich 199, 204
Reihe 60, 122, 136, 150, 160, 180, 193, 199, 202, 212, 215, 237, 292, 298, 305 f., 313 f.
Reihenwerbung 216
Reiseberichte 31
Reiseführer 74, 192, 199
Reiz, visueller 307
Rezensenten 10, 69, 189, 205
Rezensionen 12, 78, 157, 162, 236, 345
Risiko, finanzielle 148, 276
Roman im Selbstverlag 272

Roman, autobiographische 178
Roman, heiterer 292, 299
Roman, historischer 272, 297
Romanautor 177, 292
Romane 25, 28, 32, 53, 73, 91, 178, 185, 230, 273, 290, 292, 294, 299
Romane in der dritten Person 179
Rückrufrecht 155
Rückseitentext 64, 67, 205, 308
Rücktrittsrecht 151, 154, 347
Rundfunkinterview 242

Sachbuch 18, 23, 33, 36 f., 39, 41, 53, 60, 74, 78, 82, 87, 91, 108, 160, 176 f., 185, 190 ff., 194 f., 199, 222, 225, 263, 272, 280, 289 f., 307, 309, 311, 313, 318 f., 322, 328
Sachbuch-Hardcover 160
Sachbuch, regional angebundenes 318
Sachbuchautor 241, 290 f., 307, 310, 313
Sachbuchmarkt 33, 36, 307 f.
Sachbuchplan 314
Sachbuchthemen 319
Sachthemen 40, 138
Satz, Korrektur 344
Satzgestaltung 268
Schnellschuß 309 f.
Schreiben 9, 15, 19, 21 ff., 33, 40, 46, 55 f., 66, 69, 88 f., 126, 145, 172, 174, 179, 182, 187, 191, 258, 282, 284, 286, 292
Schreiben als Therapie 21
Schreiben über sich 66, 72
Schreibstil 60, 66, 87, 189

Schreibsucht 182
Schritt-für-Schritt-Taktik 84
Schutzumschlag 64, 207, 234, 275
Science-fiction 53, 273, 300f.
Science-Fiction-Schriftsteller 241
Science-Fiction-Krimi 303
Seitenzahlen (siehe auch Paginierung) 168, 199, 203
Selbständigkeit 135, 334
Selbstverantwortung 323, 329
Selbstverlag 266, 270–274, 276f.
Seminare 78, 141, 224ff.
Setzerei 168, 204
Sonderausgaben 25, 164f.
Sonderrabatte 139, 141
Sozialverträglichkeit 324f.
Soziologen 331
Soziologie 323
Spannung 175f., 293, 300
Spiegel-Liste 159f.
Sprache 36, 66, 162, 180, 183f., 186, 188f., 307, 338
Staffelung 116
Standard-Absagebrief 258
Steady-Seller 161
Steuer 91, 282
Steuererklärung 283
Steuergesetzgebung 279
Stichwortverzeichnis 199, 204
Stil 60, 77, 85, 87, 105, 180, 200, 247, 314
Stundenbücher 32

Talk-Show 11, 42, 78, 211, 223, 230
Taschenbuchausgabe 120, 122, 125, 134, 158–161
Taschenbuch-Bestsellerliste 160
Taschenbuch-Erstausgabe 125, 162
Taschenbuchlizenz 25, 122, 161, 163
Taschenbuch-Originalausgabe 121ff., 125, 133f., 156f., 303
Taschenbuchverlag 122f., 133f., 158f., 161, 298
Taschenbücher 56, 64, 121f., 133f., 156
Tätigkeitswörter 189
Thema 11, 14, 28, 35, 37, 39f., 45, 60, 63, 69, 71, 78, 86, 91, 95, 99, 102, 127, 137f., 144, 152, 161f., 173, 204, 213f., 218, 223, 225, 229, 236, 238, 261, 276, 282, 287, 289, 291, 293, 308f., 311, 313, 319, 324, 327f., 330
Themen, regionale 162
Thriller 31, 70, 228, 302ff., 311
Thrillerautoren 183
Thrillerspezialisten 241
Titel 12, 23, 50, 60, 79–83, 103, 128, 135f., 156f., 160f., 166, 171, 208ff., 213, 217, 220, 228f., 232, 234, 269, 280, 305, 308ff., 313, 337
Titelkonferenz 208
Tonband 180, 184f.
Trend 138f., 311f., 325, 332
Treuebände 166
TV-Verfilmung 124
Typoskript 167

Überarbeitung, komplette 203
Überarbeitung, teilweise 203
Übersetzungen 124

Übersetzungsrechte 124, 162, 194
Umbruch 51, 199, 203 f., 206
Umbruchkorrektur 199, 203 ff.
Umfang 59, 62, 73 f., 85, 105, 135, 157, 197 f., 202 f., 207 f., 210, 213, 247, 283, 293 f., 297, 305 f., 313, 345
Unterhaltung 31 f., 187
Unterhaltungsroman 91, 178, 228, 294
Unterhaltungswert 299
Untertitel 81 ff., 308
Urheberbenennung 346
Urheberrecht 107, 155, 192 ff., 337
Urheberrechtsgesetz 155

Veränderungen 137, 305, 345 f.
Verbraucher 83, 319
Vereinbarungen, besondere 142 ff.
Verkauf 26, 44, 49, 51, 114, 116, 119, 126 f., 129 f., 132, 135, 138, 156 f., 165, 213, 217 f., 227, 229 ff., 236, 248, 252, 324, 341, 344 f.
Verkaufen 43, 46, 217
Verkäufer 65, 72
Verkäuflichkeit 81, 98 f., 104, 112, 119, 161, 232, 250, 252, 256, 263
Verkaufsappeal 105
Verkaufsargumente 42, 46, 48, 51 ff., 56, 64, 72, 80, 108, 127, 138, 201 f., 205, 207 f., 210, 217, 263, 308
Verkaufsaspekte 62
Verkaufsaufhänger 65, 326

Verkaufschancen 94, 158, 232, 316
Verkaufserwartung 115, 119, 126, 129, 134, 148 f.
Verkaufsförderung 49, 212 f., 223
Verkaufshorizont 127
Verkaufsidee 218
Verkaufsinteresse 268
Verkaufspreis 11, 25, 75, 115, 118, 122, 134, 208, 274
Verkaufszahlen 116, 121, 128, 160, 328
Verlag als Einzelfirma 270
Verlag für Privatdrucke 271
Verlagsausgaben 340
Verlagsbuchhandlung 270
Verlagsempfang 248
Verlagsleiter 12, 50, 56, 64, 97, 112, 245
Verlagsnettoerlös 117 f., 140
Verlagsvertrag 75, 97, 110, 114, 136, 142, 146, 151, 153 ff., 172, 197, 203, 215, 256, 259, 262, 279, 283, 337, 344
Verlagsvertreter 26, 45, 50
Verlagswechsel 227, 236 f., 254
Verleger 9, 15, 43 f., 50 f., 126, 135, 154, 251, 257, 267, 270 f., 286
Verlegerausschußsitzung 208
Verlust 207, 278
Vermarktung 115, 233
Vermarktungschancen 257
Verpacken 170
Verramschung 345
Versandbuchhandlung 270
Versenden 170
Vertrag 65, 76, 97, 110, 112, 114 f., 117, 120, 122, 125, 133, 135, 137–140, 142,

144f., 147, 150, 154f., 163, 168, 196, 200, 203, 237, 253, 255, 298, 335ff., 341, 344, 347
Vertragsabschluß 76, 132, 137f., 145, 147, 150, 159, 196, 198
Vertragsangebot 85, 97, 131, 213
Vertragsauflösung 133, 138, 144, 151ff.
Vertragsgegenstand 337
Vertragsgestaltung 119, 123, 126, 133, 253, 264
Vertragsverhandlung 131, 253
Vertragszusage 85, 97
Vertreter 11, 45, 49ff., 67, 69, 80, 84, 105, 124, 138, 146, 156, 205, 212f., 217, 228, 266, 275, 291, 293, 308ff.
Vertreterkonferenz 12, 49ff., 99, 151, 213
Vertreterstab für Kleinverleger 275
Vertrieb 45, 210, 212f., 269, 274f.
Vertriebsabteilung 223
Vertriebsaktivitäten 269
Vertriebsmöglichkeiten 219, 268, 276
Vertriebspartner 272
Vertriebsweg 272, 274, 277f.
Verwertungsgesellschaft (VG) Wort 279, 339, 343, 347, 349, 360
Verwertungsstufen 154, 360
Verzeichnis lieferbarer Bücher 269, 360
Vita (siehe auch Lebenslauf) 53, 61, 63, 71, 78f., 83f., 86, 92f., 110, 206, 301, 308, 324
Volkshochschule 222, 225
Vorabdruck 11, 124, 156, 338
Vorfreude wecken 176
Vorschuß 126, 341
Vorträge 91, 141, 212, 222, 225f., 272

Wahrnehmungsverträge 255, 339
Wanderführer 272
Waschzettel 12, 206
Weiterverkauf, Ausschluß 141
Werbeabteilung 69, 211
Werbeanteil 211
Werbeaufwand 278, 310
Werbebrief 277
Werbechef 219
Werbeeinsatz 240, 276f.
Werbeetat 235, 272
Werbekampagne 242
Werbemaßnahmen 26, 49, 339
Werbetext 64, 80, 205
Werbung 11, 82, 84, 117, 151, 156f., 210f., 213, 216ff., 220, 225, 233, 235, 244, 269, 274f.
Werke, regional gebundene 272
Wirtschaft 302, 324, 333f.
Wissenschaft 32, 36, 191, 331
Wissenschaftsjournalisten 33
Wurzeln, Suche nach den 327

Zeitdruck 182
Zeitrahmen 180
Zeitung 166, 189, 221f., 224, 242

Zielansprache 82, 84, 328
Zielgruppe 69, 74, 158, 197, 209, 211, 219, 234, 271f., 274, 276f., 306, 308, 317
Zielgruppe, hochspezialisierte 278

Zielgruppenansprache 67, 69, 82
Zitate 191–195
Zuarbeit, kreative 256, 264
Zukunftsmodelle 326
Zuspätkommen 138
Zwischenbescheid 99

Wie Ideen laufen lernen

Sie stehen vor einer Aufgabe und finden keine Lösung? Dann verwenden Sie womöglich die falsche »Problemlösungssprache«, nämlich diejenige, die Sie gewohnt sind, und nicht die, welche für dieses konkrete Problem am besten geeignet wäre. James Adams erklärt, wie wir das gesamte Potential unseres Gehirns zur Lösung eines Problems nutzen und Denkblockaden überwinden können, und bietet dafür eine Vielzahl an bewährten, einfach anwendbaren Trainingsanleitungen.

Think!
Einfach genial denken lernen
ISBN 978-3-548-36757-6

»Unbedingt lesenswert!«
amazon.de

ULLSTEIN

»Ideal zum Schmökern
und Kopfschütteln«
Brigitte

Wie viele Nachkommen produziert eine Stubenfliege im Halbjahr? Was kostet ein Slip von Sarah Connor? Wie viele Hausdurchsuchungen mußte Silvio Berlusconi bislang über sich ergehen lassen? René Ammann präsentiert nackte Zahlen, die oft mehr über das Weltgeschehen aussagen als Worte. Hinter ihnen verbergen sich große und kleine Geschichten, amüsante Anekdoten und erschreckende Zustände. Ein Buch zum Stöbern, Schmunzeln, Staunen.

Ammanns wunderbare Welt in Zahlen
Alles, was Sie wirklich wissen müssen
ISBN-13: 978-3-548-36755-2
ISBN-10: 3-548-36755-0

ULLSTEIN

»Wissen ist keine Schande.«
Das Buch zum schrägen Wissensmagazin

Wie kommt der Flusen in den Bauchnabel? Was machen Tour-de-France-Fahrer, wenn sie mal müssen? Warum können manche Menschen mit den Ohren wackeln? Woher weiß der Hahn, wann er krähen muß? Mit viel Humor und Ironie führen Shary Reeves und Ralph Caspers durch die Welt der selten gestellten Fragen. *Wissen macht Ah!* bietet gepflegtes Klugscheißen, überraschende Fakten und abenteuerliche Geschichten. Denn *Wissen macht Ah!* heißt: Aha-Erlebnisse für alle.

Wissen macht Ah!
Klugscheißen
mit Shary und Ralph
ISBN 978-3-548-36670-8

ULLSTEIN

Die Kinder-Akademie:
das Fitneßcenter für Sinne und Geist

Wissen als Abenteuer – das ist das Motto der Kinder-Akademie. Warum klopft das Herz? Ist wahr, was geschrieben steht? Machen Kleider Leute? Ist Recht gerecht? Können Kühe blau sein? Wie findet man, was man nicht verloren hat? An der Seite anerkannter Experten und Professoren können Kinder hier die großartigen Welten von Kunst, Kultur und Naturwissenschaft erforschen.
Ein geistreiches Erlebnisbuch für kleine und große Entdecker.

Die Kinder-Akademie
für kleine Forscher
und große Entdecker
ISBN-13: 978-3-548-36725-5
ISBN-10: 3-548-36725-9

ULLSTEIN

Die besten Antworten auf die wichtigsten Fragen des Lebens

Warum können Vögel mit vollem Schnabel zwitschern? Worauf wartet der Sekundenzeiger der Bahnhofsuhr? Warum hören wir unser eigenes Schnarchen nicht? Wozu haben Männer Brustwarzen? Jeder Tag bringt neue Rätsel: Dr. Dieter Thierbach hat die spannenden Geheimnisse unseres Alltags kompetent und augenzwinkernd beantwortet – ein amüsantes Lesevergnügen!

Warum gräbt der Maulwurf?
111 Fragen,
die die Welt bewegen
ISBN 978-3-548-36712-5

ULLSTEIN